Friedrich Carl von Savigny (1779-1861)
im Urteil seiner Zeit

Rechtshistorische Reihe

Band 215

Peter Lang
Frankfurt am Main · Berlin · Bern · Bruxelles · New York · Oxford · Wien

Mathias Freiherr von Rosenberg

Friedrich Carl von Savigny (1779-1861) im Urteil seiner Zeit

Peter Lang
Europäischer Verlag der Wissenschaften

Die Deutsche Bibliothek - CIP-Einheitsaufnahme

Rosenberg, Mathias von:

Friedrich Carl von Savigny (1779-1861) im Urteil seiner Zeit / Mathias Frhr. von Rosenberg. - Frankfurt am Main ; Berlin ; Bern ; Bruxelles ; New York ; Oxford ; Wien : Lang, 2000
(Rechtshistorische Reihe ; Bd. 215)
Zugl.: Kiel, Univ., Diss., 1999
ISBN 3-631-35903-9

Die vorliegende Arbeit wurde von
Prof. Dr. Hans Hattenhauer
zur Aufnahme in die Reihe empfohlen.

D 8
ISSN 0344-290X
ISBN 3-631-35903-9

Für

Ebba

Vorwort

Die vorliegende Arbeit wurde im Januar 1999 abgeschlossen und lag der Rechtswissenschaftlichen Fakultät der Christian-Albrechts-Universität zu Kiel im Sommersemester 1999 als Dissertation vor.

Ich danke meinem verehrten Doktorvater Prof. Dr. Hans Hattenhauer, der schon während des Studiums in Vorlesungen und Seminaren die Freude an der Rechtsgeschichte in mir entfachte. Er regte das Thema an, stand stets - auch über die Entfernung nach Berlin - mit Rat und Tat zur Seite und hatte immer ein offenes Ohr für die Probleme eines Doktoranden. Ich danke ihm besonders für die Geduld, die er zeigte, als die Arbeit für ein Jahr ruhte. Er gab mich und das Thema nicht auf.

Herrn Prof. Dr. Werner Schubert danke ich für die Erstellung des Zweitgutachtens.

Ferner schulde ich Dank meinen Eltern und meiner Großmutter, die durch finanzielle und anderweitige Zuwendungen die Arbeit erst ermöglichten.

Nicht zuletzt danke ich Herrn Rechtsreferendar Arndt Haupt, der bei der Erstellung des Skripts wertvolle Zeit opferte und die notwendigen technischen Voraussetzungen zur Verfügung stellte.

Berlin, im März 2000

Mathias Freiherr von Rosenberg

Inhaltsverzeichnis

Einleitung

Bisher befaßte sich die überwiegende Literatur hauptsächlich mit dem Rechtswissenschaftler, dem Staatsmann und seinem literarischen Werk.[1] Die zeitgenössische Beurteilung des Privatmannes, Freundes und Verwandten ist noch weitgehend unbekannt.[2] Die Zusammenstellung einer Gesamtschau aus Zitaten und Zeitdokumenten liegt in dieser Form bisher noch nicht vor. Mit dieser Arbeit soll der Blick auf Savigny und die zeitgeschichtliche Einordnung seines Lebens erleichtert werden. Soweit möglich, wurden alle wesentlichen Lebensabschnitte herausgegriffen, anhand derer sich Savignys Wesen durch zeitgenössische Beobachtungen beschreiben läßt. Dennoch kann die Arbeit kein vollständigen Bild geben. Die Bibliotheksbestände sind noch immer vom Verlust vieler Zeugnisse aus dem 19. Jahrhundert durch Zerstörung gezeichnet. So leiden besonders die Sammlungen des Geheimen Staatsarchivs und der Berliner Staatsbibliothek darunter, daß sich die Werke ganzer Autorengruppen aus dieser Zeit als Folge des Krieges immer noch in Polen oder Rußland befinden. Wichtige Dokumente sind der Forschung immer noch verschlossen.

---

1 Bibliographische Zusammenstellungen der schwer übersehbaren Savigny- Literatur bei Schröder, Jan in: Kleinheyer/Schröder, Deutsche Juristen aus fünf Jahrhunderten, 3. Aufl., S. 244 ff.; Luig, K und Dölemeyer, B.: Alphabetisches Verzeichnis der neuen Literatur über F.C. v. Savigny (1779-1861), in: Qud. fior. 8/1979 (1980), S. 501-558; Dufour, A., Nova et vetera Savigiana, in: Zeitschrift für Neuere Rechtsgeschichte, 4 (1982), S. 174-193; Marini, G., Fr. C. v. Savigny, Napoli 1978; Wieacker, Privatrechtsgeschichte, 2. Auflage, S. 381, Fn. 17 ff.

2 Vgl. zu den Forschungslücken der Savigny- Kenntnis Rückert, Joachim, Idealismus, Jurisprudenz und Politik bei Friedrich Carl von Savigny, Ebelsbach 1984.

A. Savignys Lebensgang

Friedrich Carl von Savigny wurde am 21.2.1779 in Frankfurt am Main geboren. Seine Familie verlor er früh. Der zwei Jahre ältere Bruder Ernst Ludwig starb 1790. Ein Jahr später starb auch sein Vater, schließlich 1792 seine Mutter. Den größten Teil seiner Kindheit verbrachte Savigny daher im Hause der befreundeten von Neuraths in Wetzlar. Im Sommer 1795 nahm er das Studium der Rechtswissenschaften in Marburg auf. 1799 schloß er es, wie dort damals üblich, ohne Prüfung ab. Im Anschluß an die Promotion vom 31.10.1800 begann er dort zunächst als außerordentlicher Professor mit Vorlesungen über das Strafrecht. Bald schon wechselte er zu den Fächern des römischen Rechts, der Rechtsgeschichte und Methodenlehre über, die er ein Leben lang beibehalten sollte. In den Jahren von 1804 bis 1807 unternahm Savigny ausgedehnte Studienreisen nach Göttingen, Heidelberg, Paris, Nürnberg, Augsburg, Landshut und Wien. 1808 schließlich folgte er einem Ruf auf eine ordentliche Professur der Landshuter Universität, wo er bis zum Sommer 1810 blieb. Seine endgültige Heimat als Rechtslehrer erreichte er 1810 in Berlin an der neugegründeten Friedrich- Wilhelm- Universität. Ihr blieb er bis zu seinem Ausscheiden aus dem Hochschulleben im Jahre 1842 erhalten. Während seiner Tätigkeit als Professor wurde er 1817 zum Mitglied des preußischen Staatsrates berufen. Seit 1819 nahm er die Aufgabe eines Geheimen Oberrevisionsrates am Revisions- und Kassationshof für die Rheinprovinz wahr. Im Jahre 1842 wechselte er vom Lehrstuhl in ein Ministeramt. Vom König Friedrich Wilhelm IV. wurde er zum Staats- und Justizminister unter Übertragung des Departements der Gesetzrevision ernannt. 1847 folgte die Ernennung zum Präsidenten des Staatsrats und des Staatsministeriums. In den Wirren des Revolutionsjahres 1848 trat er zurück und verbrachte die letzten Lebensjahre mit wissenschaftlichen Arbeiten. Savigny starb am 25.10.1861 in Berlin.

B. Der junge Savigny

I. Der Studienkollege

Savigny hatte durch den frühen Tod der Eltern seine Kindheit fast vollständig im Haus des Reichskammergerichtsassessors Johann Friedrich Albrecht Constantin von Neurath (1739-1816)[1] in Wetzlar verbracht. Hier lebte er zwölf Jahre.[2] Am öffentlichen Unterricht nahm er nicht teil, vielmehr erhielt er gemeinsam mit dem Sohn des Hauses und fast gleichaltrigen Freund Constantin von Neurath (1777-1817) Privatunterricht. Der Vater führte beide in die Rechtswissenschaft ein. Savigny hat als Waise kein eigenes Familienleben erleben können, wurde aber wie ein eigener Sohn bei den Neuraths aufgenommen. Mit Constantin zusammen schrieb er sich für das Sommersemester 1795 in die Liste der Marburger Studenten ein. Der familiären Tradition verpflichtet, sollte Savigny hier, wie schon seine Vorfahren, für ein Amt im Staatsdienst vorbereitet werden. Die Rechtswissenschaft schien für diese Absicht der geeignetste Studiengang.[3] Mit Ausnahme des kurzen Abstechers nach Göttingen im Winter 1796/97 verbrachte Savigny die gesamte Studienzeit in Hessen. Von einer längeren Krankheit abgesehen, die ihn zeitweilig daran gehindert hatte, seinen studentischen Pflichten nachzukommen, wandte er zweieinhalb Jahre intensiver Bemühung auf, bis er sein Studium im Frühjahr 1799 abschloß. Gleich zu Beginn legte Savigny großes Interesse in die Pandekten, die er zweimal hörte, bei Johann Heinrich Christian Erxleben (1753-1811) und bei Philipp Friedrich Wilhelm Weis (1766-1808)[4]. Dazu kamen Deutsches Privatrecht und Gemeiner Zivilprozeß, letzteres auch zweimal.[5] Weis lenkte Savignys Interesse auf die römischen Rechtsaltertümer[6] und nahm damit Einfluß auf den weiteren Gang seines Schülers. Savignys Leidenschaft entflammte für die Pandekten. Bereits nach einem Jahr Studium hatte Weis in einem Zeugnis vom 1.9.1796 die Vorahnung eines zukünftigen bedeutenden Juristen, als er dem 17 jährigen Savigny große Talente bescheinigte:

---

1 Zu ihm: ADB, Bd. 23, S. 551.
2 Stoll, Savigny, Bd. 1, S. 25.
3 Ders., a.a.O., S. 30.
4 Zu ihm: Kleinheyer/Schröder, Deutsche Juristen, S. 518; Allgemeine Deutsche Biographie (ADB), Bd. 41, S. 581 f.
5 Stoll, a.a.O., Bd. 1, S. 30.
6 Hattenhauer, Thibaut und Savigny, Einleitung, S. 23.

> *"Er hat so viele Beweise seiner ausgezeichneten Talente, scharfen Beurteilungskraft und gründlichen Kenntnisse im R.R.*[7] *gegeben, daß ich ihn für den vorzüglichsten unter allen meinen Zuhörern während meines akademischen Lehramts zu erklären kein Bedenken trage."*[8]

Von den ungewöhnlichen Begabungen Savignys wußte auch dessen Vormund Constantin von Neurath der Ältere zu berichten. Als Savigny im März des Jahres 1799 beim Landesherrn beantragte, sein Erbgut Trages selbst verwalten zu dürfen, verfaßte Neurath ein umfangreiches Gutachten über seinen Schützling. Neurath betonte den mehr als gewöhnlichen Fleiß des jungen Mannes und dessen natürlichen Talente, die ihn von Gleichaltrigen abhöben:

> *"Seine Aufführung in jedem Betracht war die eines ausgezeichneten ordentlichen und soliden jungen Mannes, und ich kann bezeugen, daß er im Verhältniß seines Vermögens ohne unter der Aufsicht eines Hofmeisters zu sein sehr ordentlich und genau gewirtschaftet habe... Bei der genauen Kenntniß, welche ich von den Talenten, der Denkungsart und Handelsweise des Herrn v. Savigny habe, kann ich mit der strengsten Gewissenhaftigkeit und aus voller Überzeugung äußern, daß ich... den selben vollkommen geschickt und fähig halte, sein Vermögen selbst..., zu verwalten."*[9]

Savignys überdurchschnittliche Begabungen hoben ihn zwar von seinen Kommilitonen ab, hatten jedoch ihren Preis. Er mußte sie mit dem Gefühl der Einsamkeit eintauschen, das ihn ein Leben lang nicht losließ.[10] Der Kontakt zu seinen Kommilitonen gestaltete sich schwierig. Nur zu Constantin v. Neurath und Burchard Wilhelm Pfeiffer (1777-1852)[11] fand er Zugang und pflegte das

---

7 R.R. = Römisches Recht.

8 Zeugnis von Friedrich Wilhelm Weis, Stoll, a.a.O., Bd. 1, S. 33.

9 Gutachten Neuraths vom 20.2.1799, Hessisches Staatsarchiv Marburg, Bestand 80 VI, lit. B Nr. 8.

10 Hattenhauer, Thibaut und Savigny, Einleitung, S. 22.

11 Zu ihm: ADB, Bd. 25, S. 633 ff; Jürgen Nolte, Buchard Wilhelm Pfeiffer. Gedanken zur Reform des Zivilrechts. Dissertation Göttingen 1969; Hans Hattenhauer, Burchard

vertrauliche "Du".[12] Zu anderen Mitstudenten läßt sich kein tieferer Umgang nachweisen.[13] Der früh geweckte Ehrgeiz und die Liebe zu wissenschaftlicher Arbeit machten aber auch den Umgang mit Pfeiffer und Neurath zu einem unüberwindlichen Hindernis. An den persönlichen und schriftlichen Gedankenaustausch stellte er hohe Ansprüche. Er schlug *"eine zusammenhängende Correspondenz...über die Gegenstände"* vor, *"die uns die wichtigsten und interessantesten sind."*[14] Das Unternehmen schlug fehl. Der Briefwechsel kam nur schleppend in Gang und Savignys Briefe blieben über längeren Zeitraum von Neurath wie von Pfeiffer unbeantwortet.[15] Es fiel beiden schwer, sich den Vorstellungen Savignys zu unterwerfen. Dieser hatte Regeln aufgestellt, nach denen sich die Freundschaft ausrichten sollte: *"Laß mich noch zwey einzelne Bemerkungen hinzusetzen. 1. Man halte sich bey der Freundschaft, wie bey allem was wichtig für das Herz ist, immer streng an die Würklichkeit, thue keinen Schritt ohne volle Besonnenheit, lasse der Phantasie keinen Spielraum, die Folgen könnten schrecklich seyn..."*[16] Pfeiffer reagierte zögerlich auf Savignys Forderungen, wie auch überhaupt auf Savignys eigenwilligen Eifer, alles mit der gleichen Nüchternheit zu betrachten. In einem Brief vom April 1805 waf er ihm vor, daß sein

> *"einziges Streben literarische Vollendung ward, der damit verbundene Genuß gleichgültig machte gegen Alles, was nicht unmittelbare Geistesnahrung gewährt."*[17]

Freiheit der Gedanken, die Savigny selbst gefordert hatte, konnte sich für Pfeiffer bei solcher Enge nicht entfalten. Er hatte sein Herz in anderer Weise an die Wissenschaft verloren. Die mit Ernsthaftigkeit betriebenen Bestrebungen Savignys wichen zu stark von seinen Interessen ab. Ein weiterer Grund für den geringen Schreibfleiß des Freundes liegt im selbstgewissen Urteil, zu dem Savigny schon

---

Wilhelm Pfeiffer und die Bauernbefreiung in Kurhessen, in: FS Hermann Krause, 1975, S. 188 ff.

12 Nolte, B.W.Pfeiffer, S. 14.

13 Stoll, Savigny, Bd. 1, S. 34.

14 Savigny an Neurath vom 3.4.1798, Stoll, a.a.O., Bd, 1, S. 63.

15 Nolte, a.a.O., S. 13f.

16 Savigny an Neurath vom 14.1.1798, Stoll, a.a.O., Bd. 1, S. 63.

17 B.W.Pfeiffer an Savigny vom 25.4.1805, Nolte, a.a.O., S. 14.

früh geneigt war.[18] Besonders Pfeiffer zögerte, seine Ansichten gegenüber dem so überaus begabten und überlegenen Studienkollegen auszusprechen. So verebbte der Briefverkehr zusehends und Savigny sah sich mehr und mehr in der Rolle des Verteidigers seiner wissenschaftlichen Neigungen, die er um keinen Preis aufzugeben bereit war. Während Neurath sich still zurückzog, schleppte sich der Umgang mit Pfeiffer über Entschuldigungen und Rechtfertigungen hin. Zum Bruch kam es, als Savigny in Kontakt zu den Brentanos trat. Bei einem Besuch auf Savignys Gut Trages fand Pfeiffer dort Menschen,

> *"die sich über Alles erhaben glaubten, was die gemeine Meinung für gut und wünschenswerth hält, denen die Natur zu alltäglich ist, und die daher für nichts mehr Interesse haben, als was durch Singularität, fast möchte ich sagen: Paradoxie, sich vom Gewöhnlichen auszeichnet."*[19]

Pfeiffer warf Savigny vor, sie hätten seines Freundes Eitelkeit bestochen und dessen Charakter verändert, so daß er sich nun von ihm zurückzog.[20]

II. Der junge Savigny im Urteil Verwandter und naher Freunde

1. Clemens Brentano (1778-1842)

Nachdem Savigny im Jahre 1799 seine Studien in Marburg beendet hatte, unternahm er eine Reise, die ihn auch nach Sachsen führte.
Während des Aufenthaltes in Jena besuchte er Maria Sophie La Roche (1731-1807), die Großmutter Brentanos. Sie gab dem zwanzigjährigen Juristen den Anstoß, ihren Enkel, den um ein Jahr älteren Jenaer Studenten aufzusuchen. Damit legte sie den Grundstein der lebenslangen Verbindung zwischen Savigny und den Brentanos.[21] Es sollte dies auch der Beginn einer einzigartigen freundschaftlichen und verwandtschaftlichen Verknüpfung des hochbegabten Juristen

---

18 Nolte, a.a.O., S. 14.

19 B.W.Pfeiffer an Savigny vom 25.4.1805, Nolte, a.a.O., S. 16.

20 Nolte, a.a.O, S. 16.

21 Schellberg-Fuchs, Unbekannte Briefe, S. 121.

mit Dichtern der Frühromantik werden.[22] Der unstete Clemens Brentano hatte sich nach abgebrochener Lehre im väterlichen Frankfurter Handelshaus zunächst dem Kameralsstudium in Halle zugewandt. Unbefriedigt gab er auch das schnell auf und immatrikulierte 1798 für Medizin in Jena. Gleichzeitig entstanden erste dichterische Arbeiten.

Bei Savigny wie bei Brentano weckte ihre erste Begegnung im August 1799 heftige Sympathien.[23] Clemens begegnete einem eifrig arbeitenden Menschen, der sich der Wissenschaft verschrieben hatte, zielstrebig der Hochschullaufbahn entgegenstrebte und selbstbewußt seinen Lebensweg gestaltete. Von der Würde und der Selbstsicherheit des neuen Freundes war er fasziniert, empfand sie aber zugleich befremdend und abstoßend. Savigny seinerseits kam erstmals mit der in Deutschland aufblühenden Romantik in Berührung, deren geistiges Zentrum Jena war. Von Brentano in diesen Kreis eingeführt, weckte die Atmosphäre der Leidenschaftlichkeit und Schwärmerei zwar Savignys Interesse, doch ließ sich der ruhige und ausgeglichene Rechtswissenschaftler von diesem Geist nie verzaubern.[24] Überschwang und Gefühlsbetontheit blieben ihm fremd. Vielmehr war gerade die Gegegnsätzlichkeit der Charaktere dieser ungleichen Freunde zeitlebens das prägende Element ihrer Beziehung.

Brentano berichtete zunächst seiner Geliebten und späteren Gattin Sophie Mereau voller Begeisterung über die Begegnung mit Savigny, als er ihr im Dezember des Jahres 1802 schrieb:

> *"...und auch ich kenne keinen so vortrefflichen Menschen, der eine solche Bildung, Unbefangenheit, Unschuld, Gelehrsamkeit hat... Ich ehre Savigny wie keinen Menschen auf der Erde, auch Du wirst es begreifen lernen, wie dies nicht anders möglich ist..."*[25]

---

[22] Wohlhaupter, Dichterjuristen, S. 19 m.w.N.

[23] Ebd.

[24] Stoll, Savigny, Bd. 1, S. 168.

[25] C.Brentano an S. Mereau vom 10.12.1802, Amelung, Briefwechsel Brentano mit Mereau, S. 152.

Im Juli des Jahres 1803 schwärmte er:

> *"Selbst ich... liebe ihn dann und wann, und weiß jetzt keinen Mann, mit dem es Wert wäre, aus einer Schüssel zu essen als ihn."*[26]

Brentano schätzte den seinem Wesen so grundsätzlich verschiedenen Charakter hoch. Seine Zuneigung brachte er bildhaft und überschwänglich zum Ausdruck, als er Weihnachten des Jahres 1802 an seinen Freund und späteren Schwager Ludwig Joachim (Achim) von Arnim (1781-1831) schrieb:

> *"Rafaels 'Johannes in der Wüste', der ruhige, klare, nackte, liebreichsinnende in der Wüste, o könnte ich ihm im Leben gleichen, dem nur Savigny gleicht"*[27]

An Savigny selbst schrieb er im Dezember 1801:

> *"Ich... werde gegen End der Woche bei Ihnen sein um Ihnen nichts erzählen zu können als daß ich Ihnen womöglich stets mehr angehöre und daß ich nichts kenne, was mich so feßle und ewig freimacht als der Gedanke an Sie."*[28]

Brentano verfaßte seine Briefe in der den Romantikern eigenen überschwänglichen Gefühlsseligkeit, wie ein Brief vom Juni 1800 zeigt:

> *"Ich kann nichts über Sie sagen, ich fühle nur über Sie,..., und das Höchste, was Sie für mich werden können, ist mein Freund, meine Zuversicht."*[29]

Brentano fand in Savigny alle Wesenszüge wieder, die ihn sein bisheriges Leben hatten vermissen lassen und die er doch stets so heiß begehrte: Ruhe, Klarheit

---

26 Ders., a.a.O., S. 163.
27 C. Brentano an Achim v. Arnim Weihnachten 1802, Steig, Arnim und Brentano, S. 60.
28 C. Brentano an Savigny vom 25. Dezember 1801, Schellberg-Fuchs, Unbekannte Briefe, S. 250.
29 C. Brentano an Savigny vom Juli 1800, Schellberg-Fuchs, a.a.O., S. 147.

und Geradlinigkeit. Der sensible Halbwaise Brentano hatte seine Kindheit und Jugend bei unterschiedlichen Verwandten und Internaten verbringen müssen. Nirgends hatte er den notwendigen Lebenshalt erfahren. Eigenwillig und von Poesie und Phantasie beherrscht, war er unruhig, rastlos und haderte mit sich selbst. Mit dem praktischen Leben kam er nicht zurecht, fand nie den rechten Sinn in seinem Dasein. Den Bruch zwischen dem Künstler und dem Menschen Brentano gestand er Savigny in mehreren Briefen als innere Not:

> *"Schreiben Sie mir über mich und was mit mir möglich ist, so soll Ihnen all die Zeit meiner Ruhe geweiht sein... Schreiben Sie mir, teurer Savigny; denn ich bin recht unglücklich und liebe Sie unaussprechlich. Sie können mich trösten... nehmen Sie sich meines armen Innern an, richten Sie mich auf.*[30]

> *"Sie wissen, lieber Savigny, wie nötig mir der Mensch ist, an den ich mich anschließe, der mir gleichsam ein Mittler mit der Welt ist."*[31]

In bedingungsloser Offenheit erflehte er die Liebe und Nähe Savignys. Dieser sollte ihm Zufluchtsort, Stütze und Autorität sein.

Die bewunderten Eigenschaften des Angebeteten waren es jedoch, die eine solche Beziehung nicht zuließen. Brentano mußte erkennen, daß Savigny sich nicht in seine schwärmerische Gefühlswelt einbeziehen ließ. Die ruhige und ausgeglichene Natur des jungen Juristen hatten nichts von der Leidenschaft, die der Romantiker von ihm erwartete. So wurde der Briefwechsel für Brentano eine Enttäuschung. Savignys Schreiben waren weniger zahlreich, zudem meistens von geringerem Umfang. Schmerzhaft für Brentano mußte ebenso der kühle Ton des anderen sein. Savigny stand ihm als Freund zwar stets mit Rat und Tat zur Seite, vermied jedoch Gefühlsausbrüche und blieb in seiner Wortwahl gemessen und zurückhaltend. Dies zeigte sich ebenso im persönlichen Umgang. Brentano verbrachte viel Zeit bei Savigny in Marburg. Auch hier erschien ihm der Freund

---

30 C. Brenatno an Savigny Ende Juni 1800, Schellberg-Fuchs, a.a.O, S. 143.

31 C. Brentano an Savigny Anfang Juli 1801, Schellberg-Fuchs, a.a.O. S. 202.

hart, verschlossen und stumm. An die Stelle von Begeisterung und inniger Zuneigung traten bald Skepsis, Enttäuschung und Erbitterung. Unter dem von ihm selbst geforderten Autoritätsanspruch schien Brentano mehr zu leiden, als daß er ihn aus seiner Not hätte befreien können. An Mereau schrieb er im Juli 1803 aus Marburg:

> *"Wir aber haben eigentlich keinen inneren Verkehr miteinander, er spricht sich nie aus gegen mich und nimmt doch alles hin, und wenn er etwas sagt, ist es einfältig, wahr, schonend und tiefsinnig."* [32]

Einen Monat später beklagte er:

> *"...alles hört er mit großer Liebe an, einer unendlich treuen, reinen Teilnahme, aber von ihm erhält man nichts... sein Verhältnis zur mitleidenden Welt ist ganz ein pädagogisches... (er)streckt selten vor mir die Hörner heraus, sondern steckt immer in seinem Schneckenpalast."* [33]

Brentano klagte besonders über Savignys Verschlossenheit und dessen mangelnde Fähigkeit, sich anderen mitteilen zu können. Der Vorwurf galt dem Wissenschaftler Savigny, der in seinen Augen kein ernsthaftes Interesse am äußeren Leben verspürte und dem der Umgang mit Büchern wichtiger zu sein schien als der mit Freunden. Seine Verzweiflung schrie er förmlich hinaus, als er Weihnachten 1802 an Achim von Arnim schrieb:

> *"O Arnim, ich wollte, ich wäre bei Dir, nun werde ich wieder zu Savigny fliehen, ins todte, stumme, ernste Heiligtum;..."* [34]

---

32 C. Brentano an S. Mereau vom 4.7.1803, Amelung, Briefwechsel Brentano mit Mereau S. 172.

33 C. Brentano an S. Mereau vom 30.8.1803, Amelung, a.a.O., S. 151f.

34 C. Brentano an Achim v. Arnim Weihnachten 1802, Steig, Arnim und Brentano, S. 59.

Auch gegenüber Mereau klagte Brentano:

> *"Wenn ich so dem Savigny zusehe ,..., wie er in unendlichem Gleichmut von morgens bis abends seine Folianten durchbuchstabiert, so ekelt mich diese Ruhe an,...*[35]

Brentano fühlte sich unverstanden und war zugleich eifersüchtig auf die Dinge, denen Savigny mehr als ihm seine Aufmerksamkeit widmete:

> *"Wenn ich minutenlang zu ihm hinabgehe, um mit ihm zu sprechen, so redet er mit dem Buch in der Hand, ja arbeitet während der ganzen Unterredung fort, und kaum bin ich vor der Tür, so bewegt sich die ganze Studiermaschine,..."*[36]

> *"Keinem Menschen gehört er an ..., ... er ist in eine Welt von Büchern eingefangen, ..."*[37]

Gegenüber Savigny hatte Brentano dies schon im Jahre 1801 sehr deutlich formuliert:

> *"Sie sind so unendlich glücklich mit den verschiedenen Ausgaben alter Autoren, daß Sie unglücklich mit den besten Ausgaben der Menschen umgehen. Sie sind verschlossen, hart und eigensinnig gegen einen armen Jungen, der Sie so liebt."*[38]

Zwei Jahre später schimpfte er schließlich:

> *",...der Teufel hole Ihre Gemütsruhe!"*[39]

---

35 C. Brentano an S. Mereau vom 4.7.1803, Amelung, a.a.O., S. 186.
36 Ders., a.a.O., S. 172.
37 C. Brentano an S. Mereau vom 30.8.1803, Amelung, a.a.O, S. 151f.
38 C. Brentano an Savigny im Januar 1801, Schellberg-Fuchs, Unbekannte Briefe, S. 168.
39 C. Brentano an Savigny vom 1.5.1803, Schellberg-Fuchs, a.a.O., S. 302.

Brentano kam zu dem Schluß, den auch schon Pfeiffer gezogen hatte. Der Wissenschaftstrieb schien Savigny blind zu machen für die Dinge des täglichen Lebens. Das Bewußtsein seiner Würde, das ihn wesentlich prägte[40], machte ihn unberührbar. Auch Brentano hatte Savignys beherrschenden Wesenszug erfahren.
Das widersprüchliche Bild Brentanos von Savigny in den ersten Jahren der Freundschaft blieb zeitlebens bestehen. Allerdings war die Verbindung während Savignys Marburger Zeit besonders eng und die Verehrung trotz allen beiderseitigen Unverständnisses tiefer als später.

2. Bettina Brentano, verh. von Arnim (1785-1859)

Bettina von Brentanos Bekanntschaft mit Savigny begann im Sommer 1800. Ihr Bruder Clemens hatte ihn zu einem Besuch in den "Goldenen Kopf", dem Stammhaus der Brentanos in Frankfurt, eingeladen. Sofort hatte Savigny auch sie in den Bann gezogen. Hatte Clemens zunächst vergeblich versucht, zärtliche Bande zwischen beiden zu knüpfen, entwickelte sich doch ein lebenslang andauerndes, allerdings spannungsvolles Verhältnis.
Wie bei ihrem jüngeren Bruder prägte Bettinas romantisches Wesen die Beziehung in entscheidendem Maße. Verspieltheit, sprühender Geist, ausgeprägte Redegewalt und Sprunghaftigkeit machten aus ihr einem Flattergeist.[41] Schon bald nach ihrer ersten Begegnung war Bettina für den jungen Juristen von Bewunderung beseelt und tat darin ihrem Bruder Clemens gleich. Ihrer romantischen Natur entsprechend überhäufte sie Savigny mit einer Vielzahl von Briefen, in denen sie ungezwungen und lebhaft seine Aufmerksamkeit auf sich zu lenken suchte. Im Frühjahr 1801 schrieb sie ihrem neuen Freund:

> *"Halten Sie doch auch wieder einmal Feuerstunde und schreiben Sie mir und denken Sie an mich... Ich will wetten, Sie wissen nicht mehr, wie ich aussehe, ob ich braune oder blaue Augen habe... Sie kenne ich recht gut, Sie haben große bläuliche Augen und einen sehr frommen Mund...*

---

40 Hattenhauer, Thibaut und Savigny, Einleitung S. 24.

41 Stoll, Savigny, Bd. 1, S. 178; Denneler, Savigny, S. 30.

Übrigens haben Sie einen wunderbaren Kopf, und um diesen sind Sie größer als viele andre und um 3 größer als ich."[42]

Für Bettinas Zuneigung der ersten Jahren war wie schon bei Clemens nicht die Anerkennung eines gleichrangigen Freundes entscheidend, sondern die Verehrung als einen Erziehers und väterlichen Freundes. Luden die Brentanogeschwister Freunde nach Frankfurt ein, um im Kreise der Romantiker fröhlich und ausgelassen zu feiern, zählte auch Savigny zu den Gästen. Die Zusammenkünfte wurden zahlreicher und bald traf man sich auch in Marburg oder auf Trages, dem Erbgut Savignys. Diese Begegnungen hatten Bettina nachhaltig beeindruckt und sie forderte von Savigny ständige und baldige Wiederholungen. Im April 1805 schrieb sie:

"Manchmal ergreift mich die Lust des Wiedersehens so, daß ich in Gedanken Deiner Wiederkunft schon Tränen der Freude vergieße. O ich bitte Dich, lieber Habihnnie, sehe mich bald wieder, laß mich bald bei Dir sein, ich kann es mir so herrlich vorstellen, mit Dir zu sein,... von Dir wohlthätigen Sonne beschienen."[43]

Sie erflehte Savignys Nähe wegen dessen ausgleichender Wirkung auf ihr Temperament. Savigny hatte ungewollt die Figur des väterlichen Erziehers übernommen, über die Bettina im Januar 1805 ins Schwärmen geriet:

"Ich habe gelernt allerlei, recht viel und doch so wenig,..., der größte Beweis davon ist, daß aller Lärm aus meinen Augen und Gemüt... selbst verschwunden sind, daß ich wirklich an nichts Kleinlichem mehr hänge, sondern an allem Guten, wie Du es verlangst. Könnte ich jetzt nur noch mein dankbares Herz an Dein liebevolles gütiges Herz

---

42 B. Brentano an Savigny im März/April 1801, Schellberg-Fuchs, Die Andacht zum Menschenbilde, S. 13.

43 B. Brentano an Savigny im April 1805, Schellberg-Fuchs, a.a.O., S. 31.

> *drücken, von dem doch all dies Gute eigentlich seinen Ursprung hat."*[44]

Grenzenlos schien ihre Bewunderung für den jungen Juristen zu sein. Savigny war zur zentralen Figur in ihrem Leben geworden. Seine Menschenfreundlichkeit machte ihn zum allseits umschwärmten Mittelpunkt im Kreis der Romantiker. Dabei umgab er sich mit dem Mantel eines schützenden Abstandes, der sein Wesen unerreichbar bleiben ließ. Zwar nahm Savigny gern an den Zusammenküften teil, beteiligte sich jedoch nie am überschwenglichen Treiben. Seine strenge Beherrschtheit stand der formlosen Träumerei entgegen. Bettina war sich bewußt, daß Savigny ihr mit Abstand gegenübertrat. Savigny hatte Schwierigkeiten, mit der zur Schau gestellten Kindlichkeit zurechtzukommen. Das überschäumende Wesen war ihm fremd. Bettinas Hang, ihre Gefühle und Regungen nach außen zu kehren, konnte und wollte er nicht entsprechen. Savigny antwortete auf ihre Briefflut nicht so regelmäßig wie Bettina sich das gewünscht hatte. Er schwieg über Wochen hinweg, während Bettina ihm mehrmals wöchentlich schrieb. Im Gegensatz zu Clemens nahm sie Savignys Zurückhaltung jedoch nicht zum Anlaß, den Freund mit Vorwürfen zu überschütten. Sie nahm Savigny, wie er war: kalt, ihrem Wesen abgeneigt und schweigend. Indem sie Savignys Wesen erkannte, versuchte sie nicht, ihn umerziehen zu wollen. Dennoch versuchte sie ihn aus seinem wissenschaftlichen Treiben herauszulocken. Mit Temperament und Hartnäckigkeit forderte sie ihn immer wieder auf, am fröhlichen und ausgelassenen Leben des romantischen Freundeskreises teilzunehmen. Im Mai 1805 schrieb sie an Savigny:

> *"..., zum wenigsten scheint Euer Glück sehr himmlisch zu sein. In was besteht aber mit der größte Teil des Glücks oder was macht es himmlisch? Darin daß man andere daran teilnehmen läßt. Also, lieber Savigny, um Dein eigen Glück zu erhöhen, so laß mich bald teil daran nehmen, komm bald bald her..."*[45]

---

44 B. Breantano an Savigny im Januar 1805, Schellberg-Fuchs, a.a.O., S. 28.

45 B. Brentano an Savigny im Mai 1805, Schellberg-Fuchs , a.a.O., S. 34.

Savigny entschuldigte die verspäteten und spärlichen Antworten mit Arbeitsüberlastung. Der zielstrebige Professor bevorzugte den fachlichen Briefwechsel mit Gleichgesinnten. Daß er das wissenschaftliche Streben als Glück betrachtete, konnte Bettina nicht verstehen und hielt ihn für einen unglücklichen Menschen. Fast mitleidig betrachtete sie Savignys Lebensweise, als sie im Juli 1802 an ihn schrieb:

> *"Ist denn das Leben ein schwerer Sack? nein, es ist ein großer Gewichtstein, der so leicht zu tragen ist, wenn Ihr ihn mit dem kleinen Finger hebt. Wenn Ihr ihn aber mit beiden Armen umfassen wolltet, da werdet Ihr freilich nicht weit kommen... Savigny, Savigny, rührt Euch, denkt an mich, Ihr habt mich so lieb und seid so still, Ihr könntet das Posthorn von meinem Reisewagen hören und wüßtet nicht, daß ich es bin..."*[46]

In Bettinas Augen lief Savigny am Leben vorbei. Clemens gegenüber verteidigte sie sein Wesen aber selbst dann noch, als sie zu Savignys heftigster Kritikerin geworden war. Dies zeigen Briefe an ihren Bruder aus den Jahren 1805 und 1806, die sie allerdings im Jahre 1844 anläßlich deren Veröffentlichung als Briefroman im "Frühlingskranz" stark manipulierte. War Bettina im Zusammenhang mit dem Streit um die "Göttinger Sieben" im Jahre 1837 deutlich auf Abstand zu Savigny gegangen, so zeigen diese manipulierten Briefe, obwohl rückschauend, dennoch keine grundlegende Änderung ihres Urteils über das prägende Wesensmerkmal Savignys:

> *"Der Savigny sieht still dem zu, wie Du und andre ausgreifen nach Glück, und tausend Mißverständnissen dadurch begegnen; seine Glückseligkeitslehre geht ungestört über dem Gewirr Eurer phantastischen Neigungen weg, ... Ihm aber wächst im heimlichen Grund eine Blume, die nicht verblüht, Du nennst sie seine Studiermaschine, ich nenne sie seine Muse... Und das ist natürlich, was Dir unnatürlich*

---

[46] B. Brentano an Savigny im Juli 1802, Schellberg-Fuchs, a.a.O., S. 15.

deucht ...., seine Muse führt ihn mit freundlichem Anstand die Berge hinan, die andre unersteiglich finden, und bereitet ihm die Ordnung, die er notwendig fordert... Drum soll Dich auch sein Stillschweigen nicht verdrießen, denn Du und ich sind außer aller Ordnung,... Du bist ungerecht, ihm das zu verargen..."[47]

3. Karoline von Günderode (1780-1806)

Fast zeitgleich mit den Brentanos hatte Savigny die Bekanntschaft mit der empfindsamen und zarten, zu Schwermut neigenden Karoline von Günderode gemacht.[48] Auch sie gehörte zu dem ihm leidenschaftlich ergebenen Freundeskreis der Frankfurter Dichterfamilie. Gänzlich anders als ihre Freundin Bettina Brentano erfuhr sie Savignys Wesen und Anziehungskraft. Bereits bei der ersten Begegnung im Sommer des Jahres 1799 verliebte sie sich in den Juristen, wie sie einer Freundin gestand:

" Schon beim ersten Anblick machte Savigny einen tiefen Eindruck auf mich, ich suchte es mir zu verbergen und überredete mich, es sei bloß Teilnahme an dem sanften Schmerz, den sein ganzes Wesen ausdrückt, aber bald, sehr bald belehrte mich die zunehmende Stärke meines Gefühls, daß es Leidenschaft sei, was ich fühlte,..."[49]

Im regen Gedankenaustausch waren auch Savignys Briefe gefühlvoll und offenbarten Zuneigung.[50] Dennoch konnte oder wollte er dies nicht als Liebe bezeichnen. Aus der Begegnung, von der sich Karolines Familie eine eheliche Verbindung erhoffte, wurde nichts.[51] Seine Undurchdringlichkeit ließ die Günderode verzweifeln und ihr die Aussichtslosigkeit ihrer Gefühle bewußt werden, als sie in zwei unmittelbar folgenden Briefen an eine Freundin meinte:

---

47 B. Brentano an Cl. Brentano in Frühjahr 1802, B.v.Arnim, Ges.Werke, Bd. I (Frühlingskranz), S. 101f.

48 Weißenborn, Briefe der K. v. Günderode, S. 21; zu Ihr: ADB, Bd. 10, S. 126.

49 K. v. Günderode an K.v.Barkhausen vom 4.7.1799, Weißenborn, a.a.O., S. 49.

50 Stoll, Savigny, Bd. 1, S. 98.

51 Preitz, Günderode in ihrer Umwelt, S. 217 f.

"Ich fühle es nur zu sehr, wie weit ich von dem Ideal entfernt bin, daß sich ein S. erträumen kann, als daß ich hoffen dürfte; gewiß wird er ein Mädchen finden, das seiner Liebe würdiger ist als ich, ..."

"Wenn Sie etwas von S. hören, darf ich Sie bitten, es mir zu schreiben, verargen Sie mir diese Bitte nicht, es ist ja das Einzige, was ich von ihm haben kann, der Schatten eines Traumes."[52]

Der "Schatten" schien ihr zu sehr im Wesen Savignys begründet, als daß der Traum einer glücklichen Liebe hätte wahr werden können. An Kunigunde Brentano, die Schwester von Clemens und Bettina und spätere Gattin Savignys schrieb sie im Sommer 1801:

"...; er ist eine Leere, die man aus sich verdrängen möchte; so ist mir's wenigstens. Jedes interessante Wissen, wenn es der andere noch nicht mit mir teilt, Empfindung und Erfahrung, ist mir ein Berg, der mich von dem, mit dem ich mich vereinigen mögte, trennt."[53]

Kurz bevor Savigny Kunigunde Brentano heiratete, hatte die Günderode ihm mit "Der Kuß im Traume" nochmals ein Zeichen ihrer nunmehr schweigend träumenden Liebe gesetzt:

"Es hat ein Kuß mir Leben eingehaucht,
Gestillet meines Busens tiefstes Schmachten,
Komm Dunkelheit! mich traulich zu umnachten
Daß neue Wonnen meine Lippe saugt.
(...)
Drum birg' Dich Aug' dem Glanze irdscher Sonnen
Tauch Dich in Nacht, sie stillet Dein Verlangen

---

52 K. v. Günderode an K.v.Barkhausen vom 10.7.1799 sowie vom 16.8.1799, Weißenborn, a.a.O., S. 52f, 56.

53 K. v. Günderode an Kunigunde Brentano vom 11.8.1801, Weißenborn, a.a.O., S. 75.

Und heilt den Schmerz, wie Lethes kühle Fluten.
S.-y ist wahr: Solche Dinge träumt das Günderrödchen,
und von wem? Von jemand, der sehr lieb ist
und immer geliebt wird." [54]

4. Georg Friedrich Creuzer (1771- 1858)

Der Kreis erweiterte sich, als Savigny im Herbst 1798 in freundschaftlichen Verkehr mit Georg Friedrich Creuzer trat.[55] Dieser lehrte seit dem Jahr 1799 in Marburg alte Sprachen und Philosophie.[56] Creuzer verbrachte mit Savigny fünf Jahre in Marburg, bis er im Jahr 1804 einem Ruf nach Heidelberg folgte. Im Zeitraum von 1799 bis 1850 richtete Creuzer nicht weniger als 132 Briefe an Savigny, umgekehrt waren es etwa 100.[57] Auch er gehörte zum weiteren Freundeskreis der Brentanos und nahm an deren Zusammenkünften teil, fühlte sich aber wie Savigny von deren Genialität nicht angezogen. Vielmehr ging es auch ihm um Ernsthaftigkeit in wissenschaftlichen Bemühungen. Strebsam arbeitete er gleich Savigny an seiner Hochschullaufbahn und begeisterte sich wie jener für das klassische Altertum. Die Ähnlichkeit ihrer Wesenszüge verband die jungen Kollegen miteinander und führte zu einem für beide förderlichen Verkehr.[58]
Ihre Verbindung wurde um so enger, je schwieriger sich der Umgang mit den Brentanos gestaltete. Das Bild, das Creuzer von Savigny zeichnete, war daher grundlegend verschieden von denen seiner romantischen Freunde. Er verehrte Savigny nicht etwa, weil jener sich wesentlich von ihm unterschied, wie Clemens Brentano dies tat. Seine Freundschaft war vielmehr durch die Gleichartigkeit seiner Neigungen, Denkungsart und Lebensweise bestimmt. Angezogen fühlte sich Creuzer auch von der sozialen Andersartigkeit Savignys. Creuzer stammte aus ärmlichen Verhältnissen und mußte seine Tätigkeit stets in den Dienst der materiellen Existenz stellen. Savigny hingegen war reich und unabhängig. Creuzer bewunderte und beneidete ihn dafür, als er ihm 1804 schrieb:

---

54 K. v. Günderode an Savigny im April 1804, Weißenborn, a.a.O., S. 124.
55 Zu ihm: ADB, Bd. 4, S. 593 ff.
56 Stoll, Savigny, Bd. 1, S. 35f.
57 Dahlmann, Briefe Creuzers an Savigny, Einführung, S. 9.
58 Stoll, a.a.O., S. 50.

> *"Sie sind ein Mann, der sich sozusagen sein Schicksal fast selber machen kann..."*[59]

Savigny wirkte aufgrund seiner Unabhängigkeit auf Creuzer durch seine Souveränität, während Creuzer sich häufig in Selbstzweifeln erging und depressiv veranlagt war.[60] Obwohl acht Jahre älter als Savigny, wurde Savignys Überlegenheit bald deutlich. Creuzer bat ihn häufiger um Rat als umgekehrt. Creuzer war der Empfangende, Savigny der Gebende.[61] Auf diese Bewunderung gründete zunächst beider Freundschaft. In einem Brief an Savigny vom Juli 1800 schrieb Creuzer:

> *"Sie legen mir innere Kraft bei. Nach meiner innigsten Überzeugung bedarf aber diese meine Kraft einen Vereinigungs- und Strebepunkt, wodurch sie Bedeutung und höhere Richtung erhalten muß. Dieses Bedürfnis finde ich nun in Ihrem Umgang befriedigt... Doch wie kann ich hoffen Ihnen durch meine Worte einen Begriff zu machen von dem Wohltätigkeits- Gefühl erhöheter Kraft und Einheit, von den frohen Lebenswallungen beförderter innerer Tätigkeit, die ich niemals in meinem ganzen Leben so empfand, als auf den Spatziergängen wo wir uns mit Ihnen unterhielten, u. besonders in den Abendgesellschaften wo Sie vorlasen u. dem Vorgelesenen ein Thema zu einem Streit, zu einer Unterhaltung zu entlocken wußten. Auf diese Augenblicke sehe ich zurück, wie auf ein erhöhtes Leben!..."*[62]

Im Umgang mit Savigny sah sich der Wissenschaftler Creuzer selbst in seinem Lebensgang bestärkt. Ähnlich wie die Brentanos betrachtete er Savigny als höheres Wesen. Creuzer schrieb 1799 nach Beendigung seines Studiums nach Trages:

---

59 Creuzer an Savigny vom 15.5.1804, Dahlmann, Creuzers Briefe an Savigny, S. 104.

60 Dahlmann, a.a.O., Einführung S. 10.

61 Dahlmann, a.a.O., Einführung S. 10.

62 Creuzer an Savigny vom 16.7.1800, Dahlmann, a.a.O., S. 93f.

"Mein Teuerster!
Es ist wohl niemals ein Brief des heiligen Paulus, oder Johannes oder Petrus von der Gemeinde in Ephesus, Korinth,... mit solcher Andacht aufgenommen worden und mit solcher Begierde gelesen worden als der Ihrige von uns die wir hier versammelt sind, wo er einst war, und wo man gläubig harret der Zeit bis daß er wieder kommt..."[63]

Creuzer erinnerte an Pfarrer Friedrich Heinrich Christian Schwarz (1766-1837) aus Butzbach und Professor Weis, mit denen Savigny und Creuzer engen Kontakt gehalten hatten und mit denen sie zu Diskussionen und wissenschaftlichen Auseinandersetzungen während Savignys Studienzeit zusammengekommen waren. Der wissenschaftliche Austausch bedeutete Savigny im Gegensatz zu seinen romantischen Freunden besonders viel.[64] Nicht allein die hieraus gewonnene Kraft stützte die Freundschaft. Sie war die Brücke für die Mitteilung auch sehr persönlicher Angelegenheiten. Creuzer war einer der wenigen, der in persönlichen Fragen von Savigny ins Vertrauen gezogen wurde. Creuzer empfand dies als Auszeichnung und verspürte in Savignys Gegenwart nichts von verschlossenem Wesen. In einem Brief an Caroline von Günderode vom Mai 1806 widersprach er aller Kritik der Brentanogeschwister:

"...er berührte mich und fand sich von mir berühret auf so vielen tausend Punkten, daß er mir oft gesagt und ich es deutlich gefühlt, daß wir über das Wesentliche, was dem Manne des Bestrebens wert dünkt, wunderbar zusammenstimmten... Diese Harmonie dehnte sich dann auch auf das Übrige aus und wurde oft rein menschlich,... In diesem Augenblick vermißte ich auch das Mystische nicht in seiner Natur, wiewohl ich inne war, daß es auf besondere Weise bei ihm zum Dasein kam: durch frommes Familienleben. Die letzte nahe Berührung war die, als er mir, da wir eines

---

63 Creuzer an Savigny vom 10.3.1807, Dahlmann, a.a.O., S. 19.
64 Stoll, Savigny, Bd. 1, S. 36.

> *abende allein von Gießen nach Marburg fuhren, seine Liebe zur Kunigunde erzählte und seinen Entschluß, sie zu heiraten, zu einer Zeit, wo niemand es wissen durfte.*[65]

Creuzer rühmte den unmittelbaren Kontakt, den er mit Savigny in Marburg pflegen konnte. Savigny schien sich doch öffnen zu können. Er wurde Creuzers Vertrauter, war offen für die kleinsten Sorgen des täglichen Lebens und Helfer bis in die Nöte des täglichen Unterhalts hinein.[66] Mit Creuzer hatte Savigny in dieser Zeit wohl den engsten Kontakt. Dies änderte sich, als beide auf den brieflichen Verkehr angewiesen waren. Savigny, der 1803 Kunigunde Brentano geheiratet hatte, fand in seinen Briefen nicht den warmen und herzlichen Ton, den Creuzer sich gewünscht hätte. Creuzers Wunsch nach Nähe und Aufschluß über alle Erlebnisse kam Savigny nicht nach. In kurzen Briefen gewährte er nur spärliche Einblicke in sein Privatleben, das er Creuzer in Marburg noch so menschlich offengelegt hatte. In einem Brief vom Januar 1808 schrieb er:

> *"Kein Wort auch melden Sie von Ihrem Befinden, von Frau und Kind... Hab' ichs denn verdient, daß ich gar so karg und kurz gehalten werde mit Nachrichten von Ihnen, und daß die Mittelbarkeit des Verkehres zwischen uns immer mittelbarer wird?..."*[67]

Creuzer litt darunter sehr. Waren die in den folgenden Jahren die Schreiben zunächst von neutraler Freundlichkeit geprägt, beherrschte bald die Erinnerung an eine schöne Vergangenheit den Inhalt.[68]

---

65 Creuzer an C.v.Günderode vom 11.5.1806, Weißenborn, Briefe der K.v.Günderode, S. 312f.

66 Dahlmann, Briefe Creuzers an Savigny, Einführung S. 13.

67 Creuzer an Savigny vom 7.1.1808, Dahlmann, a.a.O., S. 225.

68 Dahlmann, a.a.O., Einführung, S. 12.

5. Ludwig Joachim (Achim) von Arnim (1781-1831)

Durch Clemens von Brentano machte Savigny schließlich auch die Bekanntschaft mit Achim von Arnim. Wie die Freundschaft zu Brentano ist auch das Band zwischen Savigny und Arnim als eines der großen der klassisch-romantischen Epoche bezeichnet worden.[69] Arnim, der wie Savigny früh verwaist war, entstammte märkischem Adel und wuchs bei seiner Großmutter in Berlin auf. Zum Sommersemester 1798 hatte er das Studium an der juristischen Fakultät in Halle aufgenommen, um sich auf den Staatsdienst vorzubereiten. Vielseitig interessiert, widmete er sich zeitweilig der Physik, bevor er über den Verkehr mit Clemens von Brentano schon bald seine Neigungen zu romantischer Poesie und der Schriftstellerei entdeckte.[70] Die Staatslaufbahn hat er nie begonnen. Von Savigny hatte Arnim durch Clemens erfahren, ein erstes Bild durch dessen Briefe vorgestellt bekommen. Umgekehrt hatte auch Savigny schon von Arnim erfahren. Die erste Begegnung fand im Jahre 1805 auf Trages anläßlich einer Zusammenkunft des romantischen Freundeskreises statt.
Im Gegensatz zu den Brentanos entwickelte sich zwischen beiden ein ungezwungener Umgang. Sie waren im Charakter ähnlich. Beide verkörperten etwas Beschwichtigendes, das im völligen Gegensatz zu den Geschwistern Bettina und Clemens stand. Ihre Beziehung zog sich wie ein roter Faden durch das Geflecht des Arnim- Brentano- Savigny- Kreises.[71] Auch ihr Briefwechsel hob sich von denen der Freunde ab. Nirgendwo finden sich gefühlsbetonte Sprunghaftigkeit oder hitziges Gemüt wie in den Schreiben von Clemens und Bettina. Die von Depressionen begleiteten Stimmungsschwankungen von Clemens waren beiden fremd. Arnim stand wie Savigny fest im Leben und wußte stets, was er wollte und sollte. So geben die Briefe Arnims an Savigny wie auch an seine spätere Frau Bettina wenig Hinweise auf eine Charakterisierung des neu gewonnenen Freundes. Die unbedingte Wertschätzung beider füreinander mußte nicht offenherzig und impulsiv ausgesprochen werden. Obwohl beide ununterbrochen fünfundzwanzig Jahre bis zu Arnims Tod im Jahre 1831 in regelmäßigem Briefverkehr standen, beschränkte sich dessen Inhalt häufig auf finanzielle Angelegenheiten. Savigny bewährte sich als Freund in juristischen und häuslichen Fragen

69 Härtl, Arnims Briefe an Savigny, Einleitung, S. 13.
70 Wohlhaupter, Dichterjuristen, S. 99.
71 Härtl, a.a.O., S. 13.

bezüglich Arnims Erbgut Wiepersdorf. Arnim machte ihm nicht den Vorwurf des kalten Wesens. Aus der Frühzeit ihrer Bekanntschaft ist hier nur ein Brief von Interesse, in dem Arnim sich bei Clemens über Savignys Verhalten gegenüber Bettina wunderte. Das erzieherische Element, das sie von Savigny für ihr Leben erwartet hatte, stieß bei Arnim auf starke Kritik. Als er seine zukünftige Frau kennengelernt hatte, schien er von deren Wesen ebenso überfordert wie Savigny, führte dies aber auf deren mangelhafte und unglücklich verlaufene Erziehung zurück, in der Savigny eine große Rolle gespielt habe. Im Oktober 1811 schrieb er an Savigny:

> *"Wenn man Dir in den Briefen etwas vorwerfen kann, so ists, daß Du ihr nicht öfter Bücher anrühmtest, die ihr förderlich gewesen wären, und endlich, daß Du sowie Christian zuletzt den Savigny fast gewaltsam in ihre Bildung hineinreißet, der sich seiner Unbekanntschaft mit Mädchen erst gewaltig dagegen sträubt, dann aber in der Angst, was ihm zuerst in die Hände fällt, ihr zum Unterricht empfiehlt, unter andern Vossens mythologische Briefe, an denen wahrhaftig ein Philologe von Profession zu knaupeln hat."*[72]

Die Urteile des Marburger Freundeskreises tragen typische Züge ihrer Zeit. Der Träumerei ergeben, zog es die Romantiker unwiderstehlich zum klassisch gesinnten Juristen hin und machten ihn zum Mittelpunkt ihres jungen Lebens. Trotz dieses Hanges nach Klassizität war es ihnen unmöglich, ihn zu verstehen. Fast tragisch mußten sie erkennen, daß sie Savignys eigenes, einsames Wesen nicht durchdringen konnten.

---

72 A.v. Arnim an C. Brentano 26.10.1811, Steig, Arnim und Brentano ,S. 291.

III. Savigny als Rechtslehrer in Marburg und Landshut

1. Urteile von Jakob (1785-1863) und Wilhelm (1786-1859) Grimm über den Marburger Lehrer

Vom Wintersemester 1800/1801 an übernahm Savigny eine außerordentliche Professur an der rechtswissenschaftlichen Fakultät in Marburg. Zunächst las er Strafrecht, wechselte aber im Jahr 1801 zum römischen Recht hinüber, zur Rechtsgeschichte und der Methodenlehre. Dies waren die Fächer seiner großen Leidenschaft, in denen er lebenslang wissenschaftlich tätig war und denen seine Hauptwerke gewidmet waren. In der gut vierzigjährigen Zeit als Rechtslehrer an Universitäten hat Savigny unzähligen Studenten das Rüstzeug für die juristische Tätigkeit vermittelt. In Marburg waren seine bedeutendsten Hörer Jakob und Wilhelm Grimm. Die Brüder, die ihr Leben der Erforschung der Geschichte der deutschen Sprache widmeten und als Begründer der modernen Philologie gelten, hatten zunächst das Jurastudium aufgenommen. Vom Jahre 1802 an hörte Jakob Grimm bei Savigny Vorlesungen, ein Jahr später folgte ihm sein jüngerer Bruder. Jakob hatte das Studium der Rechte hauptsächlich auf Wunsch seiner Mutter aufgenommen, um in die Fußstapfen seines Vaters treten zu können.[73] Wenig begeistert und ohne große Erwartungen war er so nach Marburg gekommen. Der Rechtsstoff konnte ihn nicht fesseln. Von beiden Brüdern, die bald zu Savignys innigsten Freunden gehörten, liegen umfangreiche Äußerungen über den nur wenige Jahre älteren Lehrer vor.[74] Die größe Anzahl ihrer Urteile über den Rechtslehrer Savigny stammen aus den späten Jahren um 1850 und blicken zurück auf den gemeinsamen Lebensweg. Die Begegnung mit Savigny sollte eine lebenslange tiefe Freundschaft begründen. Eindrücke von Savigny enthalten auch die 1831 erschienenen Selbstbiographien der Grimms. So gestand Jakob dort:

> *" Jura studierte ich hauptsächlich, weil mein seel. Vater ein Jurist gewesen war und es die Mutter so am liebsten hatte;... "*[75]

---

[73] Gerstner, Die Brüder Grimm, S. 26.

[74] Von anderen Marburger Schülern lassen sich keine publizierten Urteile über den jungen Professor Savigny ermitteln.

[75] J. Grimm, Selbstbiographie, Justi, Hessische Gelehrtengeschichte, S. 151.

Jakob berichtete von den Vorlesungen der Lehrer Bauer, Bering und Erxleben, sie seien von alter Manier gewesen und hätten ihn nicht für das Recht begeistern können. Dies sollte sich ändern, als Jakob Grimm auf Savigny traf:

> *"Was kann ich aber von Savignys Vorlesungen anders sagen, als daß sie mich aufs gewaltigste ergriffen und auf mein ganzes Leben und Studieren entscheidensten Einfluß erlangten?"*[76]

Jakobs erster prägender Eindruck von Savigny war der überschwenglicher Begeisterung und Freude. Entflammt äußerte sich auch sein Bruder Wilhelm in dessen Selbstbiographie:

> *" ...ich weiß nicht leicht etwas, das so großen Eindruck auf mich gemacht hat als sein Vortrag. Ich glaube, es war die Freiheit und Lebendigkeit, zugleich das Gemessene und Ruhige dabei, was so sehr anzog und festhielt... Er sprach frei und blickte nur von Zeit zu Zeit auf ein einzelnes beschriebenes Blatt, und es war bei vollkommener Klarheit und dem Ausdruck innerer Überzeugung eine gewisse Zurückhaltung und Mäßigung in seiner Darstellung, deren Wirkung kein rednerischer Überfluß würde erreicht haben... Seine ganze äußere Erscheinung war diesem Eindruck völlig angemessen..."*[77]

Beide Brüder rühmten das Auftreten Savignys und seinen Vortrag. Das Recht konnte Savigny den Grimms dennoch nicht schmackhaft machen. Schon bald wandten sie sich der Erforschung der Sprachen zu. Savignys Vortragsstil jedoch und seine Methode ließen den wissenschaftlichen Ehrgeiz der Brüder erwachen:

> *"Savigny pflegte in seinen Kollegien den Zuhörern die Interpretation einzelner schwierigster Gesetzesstellen*

---

76 J. Grimm, Selbstbiographie, Justi, a.a.O., S. 152.

77 W. Grimm, Selbstbiographie, Justi, a.a.O., S. 170

aufzugeben und die eingegangenen Arbeiten erst schriftlich und dann öffentlich zu rezensiren... welche unbeschreibliche Freude mir das machte und welchen neuen Eifer das meinen Studien gab, wäre zu bemerken unnötig."[78]

Jakob besuchte Savignys Vorlesungen regelmäßig und wurde ein fleißiger Schüler, für den sein Lehrer voll des Lobes war.[79] Die Arbeitsweise ihres Lehrers nahmen die Brüder zum Vorbild und als Grundlage für ihre späteren philologischen Arbeiten. Die wissenschaftliche Begeisterung Savignys sprang wie ein Funke auf die Grimms über und führte bald zu privater Nähe. Savigny war nur zu gern bereit, interessierte Studenten auch außerhalb des Universitätsbetriebes zu fördern. So öffnete er ihnen seine private Welt von Büchern und lud sie zu sich nach Hause ein. Jakob schrieb dazu:

"Das Überbringen dieser Ausarbeitungen veranlaßte nun öftere Besuche bei Savigny. In seiner damals schon reichen und auserwählten Bibliothek bekam ich dann auch andere nicht juristische Bücher zu sehen, z.B. die Bodmer'sche Ausg. der deutschen Minnesinger, die ich später so oft in die Hand nehmen sollte, und auf welche Tiecks Buch und dessen hinreißende Vorrede mich gespannt gemacht hatte..."[80]

Schließlich bemerkte er:

"Diesem Manne verdanke ich alle wissenschaftliche Anregung für mein Leben."[81]

---

78 J. Grimm, Selbstbiographie, Justi, a.a.O., S. 152.
79 Stoll, Savigny Bd. 1, S. 178.
80 J. Grimm, Selbstboigraphie, Justi, a.a.O., S. 152f.
81 J. Grimm, Selbstbiographie, Justi, a.a.O., S. 153.

Noch stärker empfand Wilhelm:

> *"Wir erhielten beide die Erlaubnis, Savigny zu besuchen und uns Rats bei ihm zu erholen; die Anregung, die nicht blos von seinen Vorlesungen ausging, die Einsicht von dem Werthe geschichtlicher Betrachtung und einer richtigen Methode bei dem Studium war ein Gewinn, den ich nicht hoch genug anschlagen kann, ja ich weiß nicht, ob ich sonst je auf einen ordentlichen Weg gekommen wäre. Für vieles andere hat er uns den Sinn erschlossen... Die anmutige Weise, mit welcher er wohl gelegentlich etwas vorlas, eine Stelle aus Wilhelm Meister, ein Lied von Goethe, ist mir noch so lebhaft in Gedanken, als habe ich ihm erst gestern zugehört."*[82]

Anfängliche studentische Begeisterung für den Universitätsprofessor wandelte sich bald in ein einzigartiges[83], freundschaftliches Verhältnis zwischen Lehrer und Schülern. Grenzenloses Zutrauen empfand Wilhelm und erklärte Savigny in einem undatierten Brief an seinen Schulfreund, den kurhessischen Diplomaten Ernst von der Malsburg (1786-1824), als den einzigen Mann,

> *"den ich in dem Grad verehre... Ich würde ohne Bedenken mein ganzes Leben in seine Hände legen... Wie vieles vereinigt sich in ihm. Diese Ruhe, dieses ewig heitere Gemüt. Das ist bei vielen erst das Resultat eines langen, mühevollen Lebens. Und dann sein Geist und sein gutmütiges Wesen! Sein Muster muntert mich auf,..."*[84]

Diese Äußerungen lassen die Nähe erahnen, die Savigny gegenüber seinen Schülern zuließ. Als der befreundete Lehrer suchte und pflegte er die Nähe zu seinen nur wenig jüngeren Studenten. Die Art, in der die Grimms diesen innigen Verkehr als gewinnbringend für ihr gesamtes Leben bezeichneten, läßt deutlich den

---

82 W.Grimm, Selbstbiographie, Justi, a.a.O., S. 171.

83 Schoof, Briefe der Grimms an Savigny, Einleitung, S. 3.

84 W.Grimm an E. v. der Malsburg, Schoof, Briefwechsel der Grimms mit v.d. Malsburg, S. 37.

Unterschied zu dem Verhältnis zwischen Savigny und den Brentanos erkennen. Seine Liebe zur Wissenschaft teilte Savigny gern und bereitwillig mit anderen. Hier zeigte er offene Zuneigung zu Gleichgesinnten und öffnete sein Wesen, das ihn zum fürsorglichen Wegbegleiter werden ließ.

2. Der junge Rechtswissenschaftler im Urteil von Anton Friedrich Justus Thibaut (1772-1840)

Die ersten Urteile Anton Friedrich Justus Thibauts, neben Savigny der führende Kopf der Privatrechtswissenschaft des anbrechenden 19. Jahrhunderts[85], fallen in Savignys Marburger Zeit. Thibaut, 1772 als Sohn französischer Einwanderer in Hameln geboren, hatte in Göttingen, Königsberg und Kiel studiert, wo er sich 1798 habilitiert hatte. Als ordentlicher Professor für Römisches Recht war er 1802 nach Jena gegangen, um zwei Jahre später einem Ruf nach Heidelberg zu folgen, wo er bis zu seinem Tod im Jahre 1840 blieb. Der Kontakt zu Savigny begann 1803 mit einem Brief Thibauts. Anlaß war der Dank für Savignys im selben Jahr erschienenes "Recht des Besitzes", das er Thibaut übersandt hatte. Beide hatten sich bis zu dieser Zeit noch nicht gesehen, jedoch voneinander gehört. Wenn auch Savigny bereits kein Unbekannter in der Gelehrtenwelt mehr war, hatte der sieben Jahre ältere Thibaut doch bereits mehrere grundlegende Werke[86] verfaßt und seinen lebzeitigen Ruhm begründet.[87] Savigny hingegen war bisher literarisch noch nicht hervorgetreten und sollte seinen Ruhm mit seinem ersten großen Hauptwerk, dem "Recht des Besitzes" erst noch begründen. Bemerkenswert war daher die Antwort Thibauts auf Savignys Einsendung:

> *"Diese Zeilen sollen vorangehen, um Sie zu bitten, dieses Geschenk[88] als ein Zeichen der innigsten Verehrung und Ergebenheit von mir anzunehmen, und mir zu verzeihen, daß*

---

85 Hattenhauer, Europäische Rechtsgeschichte, S. 542.

86 Als Hauptwerke waren bereits erschienen: Juristische Enzyklopädie und Methodologie, 1797; Versuche über einzelne Theile der Theorie des Rechts, 2 Bde., 1798, 1801; Theorie der logischen Auslegung des Römischen Rechts, 1799; Über Besitz und Verjährung, 1802; System des Pandekten-Rechts, 2 Bde., 1803. Vgl. dazu weiter Kleinheyer/Schröder, Deutsche Juristen, S. 423.

87 Polley, Thibaut in Selbstzeugnissen, Bd. 1, S. 169.

88 Thibaut begann sein Schreiben mit der Ankündigung, daß er Savigny bald sein "Besitz und Verjährung" zukommen lassen würde.

ich Ihnen erst jetzt für Ihr vortreffliches Werk über Besitz meinen Dank. ...Wenn Ihnen an meinem Beyfall etwas gelegen ist, so bin ich so frey Sie zu versichern, dass das Studium Ihrer Schrift mir unendliche Freude gewährt hat, und daß Sie unter allen Civilisten derjenige sind, zu dem ich mich am unwiderstehlichsten hingezogen fühle..."[89]

Der Ältere, der unbestritten in Theorie und Praxis einen guten akademischen Ruf erlangt hatte, studierte das Geschenk des Unbekannteren und Jüngeren gründlich und beließ es nicht bei einer formalen Danksagung, indem er schrieb:

"Noch bin ich freylich in manchen Punkten nicht mit Ihnen einverstanden; aber ich setze so wenig Werth auf meine Meinungen, und bin so sehr für Sie eingenommen, daß ich morgen aufs neue Ihre Schrift zu studieren anfangen werde, um zu versuchen, ob es mir möglich sey, mich durchaus in alle Ihre Ansichten zu versetzen. Ist es mir nicht möglich, so hoffe ich, von Ihnen die Erlaubnis zu erhalten, Ihnen meine Zweifel in einem Briefe mittheilen zu dürfen..."[90]

Thibaut begab sich ganz in die dankbare und bescheidene Lage des Bereicherten[91] und bat um weitere Aufklärung. Das Bezeichnende des Briefes liegt in der hohen Anerkennung und Wertschätzung, die er dem Jüngeren entgegenbrachte. Immerhin hätte sich Thibaut aus Angst vor dem Aufstieg des selbstbewußt auftretenden und vermeintlich besseren[92] Savigny auch kühl entgegentreten können. Er erkannte in Savigny jedoch, ohne ihn bisher persönlich kennengelernt zu haben, einen Gleichgesinnten in der Liebe zur Wissenschaft. So forderte er Savigny auf, in einen regen freundschaftlichen und wissenschaftlichen Kontakt mit ihm einzutreten:

---

89 Thibaut an Savigny vom 2.10.1803, Polley, Thibaut in Selbstzeugnissen, Bd. 3, Brief Nr. 69, S. 112.

90 Ebd.

91 Polley, Thibaut in Selbstzeugnissen, Bd. 1, S. 172.

92 Polley, Thibaut in Selbstzeugnissen, Bd. 1, S. 172.

> *"Recht innig wünsche ich, daß dieser Brief die Veranlassung zu einem engeren freundschaftlichen Verhältnis unter uns werden möge, und wenn Bitten etwas dazu beytragen können, so richte ich diese aus vollem Herzen an Sie... das glaube ich ohne Unbescheidenheit sagen zu können, daß Sie bey mir auf die innigste und lebendigste Anhänglichkeit rechnen können, daß ich keinem Ihrer wärmsten Freunde in der reinsten Anerkennung Ihrer Verdienste nachstehen werde..."*[93]

In den folgenden Jahren entstand ein wissenschaftlich- freundschaftliches Verhältnis. Von Thibauts Seite zeichnete es sich besonders durch persönliche Nachrichten aus, die er seinen Briefen zufügte. Schnell machte er Savigny zum Vertrauten. Savigny dagegen beschränkte sich in seiner ihm eigenen Art zumeist auf Berufliches und berichtete nur selten Privates. Auch mußte Thibaut Savignys Antworten häufig anmahnen, wie im Schreiben vom 29.6.1804:

> *"Lange habe ich nichts von Ihnen... gehört... Recht sehr bitte ich Sie, mich doch nicht ganz zu vergessen. Thun sie es, kränken Sie recht tief einen Freund, welcher mit ganzer Seele an Ihnen hängt..."*[94]

Insofern erging es Thibaut nicht anders als den Brentanos, Creuzer oder Neurath. Auch Thibaut konnte nicht die Mauer der Verschlossenheit durchdringen, wie dies aus einem Brief vom 12.2.1813 deutlich wird:

> *"Sie sind einer der wenigen, denen ich es gern sage, daß ich nichts über sie kenne, und denen ich ewig von ganzer Seele angehören werde, auch wenn ich umgekehrt ihnen nichts gelten sollte."*[95]

---

93 Thibaut an Savigny vom 2.10.1803, Polley, Thibaut in Selbstzeugnisse, Bd. 3, Brief Nr. 69, S. 112.

94 Thibaut an Savigny vom 29.6.1804, Polley, Thibaut in Selbstzeugnissen, Bd. 3, Brief Nr. 84, S. 126.

95 Thibaut an Savigny vom 12.2.1813, Polley, a.a.O., Brief Nr. 188, S. 283 f.

Savignys Unvermögen, sich den Menschen persönlich anvertrauen zu können, minderte Thibauts Wertschätzung keineswegs. Fast demütig erwartete er Beweise von Savignys Wohlwollen. Die ersten Jahre waren daher durch unvermindert freundschaftliche Gesinnungen Thibauts gekennzeichnet. Als Savigny sich von Landshut aus bemühte, eine Anstellung in Heidelberg zu erreichen, fand er in Thibaut einen entschiedenen Fürsprecher.[96] Seine Bereitschaft, Savigny als dem jüngeren Kollegen den Vorrang einzuräumen, grenzte beinahe an Selbstverleugnung.[97]

3. Savignys Bedeutung für die Landshuter Universität

Im Jahre 1806 verließ Savigny Marburg und begab sich auf eine neuerliche Forschungsreise, die bis in den Sommer 1808 hineindauerte. Nach Trages zurückgekehrt, bemühte er sich um eine Anstellung in Heidelberg, die aber nicht zustande kam, da man ihm Anton Friedrich Justus Thibaut (1772-1840) vorzog. So mußte er sich mit seiner zweiten Wahl zufrieden geben, und wenn auch ungern, einem Ruf nach Landshut zu folgen. Dessen Geschichte als Universitätsstadt war eine kurze. Von 1800 bis 1825 war die Universität Nachfolgerin der 1472 in Ingolstadt gegründeten Hochschule und Vorläuferin der Münchener Universität.[98] Der Eindruck, den Savigny bisher von der dortigen Fakultät gewonnen hatte, war gekennzeichnet von Haß und Konkurrenz unter den Lehrern. Sie zeichneten sich weder durch Eifer im Amte noch durch Fürsorge für ihre Zuhörer aus.[99] Diese Umstände mißfielen Savigny sehr. Den Studenten wiederum warf er die Beschränktheit ihrer Bildung vor. Die meisten von ihnen seien Bauern- und Handwerkssöhne, die eine schlechte Gymnasialzeit genossen hätten. Nur wenige Studenten könnten orthographisch schreiben, kaum einer Latein.[100] Vorsorglich knüpfte Savigny die Annahme des Rufes nach Landshut an die Bedingung des jederzeitigen Fortgangs. Obwohl die äußeren Bedingungen schlecht waren, hatte die Rechtswissenschaftliche Fakultät einen guten Namen. Es lehrten dort Nikolaus Thaddäus Gönner (1764-1827), Paul Johann Anselm von Feuerbach

---

[96] Vgl. dazu Creuzers Schreiben an Savigny vom 14.4.1807 und vom 9.5.1807, Dahlmann, Briefe Creuzers an Savigny, S. 207, 212.

[97] Polley, Thibaut in Selbstzeugnissen, Bd. 1, S. 182.

[98] Wohlhaupter, Dichterjuristen, S. 40 f.

[99] Stoll, Savigny, Bd. 1, S. 344 f.

[100] Steig, Brentano und die Brüder Grimm, S. 35.

(1775-1833), Gottlieb Hufeland (1760-1813), Karl Joseph Anton Mittermaier (1787-1867).[101] Die anfänglichen Zweifel und das Unbehagen Savignys legten sich bald. Sein zweijähriger Aufenthalt in Landshut war für ihn wie für seine Studenten von bleibendem Eindruck. Savigny begann damit, seinen Studenten aus der Universitätsbibliothek Lexika und Grammatiken auszuleihen und verlieh auch Bücher aus seinen Beständen.[102] Die Arbeitsbedingungen für die Studenten besserten sich schnell. Bald konnte Savigny Fortschritte und das ernste Bemühen seiner Studenten erkennen. Die Arbeit machte den Studenten Freude und weckte ihren Ehrgeiz. Savigny wurde ihr gefeierter und umschwärmter Lehrer. Die Fakultät, die trotz der vielen protestantischen Lehrer vom strengen Katholizismus geprägt war,[103] erhielt unter Savigny neuen Auftrieb.[104] Allein die Anwesenheit des berühmten Savigny hatte gewaltige Veränderungen zur Folge und ließ das beklagte Gegeneinander in ein zumindest zeitweiliges gutes Klima münden. Maximilian Prokop Freiherr von Freyberg (1789-1851)[105], der später als bayerischer Reichsarchivar tätig war und Präsident der Akademie der Wissenschaften wurde, war einer der eifrigsten Schüler Savignys. Er zählt zum Kreis der Landshuter Romantik und war mit Bettina von Brentano schwärmerisch verbunden. In den Briefen Freybergs an Bettina wurde Savigny häufig erwähnt. Aus einem Brief vom März 1810 erfahren wir von der Verehrung, die die Studenten ihrem Lehrer entgegenbrachten:

> *"...welch neues Leben durch Savigny aufgeblüht war, wie alle Spannung und Feindschaft unter Professoren sich gelegt oder doch sehr gemildert habe, besonders aber war sein Einfluß wohltätig für die Studenten gewesen, die weit mehr Freiheit und Selbstgefühl durch ihn erlangt haben."*[106]

Persönliche Eindrücke und den Wunsch, Savigny für sein Schaffen stets dankbar zu sein, offenbarte er Bettina an verschiedenen Stellen seiner Briefe:

---

101 Beckenbauer, Die Ludwig-Maximilians-Universität, S. 106.
102 Beckenbauer, a.a.O., S. 108.
103 Beckenbauer, a.a.O., S. 120.
104 Wohlhaupter, Dichterjuristen, S.41.
105 Zu ihm: ADB, Bd. 7, S. 365 ff.
106 Freyberg an B.Brentano vom 10.3.1810, Steinsdorff, Briefwechsel, S. 55.

> *"Die übrigen Stunden gehören meinem Berufe, denn Savigny hat mit aller Kraft seines herrlichen Beyspiels die Liebe zu den Wissenschaften in mir entzündet..."*[107]

> *"Sage mir was macht mein Savigny macht mein grosser Savigny; der hat den schönen Antheil an meinem Wohle,... ich bin sein Kind das stark werden soll, ihm alle Müh' zu lohnen..."*[108]

Über Savignys Bedeutung für die Universität berichtete auch Johann Nepomuk von Ringseis (1785-1880)[109], der Medizinstudent und spätere königlicher Medizinalrat und Professor in München. Savigny war zwar nicht sein Lehrer, doch gehörte der Mediziner wie Freyberg zum engeren Landshuter Romantikerkreis und hatte persönlichen Umgang mit ihm.
Nach Savignys Wechsel nach Berlin schrieb Ringseis in einem vermutlich aus dem Jahr 1811 stammenden[110] Brief an Savigny:

> *"Es ist unter den juristischen Professoren keiner, der die Besserstrebenden wissenschaftlich und moralisch vereinte und ihnen den Weg wahrer Bildung vorzeigte. Indes hat Ihre wohltätige Erscheinung auf unserer Universität selbst noch auf diejenigen heilsamen Einfluß, die Sie nicht zu kennen und zu hören das Glück hatten. Denn Mehrere, die durch Ihre Anleitung zum Bessern und Schönern streben, sammeln wieder die neuen Ankömmlinge um sich, um sie soweit möglich für den Geist, den sie unter Ihnen inne geworden, empfänglich zu machen."*[111]

Mit diesen warmen Worten unterstrich Ringseis die tiefe Bedeutung Savignys kurzer Anwesenheit für die Landshuter Universität. Seine Lehrtätigkeit war ein

---

107 Freyberg an B.Brentano vom 3.11.1811, Steinsdorff, a.a.O., S. 209.

108 Freyberg an B.Brentano vom 25.10.1810, Steinsdorff, a.a.O., S. 65.

109 Zu ihm: ADB, Bd. 28, S. 635 ff.

110 Siehe dazu die Anmerkungen Ringseis Tochter, die Herausgeberin seiner Lebenserinnerungen ist in Bd. 1, S. 548.

111 Ringseis an Savigny im September 1810, Ringseis, Lebenserinnerungen I, S. 549.

unschätzbarer Gewinn. Wie in Marburg so war auch in Landshut der enge persönliche Kontakt zu seinen Schülern für Savigny von entscheidender Bedeutung. In Abendgesellschaften diskutierte er mit seinen Schülern jenseits des Juristischen über Philosophie und las Prosa. Ein bunter Kreis versammelte sich bei Savigny. Zu seinen häufigen Besuchern gehörten viele Adelige, die später in ihrer Heimat hohe Verwaltungsämter bekleideten.[112] Ringseis gehörte als einziger Nichtschüler Savignys ebenso dazu wie Freyberg, Anton Freiherr von Gumppenberg (1781-1856), der später Präsident des Appellationsgerichtshofes wurde, und Eduard Schenk (1788-1841), bayerischer Innenminister und Dichter.[113] Die Beschäftigung mit Literatur war in Professorenkreisen durch Savigny zur Mode geworden.[114] Er bildete den Mittelpunkt einer dieser Kreise und stellte dazu sein Haus und seine Bibliothek zur Verfügung. Welch hohes Ansehen Savigny in diesem Zusammenhang genoß, teilte Freyberg im März 1810 in einem Brief an Bettina von Brentano mit:

> *"Dann o der seeligen Stunde ging ich zu Savigny. Wenn ich diesen sehe ist er mir ein Apostel der Kraft und Weihe, Gesalbter des Himmels, eine Krone des Menschengeschlechts."*[115]

Zu diesem Kreis gehörte auch der Theologieprofessor und spätere Bischof von Regensburg Johann Michael Sailer (1751- 1832)[116]. Die Bedeutung des umstrittenen Mannes lag in seinem Wirken als akademischer Lehrer, Ausbilder des Klerus und geistlicher Schriftsteller. Durch seine ganzheitlich-christliche Er- ziehungslehre trug er zur religiösen Erneuerung des Katholizismus wie des Protestantismus bei. Savigny suchte als gläubiger Christ stets die Nähe zu frommen Menschen.[117] So hatte er bald Freundschaft mit Sailer geschlossen, die bis zu Sailers Tode im Jahre 1832 ungetrübt blieb. Wie sehr auch Sailer die Gesellschaft Savignys genoß, offenbarte er in einem Brief an seinen Freund nach Berlin vom 5.6.1810:

---

112 Beckenbauer, Die Ludwig-Maximilians-Universität, S. 124.
113 Beckenbauer, a.a.O., S. 124.
114 Beckenbauer, a.a.O., S. 125.
115 Freyberg an B.Brentano vom 10.3.1810, Steinsdorff, Briefwechsel, S. 55.
116 Zu ihm: ADB, Bd. 30, S. 178 ff.
117 Pfülff, Savigny als Ireniker, S. 33.

"Da ich euch alle, Mann und Frau und Kinder... wahrhaftig lieb habe, nach den Zehn Geboten Gottes;... da das Schachspiel zu vier und zwei in alter Herrlichkeit fortgespielt wird, und in neuer, indem euer Liebling Freyberg und der brave Unterholzner nun auch mitspielen;... da alle Ehrenleute in Landshut Savigny's Abreise als den größten Verlust für Landshut ansehen und ich unter den Ehrenleuten, die die Sache so ansehen, nicht der zweite sein will, weil ich der erste bin - sehet, so stolz bin ich geworden, daß ich mich (das erstemal in meinem Leben) auf den ersten Platz setze; da ich das Ding, was man einen Brief nennt, ungeboren nicht länger im Herzen tragen kann,... so hab ich denn... den reifen Entschluß gefaßt, euch einen ordentlichen Brief zu schreiben."[118]

Eine zentrale Rolle in Savignys Landshuter Zeit nahm auch Bettina von Brentano ein. Sie war mit ihrem Bruder Clemens Savigny nach Landshut gefolgt, hauptsächlich um in München Musikunterricht zu nehmen. Zwischen München und Landshut hin- und hergerissen, lebte sie zeitweise bei Savigny in dessen Haus. Bald wurde die romantische Bettina in die Abendgesellschaften einbezogen. Bei den Studenten äußerst beliebt, las sie Goethe und pflegte Umgang mit allen Landshuter Freunden Savignys. Ihre regelmäßige Teilnahme an den abendlichen Zusammenkünften ermöglichte es Bettina, das Verhältnis Savignys zu seinen Schülern und Schützlingen zu beobachten. Sie erkannte die vertrauliche Nähe, die sie nie zu ihm zu erreichen vermochte. In ihrem Werk "Goethes Briefwechsel mit einem Kinde" aus dem Jahre 1835 veröffentlichte sie zahlreiche Zeugnisse aus der Landshuter Zeit. Die an Goethe gerichteten und nach ihrer Datierung aus den Jahren 1808-1810 stammenden Briefe hat es in der im Briefroman vorliegenden Form allerdings nicht gegeben. Sie sind teils frei erfunden und beruhen teils auf dem Originalbriefwechsel zwischen Bettina und Goethe. In der Bettina eigenen Art zerpflückte sie die Originalvorlagen, verstreute Teile daraus an geeignete Stellen und datierte nach ihrem Belieben die Briefe zurück.[119] Im Halbdunkel

[118] Sailer an Savigny vom 5.6.1810, Sailer, Briefe, S. 350.
[119] Oehlke, Bettina v. Arnims Briefromane, S. 6.

zwischen Phantasie und Wirklichkeit entwarf Bettina ein Bild des Landshuter Rechtslehrers in schwärmerischem Stil. Mit dem gebotenen Vorbehalt gegenüber der Manipulation erfahren wir aus einem erfundenen Brief [120] an Goethe vom 20. Mai 1810:

> *"Nun kann ich Dir auch nicht genug beschreiben, wie groß Savignys Talent ist, mit jungen Leuten umzugehen; zuvörderst fühlt er eine wahre Begeisterung für ihr Streben, ihren Fleiß; eine Aufgabe, die er ihnen macht; wenn sie gut behandelt wird, so macht es ihn ganz glücklich, er möchte gleich sein Interesse mit jedem teilen, er berechnet ihre Zukunft, ihr Geschick, und ein leuchtender Eifer der Güte erhellt ihnen den Weg, man kann von ihm wohl sagen, daß die Unschuld seiner Jugend auch der Geleitsengel seiner jetzigen Zeit ist,..."*[121]

Die Zeit der freundschaftlichen Zusammenkünfte dauerte nur kurz. Bald wurde deutlich, daß Savigny dem Wunsch Wilhelm von Humboldts folgend an die neu gegründete Universität nach Berlin wechseln und Landshut gegen Ostern 1810 verlassen würde. Über den nahenden Verlust trauerten Schüler wie Kollegen, wie Bettina in einem weiteren erfundenen Brief vom März 1810 an Goethe zu berichten wußte:

> *"...alle Studenten umschwärmen ihn, es ist keiner, der nicht die Überzeugung hätte, außer dem großen Lehrer noch seinen Wohltäter zu verlieren; so haben auch die meisten Professoren ihn lieb,..."*[122]

Ein Ausdruck der Bewunderung und Verehrung für den Juristen wurde anläßlich seiner Abfahrt das großartige Jubelfest, an dem sich nahezu die gesamte

---

120 In dem von Reinhold Steig im Jahre 1922 herausgegebener Originalbriefwechsel findet sich ein Brief weder unter dem Datum noch des Inhalts.

121 B.Brentano an Goethe vom 20.5.1810, B.v.Arnim, Ges. Werke, Bd. 2 (Briefwechsel mit einem Kinde), S. 244.

122 B.Brentano an Goethe vom 31.3.1810, a.a.O., S. 238.

Universität beteiligte. Davon berichten zwei echte und nicht veränderte Briefen Bettinas an Goethe vom 13. und 28. Juli 1810. Sie berichtete Goethe vom Abschied in Landshut und den ersten Tagen einer Reise, die sie gemeinsam mit Savigny nach Salzburg und Wien unternommen hatte:

> *"Von Landshut aus haben wir unsere Reise etliche Tage nach Ostern angetreten, bei dem Aufmarsch fanden sich viele zu Wagen und zu Pferd ein, die von ihrem Freund und Lehrer Savigny nicht sogleich scheiden wollten; die ganze Welt war in und vor unserem Haus versammelt, es ward Wein ausgeteilt und unter währendem Vivatrufen ging der Zug zu Fuß zum Tor hinaus, die Reiter begleiteten das Fuhrwerk, auf einem Berg, wo der Frühling eben zum erstenmal die Augen aufgetan hatte, nahmen die Professoren und ernsteren Personen einen feierlichen Abschied, die andern fuhren noch eine Station weiter, unterwegs trafen wir alle Viertelstunde noch auf Partien, die dahin vorausgegangen waren, um Savigny zum letztenmal zu sehen... Neun bis zehn der geliebtesten Schüler von Savigny begleiteten uns bis Salzburg"*[123] [124]

> *"Von da ging die Reise nach Wien, es trennten sich die Gäste von der Familie,..., hinter der Brücke, wo ein sehr großes Pulvermagazin ist, standen sie alle, um Savigny ein letztes Vivat zu bringen, ein jeder rief auf seine Art noch ein liebend Wort zu. Freiberg, der uns noch begleitete bis zur nächsten Station, sagte: wenn sie nur all so schrien, daß das Magazin in die Luft sprengte, denn uns ist doch das Herz zerprengt."*[125]

---

[123] B.Brentano an Goethe vom 13.7.1810, Steig, Briefwechsel mit Goethe, S. 169.
[124] Gemeint sind unter anderem die Schüler Freyberg, Gumppenberg und Ringseis.
[125] B.Brentano an Goethe vom 28.7.1810, Steig, a.a.O., S. 175 f.

Für Savigny blieb die Zeit in Landshut stets ein Lichtpunkt,[126] denn er hatte dort viele Freunde gewonnen. Im Briefwechsel mit Ringseis bekundete er stets Interesse an den Vorgängen in Bayern. Die große Wertschätzung seiner bayerischen Freunde zeigt sich darin, daß man noch im Jahre 1827 die Hoffnung nicht aufgegeben hatte, Savigny wieder als Universitätskollegen gewinnen zu können:

> *"Ringseis nährte noch vor Kurzem, wie ich höre, die Hoffnung, dass Savigny wohl zu uns kommen könnte. Das wäre freilich der erwünschteste Gast."*[127]

Selbst in Berufungsfragen für die Besetzung der Landshuter juristischen Fakultät galt Savigny noch viele Jahre nach seinem Weggang als Maßstab und Ideal, wie Sailer dies im März des Jahres 1821 gegenüber Savigny zum Ausdruck brachte:

> *"Die Regierung hat den besten Willen und möchte die Juristenfakultät in Landshut durch einen Mann, der Lehrgabe, ausgezeichneten Ruf, Rechtschaffenheit und gesellige Bildung hätte - wie Savigny - in Leben und Flor zu bringen. Schlage doch einen solchen Mann vor, oder komm lieber selber..."*[128]

Sicher mußte ihm das schmeicheln, aber Savigny hatte in Berlin seine endgültige Wirkungsstätte gefunden.

---

126 Pfülff, Savigny und die Dinge in Bayern, S. 189.

127 Karl Joh. F. Roth an B.G.Niebuhr vom 24.4.1827, Mitteilungen aus dem Literaturarchiv in Berlin, S. 217.

128 Sailer an Savigny vom 23.3.1821, Sailer, Briefe, S. 465.

Nach der Zeichnung von Ludwig Emil Grimm, 1809

Friedrich Carl von Savigny

C. Die Berliner Universitätszeit

I. Die Berufung nach Berlin

Mit Aufnahme des Lehrbetriebes zum Wintersemester 1810/11 begann für Savigny seine Tätigkeit als Professor für römisches Recht an der Friedrich- Wilhelms-Universität zu Berlin. Seine Berufung nach Berlin war die unmittelbare Folge der Gründung eines neuen wissenschaftlichen Zentrums in Preußen. Die Niederlage bei Jena im Oktober 1806 hatte zum vollständigen militärischen, politischen und moralischen Zusammenbruch Preußens geführt. Napoleon war kampflos in Berlin eingezogen. Es herrschten Tage lähmender Betäubung und dumpfer Hoffnungslosigkeit sowohl beim König Friedrich Wilhelm III. (1770-1840) wie bei seinen Untertanen. Über den militärischen Zusammenbruch hinaus hatte die Niederlage zum Verlust der Universitäten Jena, Münster, Göttingen und Paderborn geführt.[129] Aus dem Gefühl der Ohnmacht entstand eine neue Aufbruchstimmung, die das ganze Volk erfaßte. Preußen sollte in neuer Form erstehen. So formte sich der feste Wille zu seiner inneren Umgestaltung aus einem absolutistisch regierten zu einem ständischen Volksstaat durch Befreiung und Erziehung der Untertanen zu mitverantwortlichen Staatsbürgern. In die Reform der Organisation des Staatswesens war auch der Bildungsbereich eingeschlossen. So hatte der König Friedrich Wilhelm III. am 4.9.1807 den Auftrag an den Kultusminister Karl Friedrich Beyme (1765-1838) erteilt, einen neuen Mittelpunkt deutschen Geiteslebens zu schaffen. Die Hochschule sollte dem Ziel dienen, Forschung und Lehre mit dem Leben und dem Staat zu verbinden, der Jugend deutschen, vaterländischen Sinn einzupflanzen, sie zu wahren deutschen Staatsbürgern zu erziehen und das Volk von innen her erneuern zu helfen.[130] Nach Ansicht des Königs konnte eine grundlegende Erneuerung des Staates und ein Wiedererstarken Preußens nur durch die erziehende Kraft der Wissenschaft erfolgen.[131] Für dieses gewaltige Unternehmen sollten daher die ersten Männer jeden Fachs gewonnen werden.[132] Die Idee, Savigny als Lehrer des Römischen

[129] Lenz, Die Königliche Friedrich Wilhelm Universität, Bd. 1, S. 71 f.

[130] Stoll, Savigny, Bd. 2, S. 5.

[131] Köpke, Die Gründung der Königlichen Universität, S. 37.

[132] Vgl. dazu die Kabinettsorder König Friedrich Wilhelms III.vom 16.8.1809, abgedruckt bei Köpke, a.a.O., S. 194.

Rechts nach Berlin zu holen, ist bis zu den ersten Berufungslisten des Kultusministers zurückzuverfolgen. Er stand dort neben Paul Johann Anselm von Feuerbach (1775- 1833) und Karl Friedrich Eichhorn (1781-1854) an erster Stelle.[133] Nachdem Friedrich Wilhelm Christian Karl Ferdinand von Humboldt (1767-1835)[134] Beyme 1808 als Chef der Sektion Wissenschaft und Kultus abgelöst hatte, nahmen die Verhandlungen mit Savigny Gestalt an. Mit welcher Wertschätzung Humboldt über Savigny urteilte und wie wichtig ihm dessen Kommen war, zeigt ein Schreiben vom 9.6.1809 an Achim von Arnim. Darin bat er diesen bei seinem Schwager nachzufragen:

> *"Ich schmeichele mir bei weitem keiner so günstigen Antwort von Savigny, und zweifle jetzt nicht, daß, wenn nun überhaupt bei uns etwas zustande kommt, das des Anerbietens wert ist, wir ihn auch besitzen könnten... Schreiben Sie ihm aber, ich bitte Sie herzlich, sogleich, sagen Sie ihm meine Freude, meine Ungeduld eine Unterhandlung mit ihm anknüpfen zu können."*[135]

Savigny ließ sich nicht lange bitten, sondern nahm bereits am 11.1.1810[136] den Ruf dankend an, zumal sein Aufenthalt in Landshut kein endgültiger hatte sein sollen. Es waren viele Gründe, die Humboldt bei der Besetzung der leitenden Professur der juristischen Fakultät an Savigny hatte denken lassen. In erster Linie waren es fachliche Erwägungen. Dies wird im Berufungsantrag an den König deutlich, den Humboldt am 1.3.1810 abfaßte:

> *"Dieser, durch mehrere allgemein geschätzte Schriften bekannte Mann muss mit Recht zu den vorzüglichsten jetzt lebenden deutschen Juristen gezählt werden, und ausser Hugo in Göttingen dürfte ihm niemand an die Seite gesetzt werden können, da er sich ebenso sehr durch*

---

133 Lenz, Die Königliche Friedrich Wilhelm Universität, Bd. I, S. 88.

134 Zu ihm: ADB, Bd. 13, S. 338 ff.

135 W.v.Humboldt an Achim v.Arnim vom 9.6.1809, R.Haym, Briefe von Humboldt an Nicolovius, Anhang, S. 120.

136 Vgl. Humboldts Schreiben an Nicolovius vom 17.1.1810, R.Haym, a.a.O., S. 16.

philosophische Behandlung seiner Wissenschaft als durch echte und seltene Sprachgelehrsamkeit auszeichnet."[137]

Eine gewichtige Rolle kam auch Savignys Neigung für das Römische Recht zu. Insofern versprach sich Humboldt von Savigny

"eine richtige Behandlung und Leitung des ganzen Studiums der Jurisprudenz..., welches gegenwärtig so oft auf eine so nachteilige Weise zwischen der altrömischen und den neuern Gesetzgebungen schwankt."[138]

Zudem besitze Savigny die Gabe,

"den wahren Standpunkt zu finden und dem juristischen Studio auf der hiesigen Universität eine durchaus zweckmässigere und bessere Gestalt zu geben."[139]

Dem Reformgedanken, der dem neu zu schaffenden Bildungswesens Preußens zugrundelag, entsprach Savigny vollkommen. Er galt in Berlin als ein idealer Gelehrter, der dem König von Humboldt wärmstens ans Herz gelegt wurde. Wegen dieser fachlichen Vorzüge knüpfte Humboldt an dessen Kommen die Hoffnung, daß noch andere Größen nachgezogen werden könnten.[140] An Savigny selbst richtete er im März 1810 die Bitte:

"Sie müssen noch eher da sein, als die Universität."[141]

Dieses alles war Humboldt einen hohen Preis wert. Er erreichte beim König für Savigny ein Gehalt, das höher lag als das seiner meisten Kollegen.[142] Humboldts Begeisterung für Savigny und sein Einsatz, ihn für Berlin zu gewinnen, war

---

137 W. v. Humboldt an Friedrich Wilhelm III. vom 1.3.1810, Humboldt, Gesammelte Werke, Bd. 10, S. 228.

138 Ebd. S. 228.

139 Ebd. S. 228 f.

140 Stoll, Savigny, Bd. 2, S. 6.

141 Humboldt an Savigny vom 10.3.1810, Humboldt, Gesammelte Werke, Bd. 10, S. 234.

142 Lenz, Die Königliche Friedrich Wilhelm Universität, Bd. I, S. 228.

erstaunlich. Er kannte ihn persönlich nicht und mußte sich auf Berichte Dritter verlassen.[143] Der König ließ sich von Humboldt mitreißen und unterstützte Savignys Berufung mit einem Jahresgehalt von fast 3000 Talern - einem Betrag, der angesichts des knapp bemessenen Universitätsetats von 125000 Talern hoch war. Die Vielseitigkeit des Rechtslehrers, von der sich Humboldt so viel für die Universität versprochen hatte, sollte ihn nicht enttäuschen. Der bereits erworbene Ruhm Savignys kam der Universität zugute. Bald nahm die neue Hochschule neben Heidelberg und Göttingen eine führende Stellung in Deutschland ein. Zusammen mit Christian Gottlob Biener (1748-1828) und Theodor Anton Heinrich Schmalz (1760-1831) bildete Savigny die erste rechtswissenschaftliche Fakultät Berlins.[144]

Große Bedeutung kam in dieser Zeit seinem einjährigen Rektorat zu, welches er im April 1812 antrat. Sein Vorgänger, der Philosoph Johann Gottlieb Fichte (1762-1814), hatte dem Ansehen der Universität gleich zu Beginn Schaden zugefügt und war deswegen als Rektor untragbar geworden. Er hatte sich durch seine Ausübung der Disziplinargewalt sowie wegen der Einrichtung von Ehrengerichten in studentischen Angelegenheiten mit seinen Kollegen und dem Ministerium überworfen.[145] Seine harte Linie gegen die studentischen Organisationsversuche rief besonders das Mißfallen des Finanzwesens hervor, das die Kürzung des Etats androhte. Auch war es schon kurz nach der Gründung der Universität zu ersten Unruhen unter den Studenten gekommen, die sich vom Rektor drangsaliert fühlten. In dieser Situation entließ der König Fichte und ernannte Savigny durch Cabinettsorder vom 16.4.1812 zum neuen Rektor. In ihm suchte er den Garanten für Ausgleich und Ruhe, als er schrieb:

> *"Aus einem besonderen, unmittelbaren Vertrauen, ernenne ich dagegen den Professor von Savigny für das nächste Jahr zum Rector der hiesigen Universität, und zweifle Ich nicht daran, dass derselbe dies ehrenvolle und für die Universität vorzüglich wichtige Amt um so mehr gern übernehmen wird, da Ich von dem umsichtsvollen und zweckmässigen Benehmen des Professors v. Savigny, besonders in den*

143 Schaffstein, Savigny und Humboldt, S. 155.

144 Bake, Die Entstehung des dualistischen Systems, S. 92.

145 Köpke, Die Gründung der Königlichen Universität, S. 105 f.

> *gegenwärtigen Verhältnissen, die besten Wirkungen auf die Jurisdiction und das Disciplinarwesen der Universität, Mir verspreche."*[146]

Savignys Aufgabe bestand in der Wiederherstellung der Ordnung und des äußeren Ansehens der jungen Hochschule. War die Übertragung dieses leitenden Amtes eine Auszeichnung, blieb Savignys einjährige Rektoratszeit doch seine einzige Verwaltungstätigkeit in der Universität.[147] Humboldts Erwartung, Savigny werde in jeder Hinsicht die leitende Persönlichkeit der juristischen Fakultät sein, versagte sich Savigny zumindest in internen Organisationsfragen.

II. Savigny und die allgemeine historische Forschung in Berlin

Savignys Lehrtätigkeit betraf in erster Linie das Römische Recht. Die geschichtliche Erfassung des Rechts war sein Hauptanliegen. Die Geschichtsforschung im Rahmen der Rechtswissenschaft hatte unter dem Einfluß Savignys an Bedeutung gewonnen. Sie verdrängte weitgehend das Naturrecht in den Universitäten aus seiner führenden Stellung. Von einem Erfolg der neuen wissenschaftlichen Vorherrschaft Preußens berichtet ein Schreiben Adam Heinrich Müllers (1779-1821) an Friedrich von Gentz (1764- 1832) aus dem Jahre 1819. Müller, Staatstheoretiker und Nationalökonom, seit 1813 im österreichischen Staatsdienst, war ein Gegner naturrechtlicher Konstruktionen. Er hatte seit Gründung der Berliner Universität die Entwicklung der dortigen Wissenschaft begleitet. Voller Genugtuung schrieb er:

> *"Betrachten wir unter den einzelnen wissenschaftlichen Fakultäten die uns zunächst liegende, die juristische. Vor 15 bis 20 Jahren waren die Lehrer des Naturrechts die eigentlichen Führer dieser Fakultät; jetzt steht auf den berühmtesten Universitäten das Naturrecht, qua disciplina, überall im Schatten. Fragen Sie nach den Lehrern, die allgemein*

---

146 Kabinettsorder Friedrich Wilhelms III. vom 16.4.1812, Köpke, Die Gründung der Königlichen Universität, S. 234.

147 Vgl. Lenz, a.a.O., Bd. 3, Statistischer Anhang.

> *mit Achtung genannt werden, so nennt man Ihnen Savigny, Hugo, Hauboldt und Thibaut, sämmtlich Civilisten, historische Rechtsforscher."*[148]

Die Wirkung der geschichtlichen Methode auf das 19. Jahrhundert hat Savigny lebzeitigen Ruhm eingebracht. Aber nicht nur im Bereich der Rechtswissenschaft war seine Geschichtsforschung auf Interesse gestoßen. Besonders unter den Historikern der neuen Berliner Universität erregte der Name Savigny bald Aufmerksamkeit, was intensiven persönlichen Verkehr unter den Lehrern der Fakultäten ermöglichte. Die Fakultäten waren klein und die noch zu bewältigende interne Aufbauarbeit ließ alle nahe zusammenrücken. Man pflegte die Wissenschaften über die Grenzen der Fächer hinaus.[149] Der starke Geist der Zusammengehörigkeit wurde durch die politische Stimmung im Lande bestärkt. Die Befreiungskämpfe gegen Napoleon entfachten nationalen Geist auch in den Disziplinen der Wissenschaft. Deutlich beschrieb dies der Student und spätere Geschichtsschreiber Heinrich Leo (1799-1878)[150] im Jahre 1839 in einem an den Juristen Ernst Ludwig von Gerlach (1795-1870) gerichteten Artikel und schilderte die besondere Atmosphäre in den ersten Jahren der Universität:

> *"Wer so zurückdenkt, wie es vor einigen Jahren in Berlin war,..., in jener Zeit...war in dieser Stadt unter den Koryphäen der gelehrten Kreise eine anregende Freundschaft, ein Vertrauen und Verstehen, wie es die Welt unter ähnlichen Männern schwerlich noch einmal hat. Niebuhr, von Savigny, Süwern, Schleiermacher, Wilhelm von Humboldt,..., sie alle umschloß ein Band hoher gegenseitiger Achtung, gemeinsamen Vorwärtsstrebens, wenn auch auf verschiedenen Bahnen. In den unglücklichen Zeiten des preußischen Staates, bei dem ersten Aufblühen der Berliner Universität hatte sich dies Verhältnis gebildet."*[151]

---

148 Müller an Gentz vom 22.6.1819, Baxta, Müllers Lebenszeugnisse, Bd. II, S. 250.

149 R. Steig, Arnim über Savignys Buch vom Beruf unserer Zeit, ZRG GA (13), S. 228.

150 Zu ihm: ADB, Bd. 18, S. 288 ff.

151 Heinrich Leo, Der Hegelianismus in Preussen, in: Zeitschrift für Religions- und Geistesgeschichte, S. 51 f.

Eine solches Band bestand im engen freundschaftlichen Kontakt Savignys zu Barthold Georg Niebuhr (1776-1831)[152] und Leopold von Ranke (1795-1888)[153]. Niebuhr las an der Friedrich- Wilhelms- Universität in den Jahren 1810 bis 1816 Geschichte, wurde dann preußischer Gesandter beim Vatikan und lehrte seit 1825 in Bonn.

Mit ihm verband Savigny das Interesse für römische Geschichte. Äußerlich voneinander verschieden, waren beide doch geistesverwandt. Niebuhr hatte gleich zu Beginn seiner Tätigkeit an der Universität mit einer kritischen philosophischen Geschichtsbetrachtung Aufmerksamkeit erregt. Wie Savigny ging es ihm um die Analyse der historischen Erkenntnis für die Gegenwart. Hatte Savigny mit dieser Methode neue Wege in der Jurisprudenz gebahnt, so stellte Niebuhr die Geschichtsschreibung auf einen neuen Boden.[154] Beide hielten seit ihrer ersten Begegnung viel voneinander und standen sich ein Leben lang nahe, wenngleich sich ihre Beziehung zumeist auf wissenschaftliche Fragen beschränkte. Niebuhr urteilte über Savigny, mit dem er regelmäßigen Gedankenaustausch pflegte, besonders als Historiker. Von den ersten eher flüchtigen Begegnungen berichtete er in einem Brief an seine Schwägerin Dora Hensler im Oktober 1810:

> *"Wir haben Savigny in diesen letzten Wochen einigemal gesehen. Er scheint mir sehr gewogen und wir werden uns gewiß näher kommen, wenn wir uns länger kennen"*[155]

Dies sollte schon bald geschehen, denn Savigny besuchte nun regelmäßig Niebuhrs Vorlesungen über römische Geschichte, um weitere Anregungen zu seinen juristischen Arbeiten zu erhalten. Er gesellte sich zu den studentischen Zuhörern und verfolgte mit Interesse regelmäßig über ein ganzes Semester Niebuhrs Vortrag. Tagebuchartig hielt Niebuhr seine Eindrücke in Briefen an seine Schwägerin fest:

> *"Er beschämte mich Anfangs ihn unter meinen Zuhörern zu wissen, aber seine außerordentliche Theilnahme an den*

152 Zu ihm: ADB, Bd. 23, S. 646 ff.
153 Zu ihm: ADB, Bd. 27, S. 242 ff.
154 Treitschke, Geschichte, Bd. 1, S. 209; Stoll, Savigny, Bd. 2, S. 11.
155 Niebuhr an D. Hensler vom 13.10.1810, Lebensnachrichten, Bd. I, S. 480.

> *Vorlesungen ist das günstigste Urtheil, welches ich erfahren könnte, da er gewiß der sachkundigste Richter unter unsern Zeitgenossen ist... Savigny begleitet mich nach der Vorlesung zu Hause und nahm die Stunde,..., in Diskussionen weg. Savigny ist mir sehr lieb, und er scheint außerordentlich auf mich zu halten. Unsre Studien durchdringen sich so, daß wir viel zu reden und auszutauschen haben."*[156]

Niebuhr, der wie Savigny bereits lebzeitig zu Ruhm gekommen war, schaute bewundernd zu jenem auf. Die Anregungen, Hinweise und Ratschläge nahm er dankend auf und ließ sich von Savigny ermutigen, seinen Weg in der römischen Geschichtsforschung trotz kritischer Stimmen voranzutreiben:

> *"Savignys Aufmerksamkeit, und seine Äußerungen, daß ich eine neue Epoche für die römische Geschichte anfange, giebt mir natürlich noch mehr Eifer Untersuchungen in ihrem ganzen Umfang zu verfolgen, welche man sonst leicht auf halbem Wege liegen läßt."*[157]

Auf die Entstehung der "Römischen Geschichte"[158], dem dreibändigen Hauptwerk Niebuhrs, kam Savigny besonderer Einfluß zu, wie Niebuhr in der Vorrede des 1. Bandes bakannte:

> *"ohne Savigny,..., wohl nie zu diesem Werke ermuntert gefühlt, ohne die liebende Teil nahme und belebende Gegenwart es schwerlich ausgeführt hätte."*[159]

---

156 ders. aaO, S. 484.

157 ders. aaO, S. 483.

158 Der 1. Band ("Die Königszeit") erschien im Jahre 1811, Bd. 2 ("Bis zu den Lincischen Gesetzen") folgte im Jahre 1812, Bd. 3 ("Bis 241 v. Chr.") schließlich 1832.

159 Niebuhr, Römische Geschichte, 1. Aufl. 1811, Bd. 1 Vorrede, S. XIII.

In der zweiten Auflage gestand er sogar,

> *"das einst genossene Glück nicht entbehren zu können, wo im Gespräch mit Savigny der entscheidende Punkt leicht hervortrat und es ihm so leicht gewesen sei, manches zu erfragen, so belebend, den nur noch halb erschienen Gedanken zu vollenden und zu prüfen."*[160]

An seine Frau schrieb er im August 1825:

> *"...Aber Savignys Gespräch half mir mich zurechtfinden, wo ich sonst weitläufig in Büchern hätte suchen müssen, und lohnte mir für meine Arbeit."*[161]

Niebuhr beschriebt Savigny als einen zielstrebigen Förderer historischer Publikationen und entwickelt das Bild eines Freundes, wie es auch die Brüder Grimm zeichnen.1816 verließ Niebuhr Berlin und ging als preußischer Gesandter beim Vatikan nach Rom. Zwischen den Freunden entwickelte sich ein reger Briefwechsel mit vornehmlich wissenschaftlichem Inhalt. Savigny war Niebuhrs Mittelsmann zur gelehrten Welt im heimatlichen Berlin. Gegenseitig informierte man sich über die neuesten Erkenntnisse. So war die Auffindung der Handschrift des Gaius in Verona durch Niebuhr im Jahre 1817 eine bahnbrechende Entdeckung, die das neue klassische Zeitalter der römischen Rechtswissenschaft zum ersten Mal öffentlich vor Augen stellte. Niebuhr und Savigny profitierten davon in besonderem Maße bei ihrem neuen Entwurf der römischen Rechtsgeschichte.[162] Bei der Erforschung des Fundes stand Savigny Niebuhr zur Seite. Allein die diesbezüglichen Briefe füllen nahezu zwei Bände der von Dora Hensler herausgegebenen Ausgabe über Niebuhrs Leben. In dieser Zeit herrschte der intensivste Kontakt zwischen beiden. Mit welcher Dankbarkeit Niebuhr seinem Freunde verbunden blieb, macht ein Schreiben deutlich, das er im September 1818 an Savigny verfaßte:

---

160 Niebuhr, a.a.O., 2. Aufl. 1826, Vorrede, S. XI.

161 Niebuhr am 11.8.1825 an seine Frau, Vischer, Niebuhr, Briefe, Bd. 1, Halbbd. 1, S.485

162 Treitschke, Deutsche Geschichte Bd. 2, S. 61.

"Schon öfter werde ich Ihnen gesagt haben, liebster Savigny, daß Ihre Briefe auf mich wirken wie das Blut auf Schatten die damit getränkt werden. Zeit und Entfernung die mich von einem besseren Leben trennen, verschwinden für den Augenblick, Bilder und Erinnerungen beleben und regen sich und Gedanken die nichts in der todten Leere der Unterwelt erregt, bilden sich wieder. Dies Gleichnis ist schöner, und wenigstens Ihrer Briefe würdiger als ein anderes welches vielleicht doch noch mehr Wahrheit in Hinsicht auf mich hat: ich könnte mich auch mit einem todten Frosch vergleichen, den Metallberührung zu lebensähnlichen Bewegungen reizt."[163]

III. Das Urteil Anton Friedrich Justus Thibauts im Kodifikationsstreit

Savignys geschichtliche Rechtswissenschaft und seine Ablehnung einer einheitlichen Kodifikation für ganz Deutschland führten zu einem Wandel in seiner Beziehung zu Thibaut. Hatten beide bis zum Jahre 1814 eine freundschaftliche Beziehung gepflegt, trübte diese sich nun schnell ein. Kurz vor der Herausgabe von Savignys Schrift "Vom Beruf unserer Zeit für Gesetzgebung und Rechtswissenschaft" war Thibauts Aufsatz "Über die Notwendigkeit eines allgemeinen bürgerlichen Rechts für Deutschland" erschienen. Es lagen damit die zwei Programmschriften vor, mit denen Thibaut und Savigny im Kodifikationsstreit einander als Gegner gegenüberstanden. In der Frage, welches Privatrecht nach dem Untergang Napoleons in den Nachfolgestaaten des Heiligen Römischen Reiches gelten solle, hatte sich Thibaut eindringlich für die Abfassung eines allgemeinen deutschen Gesetzbuchs ausgesprochen. Savigny stritt ebenso entschieden dagegen und setzte sich für das gemeine römische Recht ein, das allerdings rechtswissenschaftlich genauer zu erforschen sei.[164] In der politisch wie wissenschaftlich drängenden Frage am Ende der Besetzung durch napoleonische Truppen setzten sich beide an die Spitze der geistigen Auseinandersetzung. Daraus wurde eine

---

163 Niebuhr an Savigny im September 1818, Vischer, Niebuhr. Briefe, Bd. 1,Halbbd. 1, S. 344 f.

164 Hattenhauer, Eurpoäische Rechtsgeschichte, S. 544.

schwere Belastung auch für ihre persönliche Beziehung. Der Briefwechsel aus dieser Zeit zeigt zwar, daß der allgemein freundliche Ton zwischen beiden gewahrt wurde. Die Frage war aber zu bedeutend, als daß man wegen der Freundschaft in der Sache hätte zurückstecken können. So schrieb Thibaut als Antwort auf die von Savigny übereichte Schrift am 18.11.1814:

> *"Der Himmel ist mein Zeuge, daß ich mir alle ersinnliche Mühe gabe, mir meine eigne frühere Ansicht wankend zu machen, und mich für die Ihrige zu gewinnen; aber vergebends! So bleibt mir denn nur die Hoffnung, daß wir beyderseits mit männlicher Ruhe, und alter guter Freundschaft, stets an das: der Sache feind, aber der Person Freund, uns erinnern werden."*[165]

Diese Äußerung kennzeichnete die Belastung, welche den zukünftigen Schriftverkehr begleiten sollte. Hatte Thibaut zuvor noch für sich die Stellung des Bereicherten und Empfangenden beansprucht, so wollte er in dieser Frage dem Kollegen nicht nachgeben. Im August 1815 schrieb er an Savigny:

> *"Die Sache ist zu groß, als daß man dabey der Freundschaft irgendetwas nachgeben dürfe."*[166]

Der Briefwechsel geriet ins Stocken. Thibaut, der Savigny in den Anfangsjahren ihrer Bekanntschaft alle drei Wochen geschrieben hatte, griff nun weit weniger zur Feder. Er beschränkte sich auf Wissenschaftliches und unterließ es zusehends, private Neuigkeiten einzuflechten. Thibaut war verbittert, zumal Savigny im Zusammenhang mit seiner neuen Lehre von der geschichtlichen Rechtswissenschaft zunächst die Oberhand in Preußen gewonnen hatte. Seine dort mit Begeisterung aufgenommene Lehre wurde von seinen Schülern gegen jede Kritik in Schutz genommen. Besonders Niebuhr, der auch mit Thibaut eng befreundet gewesen war, schlug sich nun zur Enttäuschung Thibauts ganz auf Savignys

---

165 Thibaut an Savigny vom 18.11.1814, Polley, Thibaut in Selbstzeugnisse, Bd. 3, Brief 194, S. 291.

166 Thibaut an Savigny vom 3.8.1815, Polley a.a.O, Brief 198, S. 294.

Seite.[167] Mit Erscheinen des Einleitungsaufsatzes[168] der im Jahre 1815 von Savigny ins Leben gerufenen "Zeitschrift für geschichtliche Rechtswissenschaft" wurde die Belastung noch größer. Savigny hatte den Streit durch seine Zweiteilung der Rechtswissenschaft in eine geschichtliche und eine ungeschichtliche Schule auf die Spitze getrieben. Verbittert kritisierte Thibaut diese anzügliche Bezeichnung und ließ seine "Besprechung des Einleitungsaufsatzes aus der Zeitschrift für geschichtliche Rechtswissenschaft"[169] folgen. Mit diesen beiden Aufsätzen waren die Weichen für die weitere Entwicklung der Rechtswissenschaft des 19. Jahrhunderts gestellt.[170] Thibaut fühlte sich gekränkt und war enttäuscht, daß Savigny ihn für ungeeignet für die Fortentwicklung der Rechtswissenschaft hielt. Die Mißstimmung äußerte sich darin, daß zwischen 1818 und 1833 kein Briefverkehr zwischen beiden mehr stattfand. Lediglich Bücher wurden übermittelt. Waren beide Gelehrte zwar mit anderweitigen Aufgaben stark beschäftigt[171], regte die Auseinandersetzung sicherlich nicht zur Übermittlung privater Nachrichten an. Über Thibauts Verhalten gegenüber Savigny geben daher Dritte Auskunft. Wilhelm Grimm berichtete in einem Brief an seinen Bruder Jakob anläßlich eines Besuches Savignys in Heidelberg im Oktober 1815:

> *"Thibaut hat mir einen widrigen Eindruck gemacht, er war gegen Savigny ängstlich und kalt höflich."*[172]

---

167 Stoll, Savigny, Bd. 2, S. 32.

168 Aufsatz: "Über den Zweck der Zeitschrift für geschichtliche Rechtswissenschaft", in: Zeitschrift für gesch. RW, Bd. 1 (1815), S. 1-12; auch bei Hattenhauer, Thibaut und Savigny, S. 261-268;.

169 Aufsatz: "Besprechung des Einleitungsaufsatzes aus der Zeitschrift für geschichtliche Rechtswissenschaft", in: Heidelbergische Jahrbücher der Literatur 1815, Nr. 42, S. 657-661; auch bei Hattenhauer, a.a.O., S. 269-273.

170 Polley, Thibaut in Selbstzeugnissen, Bd. 1, S. 203.

171 Thibaut war bereits Landtagsdeputierter und damit beschäftigt, im Bereich der Musik, seinem großen Hobby, das Buch "Über Reinheit der Tonkunst" zu verfassen, das 1822 erschien; Savigny war seit 1817 Mitglied des Preußischen Staatsrates und seit 1819 Geheimer Oberrevisionsrat am Revisions- und Kassationshof für die Rheinprovinz, vgl. Kleinheyer/Schröder, Deutsche Juristen, S. 421.

172 Wilhelm Grimm an Jakob Grimm vom 14.10.1815, H.Grimm und G.Hinrichs, Briefwechsel W. und J.Grimm, S.475 f.

Friedrich Cropp (1790-1832), ein jüngerer Fakultätskollege Thibauts, schilderte Georg Arnold Heise (1778-1851), dem Rechtsprofessor in Göttingen und Freund Thibauts, die Stimmung in der Heidelberger Universität:

> *"Hier kann ich leider keinen erfreulichen collegialischen Verhältnissen entgegen sehen... Sie haben es mir nie glauben wollen, daß Thibaut durch Widerspruch erbittert und in Leidenschaft versetzt werden könnte; wenn Sie aber hörten, wie er seit seinem Streite mit Savigny über letzteren urtheilt, ihm alles Talent und alle Darstellungsgabe abspricht, so würden Sie wohl Ihre Meinung ändern. Er schimpft nun noch ärger über Savigny;..."*[173]

Die führenden Rechtswissenschaftler hatten sich in der unvermeidlichen wissenschaftlichen Konkurrenz auch persönlich voneinander entfremdet.[174] Der Kodifikationssteit wurde zum Schicksal ihrer Freundschaft.[175] Erst im Jahre 1834 fand Thibaut zu einem freundschaftlicheren Ton zurück und antwortete auf ein Schreiben Savignys:

> *"Denn nichts kann mir theurer seyn, als Ihr Wohlwollen, und es ist mein lebhaftester Wunsch, daß Sie mich Ihrer Freundschaft nie unwürdig finden."*[176]

IV. Der Rechtshistoriker Savigny im Urteil von Achim von Arnim

Auf starke Kritik stieß Savigny mit seiner Ablehnung eines Gesetzbuches auch bei Achim von Arnim. Dieser zeigte sich wegen der zunehmenden Forderung nach Wisenschaftlichkeit des Rechts besorgt und wies auf die Auswirkungen hin, die die neue Freude an der geschichtlichen Forschung im Recht auf dem Lande, fernab von Berlin, haben könne. In einem Brief an Savigny vom 29.10.1814

---

173 Cropp an Heise vom 14.10.1815, Lautenschlager, Die Universität Heidelberg, S. 636.

174 Hattenhauer, Europäische Rechtsgeschichte, S. 542.

175 Polley, Thibaut in Selbstzeugnissen, Bd. 1, S. 163.

176 Thibaut an Savigny vom 17.2.1834, Polley, a.a.O., Bd. 3, Brief 408, S. 529.

kritisierte er dessen abschätziges Urteil über das ALR. Er warf dem Schwager vor, mit zuviel Wissenschaft werde man sich den Belangen der Volksnähe völlig entfremden. Arnim war zwar kein Jurist, als Gutsherr im brandenburgischen Wiepersdorf jedoch täglich mit der Anwendung des Rechts befaßt. Dabei hatte er besonders den täglichen Umgang mit dem Landrecht vor Augen, während Savigny es verabscheute. Arnim ließ den Schwager wissen:

> *"Du bist noch ein Ausländer, hast das Landrecht nur in der Art kennen gelernt, wie es von trägen und ungeschickten Advokaten einer durch und durch überfeinerten und verlangweilten Stadt wie Berlin (behandelt wird), das Wesen unsres Staats ist aber auf dem Lande und in kleineren Städten begründet, die Du nicht kennen kannst, da hat sich seit der Bekanntmachung des Landrechts unendlich viel Einsicht über Rechtsverhältnisse begründet,..."*[177]

Die wissenschaftliche Neubelebung, die unter den Universitätslehrern im fernen Berlin gefeiert werde, gefährde das praktische Rechtsleben auf dem Land und bedeute einen Rückschritt. Das Landrecht sei volksnah und so verfaßt, daß jeder des Lesens Kundige sich eine Rechtsstelle zeigen lassen und so von einem Prozeß angehalten werden könne. Arnim meinte dagegen:

> *"Da zeig ihm einmal das beste Compendium über römisches Recht mit allen lateinischen und literarischen Citaten, ob es diese Wirkung hat."*[178]

Er verurteilte Savignys geschichtliches Vorgehen als praxisfern und lebensfremd:

> *"Ich schelte die Juristen aus, dass sie von dem, was die Zeit in der Hinsicht hervorruft, sich in einer gewissen Vornehmheit wegwenden, indem sie behaupten, es fehle doch hie und da..."*[179]

---

177 Arnim an Savigny vom 29.10.1814, ZRG GA, Bd. 13, S. 230.
178 Arnim an Savigny vom 29.10.1814 aaO, S. 230.
179 Arnim an Savigny vom 29.10.1814 aaO, S. 230.

Savigny nahm Arnims Bedenken sachlich.[180] Der freundschaftlichen Beziehung beider zueinander schadete die Differenz aber nicht.

V. Die Auseinandersetzung zwischen Savigny und Eduard Gans

Das Urteil über Savigny war schließlich auch innerhalb der Berliner Fakultät umstritten. Zwar herrschte in ihren Gründungsjahren Harmonie unter den Lehrern. Man war einig im Streben gegen die Fremdherrschaft Napoleons und beseelt vom Geist der Erneuerung Preußens. Dies galt besonders für die Befürworter der neu entdeckten Geschichtswissenschaft, wie etwa Niebuhr und Ranke.[181] Der Student Heinrich Leo beschrieb Savigny 1839 als den damaligen Mittelpunkt *"einer einflußreichen wissenschaftlichen Aristokrstie."*[182] Die Urteile Niebuhrs und die Wertschätzung Wilhelm von Humboldts bestätigen diesen Eindruck. Savigny blieb auf die Dauer aber nicht unangefochten. Dies zeigte die Auseinandersetzung mit Eduard Gans (1798-1839)[183], der Savigny auf das Schärfste persönlich angriff. Gans stammte aus einer jüdischen Bankiersfamilie und begann das Rechtsstudium in Berlin, wo Savigny sein Lehrer war. In Heidelberg setzte er es fort, da die angestrebte Promotion für Juden in Preußen nicht möglich war.[184] Geschichte gehörte zu seinem Hauptinteresse und die Kenntnis der Geschichte des Römischen Rechts hatte er gemeinsam mit Savigny. Anlaß des Sreites war sein Versuch, sich an der Berliner Juristenfakultät als Professor der Rechtswissenschaften zu empfehlen. Im Dezember 1819 richtete Gans ein Gesuch an den zuständigen Minister Karl Sigmund Feiherr von Altenstein (1770-1840) mit der Bitte um Aufnahme in die Fakultät.[185] Die Fakultät versagte in einem Gutachten ihre Zustimmung, da Gans für die Wissenschaft ohne Bedeutung sei.[186] Wichtiger als

---

180 Stoll, Savigny, Bd. 2, S. 34.

181 Stoll, a.a.O., Bd. 2, S. 45; vgl. dazu auch Savignys Schreiben vom 22.11.1816 an Arnim bei Stoll, a.a.O., Bd. 2, S. 210, in dem er meint, daß das ALR "...in Form und Materie eine solche Sudeley ist."

182 Heinrich Leo, Der Hegelianismus in Preussen, in: Zeitschrift für Religions- und Geistesgeschichte, Bd. 10 (1958), S. 53.

183 Zu ihm: Kleinheyer/Schröder, Deutsche Juristen, S. 477 f.

184 Braun, Schwan und Gans, S. 770.

185 Vgl. das Schreiben Gans an Altensetin vom 9.12.1819, abgeduckt bei Lenz, Die Königliche Friedrich Wilhelm Universität, Bd. IV, S. 448.

186 Gutachten der Fakultät vom 4.4.1820, abgedruckt bei Lenz, a.a.O., S. 448 f. Sie berief

die Beurteilung wissenschaftlicher Schwächen waren die konfessionellen Bedenken. Gans war Jude. Er hatte seine Hoffnungen auf das preußische Edikt vom 11.7.1812 gelegt, wonach Juden gleichberechtigt öffentliche Ämter bekleiden sollten. Juden waren in der Fakultät aber weiterhin unwillkommen.[187] Um weiteren Bewerbungsversuchen vorzubeugen, wurde der entsprechende Passus auf Wunsch der einflußreichen Fakultät durch Königliche Kabinettsorder vom 4.12.1822 rückgängig gemacht.[188] Der Streit war beendet, eine Anstellung von Gans unmöglich. Obwohl neben Savigny auch alle anderen Fakultätsangehörigen das Gesuch an den König unterschrieben hatten, lastete Gans die Absage hauptsächlich jenem an. Das Gewicht seines Wortes in der Fakultät war bekannt. Und Savigny hatte sich bereits bei früheren Gelegenheiten aus religiösen Erwägungen gegen die Emazipation der Juden ausgesprochen.[189] Gans wurde darüber zum leidenschaftlichen Gegner Savignys[190] und führte von nun an einen von Haß geprägten Kampf gegen seinen ehemaligen Lehrer. Er ließ keine Gelegenheit aus, an geeigneten Stellen Savigny und dessen Einfluß herabzusetzen. Anfangs kritisierte er nur den Persönlichkeitskult an Savigny, bald aber griff er auch dessen Lehre an.[191] Rüstzeug fand Gans bei Georg Wilhelm Friedrich Hegel (1770-1831)[192], dem er sich nach dessen Ankunft in Berlin im Jahre 1818 angeschlossen hatte. In ihm entdeckte er einen Menschen, dem er sich ungeachtet seiner jüdischen Herkunft hätte anschließen können. Hegel lehnte Savignys geschichtliche Rechtswissenschaft strikt ab und forderte entschieden die Berücksichtigung der gegenwärtigen Forderung nach einer Kodifikation. In seiner "Rechtsphilosophie" offenbarte er 1821:

---

sich in der Beurteilung der wissenschaftlichen Leistungen auf das von Gans 1819 erschienene Werk "Über Römisches Obligationenrecht".

187 Lenz, a.a.O, S, 449.

188 Schoeps, Preußen, S. 124. Diese auch als "lex Gans" bekanntgewordene Einzelmaßnahme (vgl. Reisser, Eduard Gans, Tübingen 1965), sollte dazu dienen, dem drängenden Gans eine Absage erteilen zu können.

189 Vgl. Savigny in der Zeitschrift für geschichtliche Rechtswissenschaft, Bd. 3 (1817), S. 22ff.; vgl. dazu auch bei van Hall, Savigny als Praktiker, S. 119, 129.

190 Vgl. dazu Heymann in Festgabe der DJZ von 1910, S. 18.

191 Braun, Schwan und Gans, S. 771.

192 Über Hegels Verhältnis zu Savigny ausführlich: Kuno Fischer, Hegels Leben, Werke und Lehre, Zweiter Teil (Neudruck 1963), Anhang S. 1216 ff.

> *"Einer gebildeten Nation oder dem juristischen Stande in derselben die Fähigkeit abzusprechen, ein Gesetzbuch zu machen,..., wäre einer der größten Schimpfe , der einer Nation oder jenem Stande angethan werden könnte."*[193]

Gans wagte es aber nicht, den Namen seines Lehrers direkt zu nennen. Dies konnte er sich schon deshalb nicht leisten, um weitere Bemühungen um eine Berufung nach Berlin nicht völlig zunichte zu machen.[194] Um seinem Haß gegen Savigny Ausdruck verleihen zu können, bekämpfte Gans die Historische Rechtsschule als solche. Er griff Savigny an, indem er die Irrwege der historischen Forschung einzig auf dessen beherrschenden Einfluß zurückführte und die Historische Rechtsschule mit Savigny gleichsetzte. So konnte er seinen Widerwillen gegen Savigny in die Form einer wissenschaftlichen Auseinandersetzung gießen. In seinen Werken trieb er gezielt Spott mit Savigny. In seinem 1827 erschienenen "Sytem des Römischen Civilrechts" schrieb er:

> *"Allerdings muß ich, wenn ich von der historischen Rechtsschule spreche, an Herrn von Savigny denken, weil er meiner Meinung nach, ganz allein der Nerv, die Kraft, und die Bedeutung dieser Schule ist."*[195]

> *"Fragt man also, was die historische Schule... zu sagen habe, so ist ihre positive Substanz nichts als der Zusammenhang einiger Personen, die in einigen Äußerlichkeiten für die Wissenschaft , als in Freundschaft, Gesinnung, Gemüth... sich zusammengefunden haben, an einander halten, sich befördern, und sich sich schließlich die historische Rechtsschule nennen."*[196]

Er sah in den Vertretern der neuentfachten Liebe zur Geschichtswissenschaft nichts anderes als eine

---

193 Hegel, Grundlinien der Philosophie des Rechts, § 211, S. 267.

194 Stoll, Savigny, Bd. 2, S. 185.

195 Gans, System des Römischen Civilrechts, S. 164.

196 Gans, a.a.O., S. 161 f.

> *"Genossenschaft von Strebern, die sich gegenseitig zu befördern suchen."*[197]

Gans verwendete im zweiten Band seines 1825 erschienenen Werks "Das Erbrecht in weltgeschichtlicher Entwicklung" ein militärisches Bild, wenn er von Savigny als dem Befehlshaber sprach, um den sich die Befürworter als *"willenlose Unterbefehlshaber"*[198] scharten. Er hatte den unübersehbaren Einfluß Savignys in der Fakultät im Blick. In der Tat hatte Savigny, begünstigt durch die Fürsprache des Kronprinzen Friedrich Wilhelm, Schüler und Freund des Lehrers, die führende Stellung inne. Unter Savignys maßgeblichem Einfluß rückten einige seiner Schüler in die Fakultät ein, so Johannes Friedrich Ludwig Göschen (1779-1837), Moritz August von Bethmann-Hollweg (1795-1877) und Adolf Friedrich Rudorff (1803-1878).[199] Gans rügte:

> *"Von der Tyrannei und Aristocratie, ... läßt sich kaum eine Vorstellung geben."*[200]

Er wolle nicht

> *"die Hochmuthsdemuth derer befolgen, die in ihrem Beistimmen schon ihren Inhalt finden."*[201]

Gemeint waren damit auch Barthold Georg Niebuhr und Leopold von Ranke. Heinrich Leo bestätigte dieses Bild später, als er in einem Brief an Wilhelm Menzel aus dem Jahre 1857 vom Kreis der neuen historischen Wissenschaft als

> *"wahrhaftig sehr cliquenhaften Tyrannei der damaligen gelehrten Aristokratie Berlins"*[202]

---

197 Gans, a.a.O., S. 160.
198 Gans, Erbrecht, Zweiter Band, Vorrede, S. X.
199 Stoll, Savigny, Bd. 2, S. 183.
200 Gans, System des Römischen Civilrechts, S. 169 f.
201 Gans, a.a.O., S. 164 f.
202 Heinrich Leo an Wilhelm Menzel vom 31.12.1857, Meisner, S. 454.

sprach. Wenn Gans die Historische Rechtsschule der *"Enge"*, der *"Dumpfheit"* und des *"Mumienhaften"*[203] bezichtigte, meinte er damit Savigny, der

> *"in den Mantel unantastberer Vornehmheit... gehüllt"*[204]

das Zentrum der Wissenschaftsgläubigen darstellte. Gans trieb schonungslosen Spott mit Savigny, da er in diesen exklusiven Kreis keine Aufnahme gefunden hatte. Diese brauchte aber, *"wer in Preussen zu wissenschaftlicher Anerkennung zu gelangen wünsche..."*[205] Savigny nahm äußerlich keine Notiz von Gans und dessen Spott, was diesen noch zorniger werden ließ.[206] Er warf Savigny vor, dieser habe

> *"zur Tactik des Straußes geschworen, der bekanntlich nicht gesehen zu werden glaubt, wenn er nicht sieht."*[207]

Wie sehr sich Savigny dennoch über die öffentlichen Beschimpfungen erregte und sich verletzt fühlte, belegen zahlreiche Briefe.[208] Auch Gansens Vorwand einer angeblich wissenschaftlichen Auseinandersetzung, auf die sich Savigny nie einließ, konnte nicht verbergen, daß Savigny persönlich gemeint war. Wie sehr Gans Savigny mit der Zeit zusetzte, wurde gelegentlich seines Eintritts in die Fakultät 1828 deutlich. Nachdem Gans 1825 sich hatte taufen lassen, war das eigentliche Hindernis seiner Berufung beseitigt. Er wurde Extraordinarius. Ein weiteres tat der Einfluß Hegels, der seinerseits seine Gefolgsleute in der philosophischen Fakultät unterbrachte.[209] Seine rechtsphilosophische Lehre, die den

---

203 Gans, Autobiographische Notiz, in: Hallesche Jahrbücher für deutsche Wissenschaft und Kunst, Bd. 3 (1840), Spalte 902-903.

204 Gans, Erbrecht, Zweiter Band, Vorrede, S. VII f.

205 Heinrich Leo, Der Hegelianismus in Preussen, S. 53.

206 Vgl. dazu Stoll, Savigny, Bd. 2, S. 184 ff., der Savigny gegen jeden Vorwurf verteidigt; vgl. aber auch die differenzierte Betrachtung bei Stintzing, F.C. v. Savigny, S. 48 f., der in Savignys Weigerung, sich mit Gans auseinanderzusetzen, einen wesentlichen Fehler sieht, die zu den Auswüchsen der Angriffe beigetragen habe.

207 Gans, Erbrecht, Zweiter Band, Vorrede, S. VII f.

208 Vgl. Briefe Savignys nach Gans Ernennung an Gans selbst und an Altenstein, beide vom 28.12.1828 sowie an den Kronprinzen vom 31.12.1828, Stoll, Savigny, Bd. 2, S. 402 ff.; vgl. auch Savignys Äußerungen über den Einfluß Hegels in einem Schreiben an Creuzer vom 6.4.1822, Stoll, a.a.O., Bd. 2, S. 287.

209 Stoll, Savigny, Bd. 2, S. 183.

politischen Bedarf des Tages entgegenkam, hatte sich in Berlin als zweite große Schule neben der histoischen etabliert. Im Ministerium Altensteins hatte man gehofft, mit dessen Berufung das geltende Recht stärker zu fördern zu können.[210] Altenstein, mittlerweile ein Gönner von Gans, nutzte kurzerhand die Abwesenheit des Kronprinzen, dessen entschiedenen Gegners, um beim König am 11.12.1828 die Ernennung von Gans zum ordentlichen Professor zu erreichen. Savignys Versuch, mit der Drohung seines Austritts aus der Fakultät den Eintritt Gans abwenden zu können, scheiterte. Gans kam und Savigny blieb seitdem den Fakultätsgeschäften fern. Savigny hatte eine offensichtliche Niederlage erlitten. Der Kronprinz bedauerte in einem Brief von Silvester 1828 an Savigny dessen Austritt:

> *"Ich beklage unsre juristische Facultät von Herzen wegen Zuwachses u. Abganges u. begreife nur zu gut wie Schwan und Gans nicht auf demselben Teiche schwimmen können- Verhüte Gott, daß der Teich zur Pfütze werde - Der Anfang ist gemacht"*[211]

Dem Thronfolger mißfiel die gesamte Situation und er verlangte in einem Schreiben an Altenstein vom Januar 1829 von Gans eine öffentliche Entschuldigung:

> *"Herr von Savigny und viel sehr ehrenwerthe Männer Teutschlands, die sich mit größtem Recht zur Ehre rechnen, ihn als ihren Meister zu betrachten, sind von Professor Gans in seinen Schriften mit dem schnödesten Hohn behandelt worden... -vieles ist möglich in einer Zeit, wo man nur recht unverschämt zu brüllen braucht, um Gefallen zu finden... meine Bitte... Diese ist nun, den Professor Gans als Minister und Vorgesetzter offiziell wissen zu lassen, daß, da die Beleidigung öffentlich sei, auch eine öffentliche Ehrenerklärung unerläßlich sei..."*[212]

---

210 Braun, homo politicus, S. 51.

211 Kronprinz Friedrich Wilhelm an Savigny vom 31.12.1828, Stoll, Savigny, Bd.3,S. 281.

212 Kronprinz Friedrich Wilhelm an Altenstein vom 9.1.1829, Stoll, Savigny,Bd.3, S. 281f.

Zu einer Verständigung mit Savigny kam es dennoch nicht. Die Näherungsversuche von Gans scheiterten. In einem Schreiben an Savigny vom 28.12.1828 bat er um Nachsicht, da er seine Angriffe als Ausdruck wissenschaftlicher Auseinandersetzung betrachte:

> *"Wenn ich... hoffte, mich Ew. Hochwohlgeb. zu nähern, und dasjenige auszugleichen, was ohne mein Verschulden, aus rein wissenschaftlicher Verschiedenheit zu persönlicher Entgegensetzung gemacht worden ist, so... werden Ew. Hochgeboren dies sicherlich auf Rechnung einer vielfach bewegten Jugend stellen und weder geneigt sein persönliche Rücksichten noch unwissenschaftliche Motive als die Ursachen derselben zu betrachten."*[213]

Dem trat Savigny schon am folgenden Tag entschieden entgegen:

> *"Mit Ew. Wohlgeboren bin ich in einen wissenschaftlichen Streit nie verwickelt gewesen, wohl aber haben Sie sich seit einer Reihe von Jahren über meine Arbeiten und Bestrebungen auf sehr feindselige mich nichtachtende Weise öffentlich ausgesprochen... Unter diesen Umständen ist also zwischen Ihnen und mir ein für das Amt erspriesliches und für die Personen erfreuliches collegiales Verhältnis von beiden Seiten unmöglich."*[214]

Ein letzter derartiger Versuch von Gans nach dem Tode Hegels im Jahre 1831 blieb ebenfalls vergebends.[215]

213 Gans an Savigny vom 28.12.1828, Stoll, Savigny, Bd. 3, S. 280.

214 Savignys Antwortschreiben an Gans vom 29.12.1828, Stoll, Savigny, Bd. 2, S. 403 f.

215 Vgl. Schreiben Gans an Savigny vom 15.11.1831 und Savignys Antwort vom 17.11.1831, beide abgedruckt in "Telegraph für Deutschland" 1840, Nr. 54, S. 214 f.

VI. Die Auseinandersetzung von Gans mit Savigny im Urteil von Heinrich Heine

Heinrich Heine (1797-1856)[216], der Sohn eines rheinischen Kaufmanns, hatte nach abgeschlossener Lehre als Bankkaufmann das Studium der Rechtswissenschaften aufgenommen. Dies führte ihn von Bonn über Göttingen nach Berlin, wo er sich als Student zwischen März 1821 und Mai 1823 aufhielt. Wenn er das Studium auch als notwendige Brotwissenschaft betrachtete, schloß er seine Bemühungen 1825 doch mit der Promotion ab.[217] Sein eigentliches Interesse galt jedoch der journalistischen Tätigkeit und der Schriftstellerei. Wegen seiner Herkunft zeigte Heine besonderes Interesse an jüdischem Leben in Berlin und wurde bald in dessen Kreise aufgenommen.[218] So verkehrte er im literarischen Salon der Rahel (1771-1833) und des Karl August Varnhagen von Ense (1785-1858), dem führenden kritischen Publizisten der Berliner Romantik. Er beteiligte sich aktiv an dem "Verein für Kultur und Wissenschaft der Juden", einem ersten Kristallisationspunkt nationaljüdischer Geschichtsschreibung. Heine öffnete sich für alles, was diese Stadt an Geselligkeit, Kunst, Wissenschaft und interessanten Charakteren zu bieten hatte. Obwohl er nur kurze Zeit in Berlin weilte, waren ihm die Probleme der Juden im preußischen Staatsdienst wohlbekannt. Heine selbst hatte seine Studien in Göttingen abgebrochen, da man ihn als Juden in der Burschenschaft nicht länger dulden wollte. Gegen Ende seiner Berliner Studienzeit hatte er Gans kennengelernt und war bald dessen Freund geworden. Ihm war daher auch dessen gescheiterte Bewerbung nicht unbekannt geblieben. Diese Freundschaft, die in der Begegnung mit der Philosophie Hegels sowie die Stellung der Juden in Wissenschaft und Kultur wurzelte, prägten Heines Eindrücke von Berlin. Fortan stritt er für die Emanzipation der Juden in Preußen. Die bürgerliche Gleichheit unterdrückter Minderheiten stand im Mittelpunkt seines Denkens. In seinen frühen Werken zeigte Heine sich schon als der geistreiche Spötter von Zuständen und Persönlichkeiten seiner Zeit. Mit bissiger Polemik ging er gegen alle vor, die er als Bewahrer alter Zustände und rückständig betrachtete. Besonders hatte er dabei Savigny im Visier, seinen ehemaligen Rechtslehrer, den er im Laufe seines Schaffens als politischer Schriftsteller über zwanzig Jahre kritisch und gehässig verspotten sollte. In ihm sah er den einflußreichen Verhinderer jüdischer

---

216 Zu ihm: ADB, Bd. 11, S. 338 ff.

217 Stiegler, Truobadour der Pandekten, S. 511.

218 Windfurth, Heine, S. 5.

Emanzipation in der Wissenschaft. Exemplarisch griff er Gans Fehlschlag auf und übte heftige Kritik an dem Widerruf jüdischer Gleichberechtigung. In seinem 1823 erschienenen Bericht "Über Polen"[219], der zweiten großen Berliner Prosaarbeit, publizierte Heine seine Berliner Erlebnisse und Eindrücke. Heine ergoß seinen Spott über die Ideologie eines christlich- germanischen[220] preußischen Staates, als deren Verfechter und Bewahrer Savigny in Gestalt des Leitwolfs[221] entscheidender Einfluß zukomme:

> *"Im preussischen Polen erlangen die Juden kein Staatsamt, die sich nicht taufen lassen... Übrigens ist der Arsenik... auch noch nicht zu einer überfrommen Philosophie sublimiert, und die Wölfe in den altpolnischen Wäldern sind noch nicht darauf abgerichtet, mit historischen Citaten zu heulen."*[222]

Im Vordergrund Heinescher Satire stand die Anspielung auf den Konservativismus der Historischen Rechtsschule Savignys.[223] Dessen Rückständigkeit galt es zu bekämpfen, um den Rückfall hinter das Edikt von 1812 überwinden zu können. Eine erste Abrechnung mit Savignys Historismus hatte Heine bereits ein Jahr zuvor 1822 in den "Briefen aus Berlin" veröffentlicht.[224] Er stellte Savigny in den Zusammenhang mit den Possenreißern eines Zirkus, dessen Mitglieder zur Reklame in bunten Aufzügen durch die Stadt zogen, aber wegen mangelnden Zuspruchs längst verschwunden seien:

> *"Herr von Savigny wird in diesem Sommer Instituzionen lesen. Die Possenreißer, die vorm Brandenburger Thor ihr Wesen trieben, haben schlechte Geschäfte gemacht und sind längst abgereist."*[225]

---

219 Zum erstenmal erschienen in Fortsetzungen vom 17. bis zum 29.1.1823 in den Ausgaben 10-17 des "Gesellschafter oder Blätter für Geist und Herz" in Berlin

220 Stiegler, Troubadour der Pandekten, S. 507.

221 Stiegler, a.a.O., S. 507.

222 Heine, DHA, Bd. 6, "Über Polen", S. 60.

223 Windfurth, DHA, Bd. 6, Anmerkungen, S. 497.

224 Zum erstenmal erschienen in 10 Fortsetzungen in der Beilage "Kunst- und Wissenschaftsblatt" des "Rheinisch-Westfälischen Anzeiger" vom 8.2.-19.7.1822.

225 Heine, DHA, Bd. 6, "Briefe aus Berlin", S. 32.

Heine machte seine Attacken zur Schützenhilfe für seinen Freund Gans, der kläglich abgewiesen worden war. In ihm sah er das prominenteste Opfer einer rückständigen Politik, der durch Entscheidungen, wie jene der Fakultät, Vorschub geleistet werde:

> *"...lernte ich den Dr. Eduard Gans kennen, und fand in ihm einen braven, rüstigen jungen Mann, der in jeder Hinsicht meine unbeschränkte Achtung verdient, und der gewiß mehr werth ist als alle jene Herren, die ihn, den Mosaisten, aus christlicher Liebe gehörig anfeinden."*[226]

Daß Savigny damit gemeint war, ist wegen dessen führender Stellung innerhalb der Fakultät, die auch Heine bekannt war, unbestreitbar. Heine wählte die Form der Personalsatire und trieb mit Savigny seinen Spott. Dieser wurde wiederholt Mittelpunkt seiner Bilder. In "Die Stadt Lucca"[227] folgte Heine der Tradition der politischen Reisebeschreibungen. Er verarbeitete, durch einen weiteren Besuch in Berlin vom Winter 1828 bis zum Sommer 1829 inspiriert, neue Eindrücke und Geschehnisse aus dem wissenschaftlichen Leben Berlins. Gans hatte sein Ziel inzwischen erreicht. Heine beobachtete die Reaktion Savignys und dessen Versuch, die Vorlesungstätigkeit seines Gegners einzuschränken. Er spottete über Savignys gekränkte Eitelkeit und sah eine

> *"geheime Eifersucht gegen den armen Fido Savant, fürchtend daß dieser ihn einst im gelehrten Apportieren ersetzen könnte."*[228]

Dieser Verdacht war nicht von der Hand zu weisen, denn seine Vorlesungen waren wegen dessen Redebegabung äußerst beliebt und standen mit ihren

---

[226] Heine, DHA, Bd. 6, S. 477. Diese Äußerungen sind vor der Abschaffung des § 8 des Judenedikts vom 7.8.1822 datiert. Gerüchte hatten dieses Ereignis aber wohl schon vorweggenommen, vgl. Stiegler, Troubadour, S. 506.

[227] Capitel I und II erschienen am 6.11.1829 "Morgenblatt für gebildete Stände" unter dem Titel: "Italienische Fragmente. Auf den Appennien" zum erstenmal.

[228] Heine, DHA, Bd. 7, "Die Stadt Lucca", Capitel I, S. 159. Als eifriger Anhänger Hegels hatte Gans als "Fido Savant" im März 1827 in den neugegründeten "Jahrbüchern für wissenschaftliche Kritik" zerschmetternde Beurteilungen über Savignys Hauptarbeiten veröffentlicht.

Hörerzahlen nicht hinter denen Savignys zurück. Bissiger gestaltete Heine seine Kritik in seinem 1830 erschienenen italienischen Reisebild "Die Bäder von Lucca." In einem fiktiven Gespräch Heines mit einem Bologneser Rechtsprofessor läßt er diesen Savigny für *"ein gelehrtes Frauenzimmer"*[229] halten. Weiter noch wunderte sich der Professor,

> *"daß die gelehrten Frauenzimmer, die in Italien seltner geworden, jetzt in Deutschland zum Vorschein kämen, und frug mich ob Savigny hinter einem Schirm lese? Ich gestand ihm, daß dieses eitle Wesen froh sey, wenn es sich in seiner holden Weiblichkeit, die Haare al' enfant, sehen lassen kann, daß aber... die Zeit kein gutes Haar dran lassen werde(n)... . Wie ärgert sich die alte Ziege*
> *Daß ich sie jetzt beim Schwanze kriege. Hä! Hä! Hä!"*[230]

Heine verspottete oft durch das Absprechen von Männlichkeit.[231] Er hielt Savigny für eitel und warf ihm seinen Abschied von der Fakultät als Feigheit vor. Als einen Unberührbaren ließ er Savigny nun hinter einem Schrim lesen.

VII. Das Urteil Karl Fiedrich Eichhorns (1781-1854)

Im Gegensatz zu den Urteilen seiner erbitterten Gegner steht die freundschaftliche Beziehung Savignys zum fast gleichaltrigen Juristen Karl Friedrich Eichhorn[232]. Er wurde im Jahre 1781 in Jena geboren. Zunächst war er bis zum Jahre 1804 als Privatdozent in Göttingen tätig, wechselte dann im Jahre 1805 als ordentlicher Professor nach Frankfurt an der Oder und hielt dort Vorlesungen über sämtliche Rechtsgebiete mit Ausnahme des Strafrechts. Im Jahre 1811 folgte er einer Berufung nach Berlin, wo er bis zum Jahre 1817 Savignys Kollege war.[233] Dort waren die äußeren Verhältnisse waren für ihn keinesweges günstig. Er

229 Heine, DHA, Bd. 7, "Die Bäder von Lucca", Capitel V, S. 100.
230 Heine, DHA, Bd. 7, zu "Die Bäder von Lucca", B6., S. 424 f.
231 Windfuhr, Erläuterungen, DHA, Bd. 7, S. 1418.
232 Zu ihm: Kleinheyer/Schröder, S. 119 ff.
233 Michaelis, Eichhorn. S. 167.

erhielt im Vergleich zu Savigny mit 1200 Talern ein spärliches Gehalt.[234] Zudem wurde er von seinem Kollegen Schmalz der Mitgliedschaft im Tugendbund politisch verdächtigt.[235] Die Empörung Savignys und Niebuhrs und deren Bittschrift an die Regierung, diese Vorwürfe genauestens untersuchen zu lassen, blieben erfolglos. So sah sich Eichhorn gezwungen, im Jahre 1817 einem Ruf nach Göttingen zu folgen, wo er bis zum Jahre 1829 tätig war.[236] Mit Savigny schloß Eichhorn bald Freundschaft. Beide gelten heute als die Begründer der Historischen Rechtsschule. Gemeinsam mit jenem gab Eichhorn seit dem Jahr 1815 die "Zeitschrift für historische Rechtswissenschaft" heraus. Die Beziehung gründete sich ebenso auf fachliche Verwandtschaft wie auf die gemeinsame politische Überzeugungen, die besonders in der Ablehnung der Ideale der Französichen Revolution bestanden.[237] Beide waren einander sympathisch und empfanden tiefe gegenseitige Achtung. Dies zeigte sich, besonders vom Jahre 1830 an, in Savignys unermüdlichen Bemühungen, Eichhorn erneut für Berlin zu gewinnen. Dieser hielt sich wegen eines körperlichen Leidens seit dem Jahre 1829 ohne Lehrtätigkeit auf seinem Landsitz Ammern bei Tübingen auf und war mit seiner Lage unzufrieden. Er zog seinen langjährigen Freund Savigny ins Vertrauen und offenbarte ihm in einem Schreiben vom 30.10.1830 seine Situation:

> *"Threuester Freund! Was gäbe ich darum wenn ich eine Stunde mit Ihnen plaudern könnte! Ich sitze hier auf dem Lande, das Wetter ist schön, aber auf viele Meilen in die Runde ist kein gescheuter Mann, mit dem ein Wort zu reden ist. Ich muß Ihnen schreiben und von Ihnen hören... Sie können immerhin einmal biblisch lesen und feurige Kohlen auf mein Haupt sammeln, obwohl ich gerade durch mein Briefschreiben weder bei Ihnen viel zu Gute habe, noch damit den Himmel verdienen kann."*[238]

---

[234] Schulte, Eichhorn, S. 33.

[235] Schulte, a.a.O., S. 42; vgl. dazu und besonders zu Schmalz den Artikel in "Das große Conversationslexikon für die gebildeten Stände", herausgegeben von I. Meyer, Hildburghausen 1851.

[236] Michaelis, a.a.O., S. 168.

[237] Conradi, Eichhorn als Staatsrechtslehrer, S. 74.

[238] Eichhorn an Savigny vom 30.10.1830, Schulte, a.a.O., S. 171.

Savigny verstand den Hilfeschrei und dachte daran, Eichhorns beklagenswerten Zustand durch dessen Rückberufung nach Berlin lindern zu helfen. Er hob in seiner Antwort vom Dezember 1830 gegenüber dem deprimierten Freund deutlich hervor, daß es von dessen Seite lediglich *"bestimmterer Winke"*[239] bedürfe, damit er sich für dessen erneute Anstellung in preußische Dienste verwenden könne. Eichhorn zögerte jedoch, da ihm der unrühmliche Abschied von Berlin noch in Erinnerung war. Er zweifelte an der Bereitschaft der preußischen Regierung, ihn wirklich einstellen zu wollen, als er sechs Wochen später an Savigny schrieb:

> *"Glauben Sie wirklich, daß man von oben her... an mich denkt und eine Erklärung von mir wünscht?"*[240]

Dennoch erkannte er Savignys Bemühungen an und würdigte sie als anregende Idee:

> *"...an Ihrer Freundschaft habe ich nie gezweifelt, werde daran nie zweifeln und weiß sehr wohl daß nur diese der Sache einen Anstoß gegeben hat..."*[241]

Eichhorn fiel der Entschluß schwer, zumal er den preußischen Verhältnissen zu mißtrauen schien und seine Unabhängigkeit nicht um jeden Preis aufzugeben bereit war. Allein in Savigny sah er den Garanten für einen zweiten Versuch, sich in Berlin niederzulassen, als er schrieb:

> *"Wären Sie der Minister, unter dem ich stehen sollte, so schriebe ich Ihnen, daß ich, wenn Sie mich brauchen können, mit Gut und Blut zu dienen bereit wäre."*[242]

Savigny schmeichelte das Vertrauen Eichhorns in ihn. Er beharrte geradezu auf Eichhorns Kommen und suchte dessen Zweifel durch eigenes Bemühen zu

---

[239] Vgl. das Schreiben Savignys an Eichhorn vom 22.10.1830, Schulte, a.a.O., S. 174 ff.

[240] Eichhorn an Savigny nach einer Abschrift von Eichhorns Frau vom 7.2.1831, Schulte, a.a.O., S. 178.

[241] Eichhorn an Savigny ebd.

[242] Eichhorn an Savigny ebd.

zerstreuen.[243] So erreichte er für seinen Freund im Jahre 1832 eine Anstellung als Professor und Geheimer Legationsrat im Außenministerium.[244] Eichhorns Urteil über Savigny ist hauptsächlich das eines Freundes. Es zeigt Savigny als zuverlässigen Weggefährten, dessen Treue und Aufopferung sich gerade in der Not des Freundes offenbare. Es gleicht dies dem Bild, das die Grimms vom Marburger Rechtslehrer zeichneten. Die enge Verbindung zu Savigny vertiefte sich noch, als Eichhorn im Jahre 1839 Mitglied des Staatsrats wurde. Seine Savigny gegenüber zum Ausdruck gebrachte Bereitschaft, unter dem Minister Savigny ohne Bedenken dienen zu wollen, sollte sich erfüllen, als Eichhorn im Jahre 1842 von Savigny in die Gesetzgebungskommission berufen wurde.

VIII. Savigny als Mitglied des Staatsrats

Savignys Tätigkeit als Mitglied des Staatsrats fällt zeitlich in die Zeit seiner akademischen Tätigkeit. Persönliche Urteile über dieses Wirken liegen von Karl Freiherr vom Stein (1757-1831) und Achim von Arnim vor. Mit Verordnung vom 20.3.1817 wurde in Preußen der Staatsrat eingerichtet.[245] Als höchstes beratendes Gremium sollte er dem König im Gesetzgebungsverfahren und in Grundsatzangelegenheiten der Verwaltung zur Seite stehen.[246] In sieben Abteilungen wurden Referenten mit Gutachtenentwürfen beauftragt, die dann in den Staatsratssitzungen beraten und dem König vorgelegt wurden. Savigny war von Beginn an bis zum Jahre 1848 ununterbrochen Mitglied des Staatrats, zunächst bis zum Jahre 1842 als berufenes Mitglied, danach, als Minister für Gesetzrevision, kraft Amtes.[247] Er gehörte bis zum Jahre 1842 der juristischen Abteilung an. Einen großen Teil seiner Arbeit nahm die Mitarbeit in der Kommission zur Schlußredaktion von Gesetzentwürfen ein. Savignys Tätigkeit im Staatsrat genoß bei weitem nicht

---

243 Schulte, Eichhorn, S. 61.

244 Conradi, Eichhorn als Staatsrechtslehrer, S. 16.

245 Vgl. Gesetzsammlung für die Königlich Preußischen Staaten, 1817, S. 67 ff.

246 van Hall, Savigny als Praktiker, S. 19 f.; zum Staatsrat insgesamt und zu Savignys Rolle eingehend vgl. Schneider, Der Preußische Staatsrat 1817-1918, München 1952.

247 van Hall, a.a.O., S. 42; vgl. auch Anhang A der Verordnung vom 20.3.1817, Gesetzsammlung, S. 67 ff. Der Staatsrat zählte 1817 34 aus besonderem Vertrauen berufene Mitglieder. Mit den geborenen Mitgliedern des Königshauses und denen kraft Amtes zählte der Staatsrat im Gründungsjahr insgesamt 65 Mitglieder.

die Aufmerksamkeit wie sein wissenschaftliches Wirken.[248] Seine erste Tätigkeiten im Staatsrat betraf die Wiedereinführung des ALR in den Provinzen Preußens, in denen es unter Napoleons Herrschaft dem französichen Recht hatte weichen müssen. Er lehnte die erneute Einführung der Kodifikation jedoch ab. Konsequent wandte er seine wissenschaftlichen Grundanschauungen an und bekämpfte das ALR als politisch überwunden. Große Aufmerksamkeit erlangten Savignys Gutachten zur Agrargesetzgebung und der Bauernbefreiung. Letztere war ein Teil der Reformen, die in Preußen seit dem Jahre 1807 unter der Herrschaft Napoleons als Anpassung an das System des Gegners begonnen worden waren.[249] Savigny hatte zur Durchführung der von Karl Freiherr vom Stein (1757-1831)[250] und Fürst Karl August von Hardenberg (1750-1822) begonnenen Regulierung der gutsherrlich-bäuerlichen Eigentumsverhältnisse ein Gesetz zu entwerfen. Die Befreiung der Bauern von der Abhängigkeit ihrer Grundherren hatte die Regelung neuer Eigentumsverhältnisse und Fragen der Entschädigung für entgangene Abgaben und Dienste notwendig gemacht. Das Regulierungsedikt aus dem Jahre 1811 sah vor, daß sich die Bauern wegen knapper Finanzmittel des Staates die Freiheit durch Landabtretungen oder Geldleistungen an die Gutsherren erkaufen sollten.[251] Für die Provinz Westfalen wurden die Ablösungsmodalitäten in dem Gesetz vom 25.9.1820[252] festgelegt. Savigny war dessen maßgeblicher Verfasser.[253] In der Folge wurden Savignys Bemühungen, für alle Beteiligten eine annehmbare Lösung zu erzielen, unterschiedlich aufgenommen. Wegen Geldmangels konnten die Bauern kaum Land kaufen und traten daher große Teile ihres Landes an die Gutsherrn ab. Dies führte bei jenen zu einem erheblichen Landzuwachs, verschäfte aber auch ihren Kapitalmangel. Die Landarmut der Bauern trieb viele von ihnen in den Ruin. Auf beiden Seiten herrschte Unzufriedenheit. Savigny wurde gleichermaßen als Revolutionär wie Reaktionär heftig beschimpft. Der preußische General August Neidhardt von Gneisenau (1760-1831), der maßgeblich an der preußischen Heerreform mitgewirkt hatte und selbst Gutsbesitzer war, bezichtigte Savigny schroff der 'revolutionären

---

248 van Hall, a.a.O., S. 36.

249 Hattenhauer, Grundlagen, S. 85.

250 Zu ihm: ADB, Bd. 35, S. 614 ff.

251 Hattenhauer, a.a.O., S. 85 f.

252 Abgedruckt in der "Gesetzsammlung für die Preußischen Staaten" (GS), 1820,S.169 ff.

253 van Hall, Savigny als Praktiker, S. 97.

Gesinnung.'[254] Ähnlich mißmutig äußerte sich Stein, der im Jahre 1816 von Friedrich Wilhelm III. entlassen worden und seitdem aus dem politischen Leben ausgeschieden war. In einem Brief vom 24.5.1824 an Barthold Georg Niebuhr äußerte er sich zu den Ereignissen. Savigny war mittlerweile aufgefordert worden, einen neuen, den Klagen entsprechenden Entwurf auszuarbeiten. Stein schrieb dazu:

> *"Schützen (Sie) uns gegen die verderblichen Folgen des Gesetzes d.d.25. September 1820, das den Gutsbesitzer ausplündert und den Bauernstand durch Zersplitterung auflöst. Savigny ist Referent..."*[255]

Savignys Fähigkeiten, die praktischen Probleme der Agrarverfassung lösen zu können, bezweifelte er vier Tage später in einem Schreiben an den Grafen Merveldt. Stein empfand es als

> *"übel, daß man zum Referenten über eine geschichtliche praktische Anstalt einen römischen Rechtsgelehrten gewählt hat, der in Buchgelehrsamkeit und Wortschwällen großgezogen ist."*[256]

Die Kritik Steins traf Savigny als einen in praktischen Fragen unerfahrenen Rechtslehrer. Dies war insofern erstaunlich, als Savigny ein sein Gut selbst bewirtschaftender Gutsbesitzer die Folgen der Regulierung abzuschätzen imstande schien. Er handelte womöglich weitsichtiger und vertrat die Auffassung, daß die kurzfristigen Nachteile, insbesondere diejenigen der Gutsbesitzer, später reichlich kompensiert würden.[257] Der Erfolg der von ihm vertretenen Entschädigungsregelung werde später eintreten. Die Urteile der Zeitgenossen zeigen, daß die Beteiligten aber greifbare und schnelle Erfolge erstrebten, die die tiefen Eingriffe in erworbene Rechte ausgleichen sollten. Der aus der westfälischen Grafschaft

---

254 Treitschke, Deutsche Geschichte, Bd. 3, S. 381; vgl. dazu auch Lorenz, Eberhard, Savigny und die Strafgesetzgebung, S. 186 ff.

255 Stein an Niebuhr vom 22.5.1824, Stein, Briefe und Schriften, Bd.3, S. 726.

256 Stein an Merveldt vom 28.5.1824, Stein, Briefe und Schriften, Bd. 3, S. 736.

257 Vgl. dazu die von Savigny in einem Gutachten für den Staatsrat vertretene Auffassung, abgedruckt bei van Hall, Savigny als Praktiker, S. 97.

Rheda stammende liberale Jurist Jodocus Dodatus Hubertus Temme (1798-1881)[258], der bis zu seiner Entlassung in Berlin Direktor des Kriminalgerichts und Staatsanwalt war, schilderte die Ereignisse um das Gesetz rückblickend im Jahre 1872 und hielt die allgemeine Stimmung fest:

> *"Als Mitglied des Staatsraths hatte er das berüchtigte Gesetz vom 25. September 1820 über die gutsherrlich-bäuerlichen Verhältnisse in der Provinz Westfalen verfaßt, ein Gesetz, seinem Geiste, seinen Grundsätzen und seiner Fassung nach so schlecht, verderblich und konfus, daß es in wenigen Jahren den Bauernstand in Westfalen, den wohlhabendsten in der Welt, hätte runiren und dadurch zur Verarmung der Provinz hätte führen müssen."*[259]

Bereits im Jahre 1821 begann man wegen der Proteste im Staatsministerium mit Änderungen des Gesetzes, an denen Savigny wegen einer längeren Krankheit aber keinen Anteil hatte.[260] Achim von Arnim sah sich veranlaßt, seinen Schwager gegen die aufgebrachte Stimmung in Schutz zu nehmen. Als Gutsbesitzer auf dem brandenburgischen Wiepersdorf hatte er die Entwicklungen mit Interesse verfolgt, meinte jedoch, daß Savigny den Vorwurf der gegnerischen Seiten nicht verdiene. In einem Brief an Jakob Grimm vom April 1827 äußerte er sich:

> *"Es giebt in Berlin einige, die in dem wahnsinnigen, leeren, politischen Grübeln, das unserer Zeit eigen, sich in den Kopf setzten, als ob Savigny mancherlei Meiungen hege, die ihnen verhaßt; meist Dinge, um die er sich entweder nimmermehr oder höchstens gezwungen als Referent im Staatsrat gekümmert hat, Untersuchungen über Verhältnisse unsres Lebens, die ihm höchst langweilig waren, denen er sich nur aus Pflicht unterzogen."*[261]

---

258 Zu ihm: ADB, Bd. 36, S. 558 ff; Kötschau, Richterdisziplinierung in der preussischen Reaktionszeit: Verfahren gegen Waldeck und Temme, Dissertation Kiel 1976.

259 Temme, Erinnerungen, S. 227.

260 van Hall, a.a.O., S. 113.

261 A.v.Arnim an die Brüder Grimm vom 3.4.1827, Steig, A.v. Arnim und die Grimms, S. 563.

IX. Der Universitätslehrer Savigny und die Berliner Gesellschaft

Neben den zahlreichen Pflichten, denen Savigny als Hochschullehrer, Staatsrat und seit dem Jahre 1819 als Oberrevisionsrat am Revisions- und Kassationshof für die Rheinprovinz nachkommen mußte, war Savigny eine wichtige Person im gesellschaftlichen Leben Berlins. Stoll weiß mehr als einhundert Namen anzuführen, mit denen Savigny in regelmäßigem Kontakt stand.[262] Außer den Verwandten gehörten Schüler und Freunde, wie die Grimms und Moriz August von Bethmann- Hollweg (1775-1877) zu den ständigen Besuchern seines Hauses. Hinzu kamen große Namen aus Kultur, Wissenschaft und öffentlichem Leben. Angeführt seien hier nur die wichtigsten: Wilhelm v.Humboldt, Barthold Georg Niebuhr, Carl Maria von Weber (1786-1826), Heinrich von Kleist (1777- 1811), August Neidhard von Gneisenau (1760-1831), Ernst Moritz Arndt (1769-1860), Robert von Mohl (1799-1875), Theodor Fontane (1819-1898), Heinrich August Hoffmann von Fallersleben (1798-1874), Karl Friedrich Schinkel (1781-1841) und Joseph Freiherr von Eichendorff (1788-1857). Aus deutschen Könighäusern gehörten zahlreiche Prinzen zu Savignys Freunde, wie der bayerische Kronprinz Max (II.) oder der württembergische Kronprinz Karl, der dessen Vorlesungen häufig besuchte.[263] Das preußische Königshaus stand dem nicht nach. Kronprinz Friedrich Wilhelm war ein Schüler Savignys. Beide hielten über die Studienzeit hinaus freundschaftlichen Kontakt. Trotz seines umfangreichen Bekanntenkreises lassen sich dort nur wenige Zeugnisse über Savignys gesellschaftliches Leben ermitteln. Hierin bestätigt sich der Eindruck Stolls, Savigny sei das Leben außer Haus eher fremd gewesen und habe sich am wohlsten im engsten Freundeskreis gefühlt.[264] Tatsächlich konnte er dem gesellschaftlichen Leben nicht viel abgewinnen. In einem Schreiben an seinen Schweizer Schüler Johann Caspar Bluntschli (1808-1881) aus dem Jahre 1838 sagte er das ganz offen: *"Das äußerliche Leben nimmt für mich mit jedem Tage an Reiz ab."*[265] Diese Haltung entsprach dem Wesen des *"mild-ernsten Savigny"*[266], den der Dichterjurist Joseph Freiherr von Eichendorff (1788-1857)[267] in seinem Hause traf. Obwohl sich Savigny lieber

262 Stoll, Savigny, Bd. 3, S. 220.
263 Stoll, a.a.O., Bd. 3, S. 223.
264 Stoll, a.a.O., Bd. 3, S. 220.
265 Savigny an Bluntschli vom 19.12.1838, Oechsli, Briefwechsel, S. 50.
266 Eichendorff, Tagebücher, S. 419.
267 Zu ihm: ADB, Bd. 5, S. 723 ff.

der wissenschaftlichen Arbeit widmete und den Verkehr mit Wissenschftlern am meisten schätzte, führte er ein gastliches und offenes Haus, in dem Besucher willkommen waren. Viele, auch auswärtige Besucher, kamen, um den berühmten Professor kennenzulernen, teils in Begleitung guter Freunde Savignys, teils auf deren Empfehlung. Der norwegische Mineraloge Henrik Steffens (1773-1845) bezeichnete die Anziehungskraft Berlins auf Besucher als eine *"nationale Zentralisation des Geistes"*, die nach der kurzen depressiven Phase unter Napoleon wieder Einzug gehalten habe. *"Es ist in der Tat auffallend, in welcher beständigen geistigen Gärung Berlin dadurch erhalten wird."*[268] Dies entsprach der Atmosphäre, die sich Humboldt als Folge der Gründung der Berliner Universität versprochen hatte. Eichendorff bestätigte diese Stimmung. Er wandte sich im Jahre 1817 wegen einer Anstellung als Referendar mit der Bitte um Rat an den Rechtsprofessor. Dazu hatte ihn Savigny zu sich nach Hause eingeladen. Die persönliche Begegnung mit dem Lehrer beeindruckte Eichendorff tief, wie er jenem in einem Brief vom Mai 1817 offenbarte:

> *"Ich fühlte, seit ich die Ehre habe Euer Hochwohlgebohren zu kennen, immer ein recht sehnliches Verlangen, in allen mir wichtigen Angelegenheiten und Bedrängnißen offen und aufrichtig zu Ihrer klaren Einsicht in das Leben wie unter eine sichere Obhut, meine Zuflucht zu nehmen, und der gütige Antheil, deßen Sie, wie ich mir schmeichle, mich bisher würdigten, gehört zu den größten Freuden meines Lebens."*[269]

Eichendorff beschrieb Savigny als fürsorglichen Lehrer, der sich für die Belange und Sorgen des wissenschaftlichen Nachwuchses einsetzte. Sein Bild entspricht dem Jakob Grimms. Ähnlich lautet auch das Urteil des Rechtswissenschaftlers Friedrich Justus Stahl (1802-1861).[270] Der Staats- und Kirchenrechtler, seit 1855 Mitglied des Preußischen Herrenhauses, war im Jahre 1840 von Erlangen nach Berlin berufen worden. Der Wechsel war dem gebürtigen Münchener nicht leicht

---

268 H.Steffens, Lebenserinnerungen, S. 387.

269 J.v.Eichendorff, Sämtliche Werke, Bd. 12, S. 72.

270 Zu ihm: Kleinheyer/Schröder, Deutsche Juristen, S. 382 ff.

gefallen.[271] In Savigny, dessen Schriften ihn als Studenen leidenschaftlich bewegt hatten[272], hatte er jedoch einen Wunschkollegen, was ihm die Entscheidung erleichtert hatte. Savigny, der die Berufung Stahls unterstützt hatte, zeigte sich jenem gegenüber als warmherziger Kollege und half ihm die Anlaufschwierigkeiten in der Fremde zu überwinden. Am 1.1.1841 schrieb Stahl in einem Brief an Rudolph Wagner:

> *"Savigny ist überaus freundlich teilnehmend, auch seine Frau..."*[273]

In anderen Briefen entwarf Stahl das Bild eines väterlichen Kollegen, der trotz zahlreicher Beschäftigungen Zeit finde, einem jüngeren Kollegen das Einleben angenehm zu gestalten. Im April des Jahres 1841 schrieb er erneut an Wagner:

> *"Mit meinen juristischen Kollegen stehe ich in gutem, mit einigen im engeren Verhältnis, aber wir sehen uns sehr selten, am meisten unter den Juristen kommen ich noch mit Savigny zusammen, so sehr er seiner ganzen Stellung von der Universität entfernt ist."*[274]

Ein Bild Savignys in der Gesellschaft außerhalb des wissenschaftlichen Verkehrs zeichnete die Malerin Wilhelmine Bardua. Sie lebte unverheiratet mit ihrer Schwester Caroline in Berlin. In ihren umfangreichen Aufzeichnungen hat sie ein lebendiges Kulturbild aus der Biedermeierzeit hinterlassen.[275] Tagebuchartig und genau beobachtend hat sie einzelne Momente des Berliner gesellschaftlichen Umgangs in der Zeit von 1815 bis 1864 festgehalten. War Savignys Teilnahme an den Abendgesellschften zwar nicht allzu häufig, so beweist Barduas Bild doch, daß ihm dieses Leben nicht fremd war. Mit Savignys waren die Schwestern zu Beginn der dreißiger Jahre über den Brentano- Arnim- Kreis in

---

271 Vgl. das Entlassungsgesuch an den bayerischen König vom 24.11.1840, Koglin, Stahls Briefe, Brief Nr. 85, S. 225.f.

272 Vgl. das Schreiben Stahls an Prof. Karl Wilhelm Böttiger vom 3.12.1833, Koglin, a.a.O., Brief Nr. 35, S. 122.

273 Stahl an Rudolph Wagner vom 1.1.1841, Koglin, a.a.O., Brief Nr. 91, S. 241.

274 Stahl an Rudolph Wagner vom 28.4.1841, Koglin, a.a.O., Brief Nr. 93, S. 249.

275 J. Werner, Die Schwestern Bardua, Einleitung, S. 7.

Verbindung getreten. Ein Eintrag vom Februar 1833 nimmt Bezug auf eine große Soiree im Savignyschen Hause. Die Bardua lenkte ihr Interesse auf den äußeren Ablauf:

> *"In der letzten Zeit sind wir zweimal kurz hintereinander von Savignys zu großen Soirèes geladen worden - es scheint, als ob sie an uns Geschmack finden. Bei der zweiten Gesellschaft wurde musiziert; es klang gut in den großen, hohen Räumen."*[276]

Savigny schien trotz aller sonstigen Verpflichtungen das Interesse am kulturellen Leben nicht verloren zu haben. Er mochte Abende, in denen Literatur gelesen und musiziert wurde, nicht vermissen. Im Februar 1839 schrieb die Bardua in ihr Tagebuch:

> *"Heute abend ist eines Freundes Schrift auf Herrn v. Savignys Wunsch bei uns gelesen worden. Savignys, Frau v. Bardeleben und Graf Baudissin... waren dazu gekommen. Ich habe mich den ganzen Tag wie auf ein Fest gefreut, aber innerlich zitterte ich, wie meines Freundes Werk wirken würde... Erst als ich sah, wie Savigny gleich mit gespannter Miene zuhörte und dann ein immer zunehmendes Interesse zeigte, atmete ich auf."*[277]

Der Lyriker und Literarhistoriker Hoffmann von Fallersleben (1798-1874) war über Gregor von Meusebach in das Savignysche Haus eingeführt worden. Er besuchte Savigny im Jahre 1822. Rückblickend erinnerte er sich im Jahre 1865 in seinen Memoiren an die einzigartige Atmosphäre und lobte

> *"eine belehrende und anregende wissenschaftliche Unterhaltung, eine ausgezeichnete Bibliothek, traulichen*

---

276 W.Bardua, Eintrag vom 26.2.1833, J. Werner, Die Schwestern Bardua, S. 141.

277 W.Bardua, Eintrag vom 28.9.1839, J.Werner, Die Schwestern Bardua, S. 154.

> *Familienverkehr und die Gelegenheit, viele bedeutende Männer und Frauen kennen zu lernen."*[278]

Hoffmann lebte nicht ständig in Berlin, sondern besuchte nur dann und wann die Stadt. Solche gelegentlichen Besucher zog es in die Häuser, von denen sie geistige Anregung erwarteten. Savignys gehörte zu den begehrtesten Adressen Berlins.[279]

---

278 A.H.Hoffmann von Fallersleben, Auswahl in drei Teilen, "Mein Leben", S. 93 f.

279 Stoll, Savigny, Bd. 3, S. 223.

Zeichnung von Ludwig Emil Grimm, 1815

Friedrich Carl von Savigny

D. Savigny und die "Göttinger Sieben"

I. Die Entlassung und Savignys Reaktion

Um das Ereignis der Entlassung der sieben Göttinger Universitätsprofessoren Wilhelm Albrecht (1800-1876), Friedrich Christoph Dahlmann (1785-1860), Heinrich Ewald (1803-1875), Gottlob Gervinus (1805-1871), Jakob und Wilhelm Grimm sowie Wilhelm Weber (1804-1891) rankt sich ein Bild Savignys als Hochschullehrer, Freund und Verwandten. König Ernst August von Hannover hatte am 1. 11. 1837 den Thron bestiegen. Eine seiner ersten Amtshandlungen war die Aufhebung des von seinem Vorgänger König Wilhelm IV. im Jahre 1833 gegebenen Staatsgrundgesetzes gewesen. Gleichzeitige waren die Ständeversammlung aufgelöst und alle Kabinettsminister entlassen sowie die Staatsdiener von der Treue zur alten Verfassung entbunden worden.[280] Von den Beamten wurde unter den veränderten Umständen ein neuer Eid auf den neuen Monarchen gefordert. Als eigentliches Motiv der Verfassungsänderung wird in der neueren Forschung die Sorge des Monarchen um die Sicherung der Regierungsnachfolge seines zu diesem Zeitpunkt bereits erblindeten Sohnes und späteren Königs Georg V. angenommenen. Ein Vergleich der Verfassung von 1833 mit dem im Anschluß an den Verfassungsstreit im Jahre 1841 erlassenen Staatsgrundgesetz zeigt, daß erst dessen Änderung die Regierungsfähigkeit eines blinden Königs ermöglichte.[281] Die als "Göttinger Sieben" bekanntgwordenen Hochschullehrer schlossen sich zusammen und erhoben in einem Protestschreiben vom 19.11.1837 Einspruch.[282] Während Albrecht und Dahlmann staatsrechtliche Fragen der Verfassungsbindung hervorhoben, begründete Jakob Grimm seinen Protest weniger juristisch und politisch als moralisch. Er stellte die Gewissensbindung des Eides heraus, auf der die Geltung der Verfassung beruhe und beklagte die Verletzung der sittlichen Gefühle des Landes.[283] In der Folge wurden alle Protestierer entlassen. Jakob Grimm sowie Dahlmann und Gervinus wurden des Landes verwiesen. Die brotlosen Lehrer erfuhren Zustimmung für ihr Vorgehen besonders aus Kiel, Leipzig und Hamburg und durch Sympathiebezeugungen

---

280 Wendeler, Briefwechsel Meusebachs mit Grimms, Einleitungsworte im Anhang, S.257.
281 Krüger, Blindheit und Königtum, S. 45.
282 Vgl. Huber, Dokumente, Bd. 2, Nr. 62 S. 295 f.
283 Dilcher, Der Protest der Göttinger Sieben, S. 18 f.

zahlreicher Kollegen.[284] Auch Berliner Kollegen standen nicht abseits und machten die Sieben als Opfer fürstlicher Willkür und Bekenner freiheitlicher Gesinnung in ganz Deutschland populär. Savignys Haltung zur Entlassung beschränkte sich in erster Linie auf die Situation seiner Freunde Jakob und Wilhelm Grimm. Jakob hatte Savigny seine Gründe in einem Brief vom 13.12.1837 geschildert und eine Kopie des Protestschreibens beigefügt.[285] In seiner Antwort vom 21.12.1837 versicherte Savigny beiden Brüdern seine tiefe persönliche Anteilnahme und bot finanzielle Hilfe an,[286] meldete jedoch Zweifel an der Vorgehensweise der Protestierer an und hielt die Protesnote für nicht unbedingt erforderlich. Savigny warnte vor einem Übermaß an Leidenschaft und beschwor die Gefahr, die Brüder könnten mit ihrer allzu öffentlichen Haltung, die als Signal für eine demokratische und liberale Erneuerung verstanden worden sei, in den Sog des politischen Liberalismus gezogen werden.[287] Er schrieb am 2.2.1838 an Jakob, daß *"zu einer bestimmten Meinung hierüber... die Totalanschauung"* gehöre, *"die mir ganz fehlt."*[288] Anders als viele seiner Kollegen verzichtete er darauf, zur Vorgehensweise Stellung zu beziehen, stellte jedoch deutlich heraus, daß seine Skepsis nichts an seiner engen persönlichen Verbundenheit ändere. Vielmehr hoffte er, *"daß persönliche Liebe und Freundschaft von dem Gegensatz der Partey unberührt"*[289] bleiben würden.

II. Savignys Haltung im Urteil der Brüder Grimm

Die beiden von Savigny zitierten Briefe sorgten bei den Grimms für Verwirrung und Verunsicherung. Ihre Haltung gegenüber Savigny war zwiespältig. Dies zeigt sich im Briefwechsel der Brüder mit ihrer Freundin Bettina von Arnim, der anläßlich ihrer Entlassung zwischen 1838 und 1840 besonders intensiv war.[290] Beide

284 Stoll, Savigny, Bd. 2, S. 381.
285 Vgl. Wilhelm Schoof (Hrsg.), Briefe der Brüder Grimm an Savigny, Veröffentlichungen der Historischen Kommission für Hessen und Waldeck XXIII, Hessische Briefe des 19. Jahrhunderts, Band 1, 1953, S. 390.
286 Stoll, Savigny, Bd. 2, S. 383.
287 Stoll, a.a.O., Bd. 2, S. 382.
288 Savigny an J. Grimm vom 2.2.1838, Stoll, a.a.O., Bd. 2, S. 503.
289 Savigny an J. Grimm vom 2.2.1838, Stoll, a.a.O., Bd. 2, S. 503.
290 Schultz, Bettinas Auseinandersetzung, S. 262.

fanden zunächst warme Worte für Savigny, der sich privat als zuverlässiger Freund erwiesen habe. Im Dezember 1839 schrieben sie an Bettina:

> *"Savigny hat sich, nachdem die Hand des Geschicks uns berührte, auf das teilnehmendste und herzlichste gegen uns geäußert, und die Reinheit unseres Willens ausdrücklich anerkannt... davon ist nicht das mindeste verloren gegangen: wir haben es in dankbarem Herzen bewahrt und werden es fortwährend bewahren."*[291]

Diesem Brief war ein langes Schreiben Bettinas an Savigny vom 4.11.1839 vorausgegangen, in dem sie vom ihm eine eindeutige Stellungnahme zugunsten der Grimms forderte.[292] Savigny reagierte und empfahl die Brüder dem Wohlwollen des Kronprinzen Friedrich Wilhelm als aufrichtige und ehrenwerte Gelehrte. Für ihre Anstellung machte er sich jedoch nicht stark.[293] Bettina zeigte sich empört und schickte den Grimms Kopien ihres Briefwechsels mit Savigny. Die so angeheizte Stimmung erklärt den zweiten Teil des Schreibens der Brüder an Bettina vom Dezember 1839, in dem sie sich über Savignys Haltung äußern. Dessen Schweigen enttäuschte besonders Jakob Grimm. Er empfand dies als Zurücksetzung, die er nur schwer verschmerzen konnte:

> *"Es hat mir leid getan, denn wir hatten, warum soll ich es leugnen? etwas anderes von ihm erhofft und erwartet... Ich lerne jetzt erst aus Savignys Briefen seine eigentliche Meinung kennen. Er tadelt uns nicht, er lobt uns nicht."*[294]

Ähnlich äußerte sich Jakob gegenüber dem befreundeten Germanisten Karl Lachmann (1793-1851), als er ihm in Mai 1840 schrieb:

---

291 W. und J. Grimm an B. v. Arnim vom 26.12.1839, H. Schultz, Briefwechsel Arnim mit den Brüdern Grimm, S. 129.

292 Drewitz, Bettina von Arnim, S. 181.

293 Vgl. Savigny an Kronprinz Friedrich Wilhelm vom 10.12.1839, Stoll, Savigny, Bd.2, S. 519 f..

294 W. und J. Grimm an B.v.Arnim vom 26.12.1839, H.Schultz, a.a.O., S. 130.

> *"Aber zurückhaltung, und neben gewis herzlich gemeinter theilnahme, ablehnung jedes eigentlichen urtheils, wie ich sie von Savigny erfuhr, verletzte mich."*[295]

Neben der Enttäuschung über die Zurückhaltung des Freundes machten sie ihm Vorwürfe, die sie jedoch nicht direkt an ihn richteten, sondern Bettina anvertrauten:

> *"Savigny zieht sich vor jedem Urteil nach allen Richtungen soweit zurück, daß er völlig unangreifbar, wenn sein Standpunkt der richtige ist. Er kann, wie er sagt, nicht urteilen, 'ohne eine Totalanschauung unserer momentanen Lage'... wer soll sie ihm noch gewähren? Der Moment ist vorüber, Savigny wird also nie auf den Grund der Sache kommen, niemals den Standpunkt einer unbedingten Neutralität verlassen können."*[296]

Der Vorwurf war nicht unberechtigt. Savigny war hochgeschätzt und hätte seinen Einfluß gegenüber dem Kronprinzen geltend machen können. Es war bekannt, daß Friedrich Wilhelm den Grimms gegenüber aufgeschlossen war und die Prüfung einer Anstellung in Berlin beim Minister Altenstein in Auftrag gegeben hatte.[297] Diese war jedoch an der Ablehnung des Königs Friedrich Wilhelm III. gescheitert. Der Monarch war der ratenden Auffassung des Staatsratsvorsitzenden Karl Freiherr von Müffling (1775-1851) gefolgt.[298] Savigny vertrat als Mitglied des Staatsrates, wenigstens nach außen, somit die Auffassung der Monarchie Preußens in dieser Frage. Daß er auch aus Loyalität zum König einer klaren Stellungnahme auswich, war den Grimms bewußt. Ihm war die weithin als Verfassungsbruch angeprangerte Rechtslage eine weitreichende politische Verstrickung

---

295 Jakob Grimm an Karl Lachmann vom 13.5.1840, Leitzmann, Briefwechsel Grimm mit Lachmann, Bd. II, S. 709.

296 W. und J.Grimm an B.v.Arnim vom 26.12.1839, H.Schultz, Briefwechsel Arnim mit den Brüdern Grimm, S. 130.

297 Vgl. Schreiben des Kronprinzen an den Minister Freiherr von Altenstein vom 20.12.1837, H.Schultz, a.a.O., Anhang S. 201.

298 Vgl. Schreiben Müfflings an einen Unbekannten vom 13.4.1838, H.Schultz, a.a.O., S. 126 f.

nicht wert. Möglicherweise hat Savigny die eigentlichen Hintergründe des Verfassungskonflikts besser durchschaut als die Grimms und es deshalb vorgezogen zu schweigen, was ihm den Vorwurf des politischen Opportunismus einbrachte. Er lehnte eine Verurteilung der Vorgehensweise Ernst Augusts ab. Das Verhältnis der Grimms zu Savigny kühlte ab und war zeitweilig von Entfremdung geprägt. Trotz dieser Verstimmung blieben sie ihm aber weiterhin freundschaftlich zugeneigt. Zur alten Herzlichkeit und Vertrautheit gelangten sie jedoch erst wieder nach ihrer Berufung nach Berlin im Jahre 1841. Diese war eine der ersten Amtshandlungen des neuen Königs Friedrich Wilhelm IV. (1795-1861).[299]

III. Das Urteil Bettina von Arnims

Im Gegensatz zum Vorwurf der Grimms, den sie nur andeutungsweise äußerten, trat Bettina von Arnim ihrem Schwager scharf entgegen. Sie hatte vielfältige Aktivitäten entfaltet, um eine Anstellung der Grimms in Berlin zu erreichen. Ohne deren Wissen schrieb sie eigenmächtig an den Minister Altenstein, um forsch dessen Einfluß zu fordern.[300] Dabei schlug sie sich auf die Seite der Grimms und versah ihren Schwager mit bösen Vorwürfen. Das Schreiben vom 4.11.1839 an Savigny zeigt, wie wichtig ihr die Angelegenheit war.[301] Zunächst drückte sie ihre persönliche Enttäuschung aus. Sie räsonnierte über das Verhältnis zu ihrem Schwager und erinnerte an vergangene Marburger Zeiten, als der romantische Freundeskreis mit Savigny als Mittelpunkt unbeschwert zusammen hatte leben können. In dieser Zeit habe der Schwager in ihren Augen eine freundschaftliche und väterliche Verantwortung besonders für die Brüder Grimm übernommen. Die neue Zurückhaltung sei für sie einen schwerer und nicht wieder gutzumachender Bruch des vermeintlich unlösbaren tiefen Bandes,

> *"weil, so lang ich mit Dir bin, ich Dich als einen großen Mann, der auch gerecht und mild ist wie der Jacob, gewohnt war, an Dir hinaufzusehen,..., wo Du sorgfältig und mit Anmut auf meine Bildung einwirktest,..., daß Dein Beruf*

---

299 Stoll, Savigny, Bd. 2, S. 379.

300 Schultz, Bettinas Auseinandersetzung, S. 263ff.

301 Drewitz, Bettina von Arnim, S. 181.

die Menschen zu bilden...auch mir nach Maßgabe meiner Fähigkeiten gefruchtet hat."[302]

Von einem Freunde erwarte sie eine vorbehaltlose Unterstützung und Verteidigung der Freunde. Savigny habe bitterlich versagt. In dem langen Schreibens wogen andere Vorwürfe aber noch schwerer. Der eigentliche Angriff gegen den Schwager richtete sie nicht an den Freund, sondern an den Hochschullehrer und das einflußreiche Haupt der preußischen Wissenschaft. Seine einzigartige Bedeutung in der Gelehrtenwelt ermögliche es ihm und verpflichte ihn, deutlich Stellung zu beziehen:

"Konntest Du auf so edel bezeichneter Bahn nicht jene Glorie um Dein Haupt Dir selber erzeugen? - Warst Du nicht grade durch jene bekräftigte Treue und Weisheit geeignet mehr noch als jeder andre, Dein Licht unter dem Scheffel hervorzuheben und durch Deine Wahrhaftigkeit den schönen Sieg zu erringen, der Deinem großen Wirkungskreis und Deiner Lebensweisheit allein angemessen war und allein würdig?"[303]

Bettina sah es als Savignys Pflicht an, seinen Einfluß für eine gerechte Sache geltend zu machen. Als ein verspäteter Aufruf zum Handeln klangen ihre Worte, als sie schrieb:

"Nimm dein Bett und wandle, denn du bist gesund, so würde Deine Stimme ihnen zugerufen haben - und siehe, viele wären freudig aufgesprungen und hätten Deiner Stimme Glauben geschenkt;... und ganz Deutschland würde es Dir Dank gewußt haben und Preußen vielleicht am meisten."[304]

Zutiefst enttäuscht und persönlich gereizt fragte sie Savigny:

---

302 Bettina an Savigny vom 4.11.1839, B.v.Arnim, Ges. Werke, Bd. 5, S. 310.

303 Bettina v.Arnim an Savigny, a.a.O., S. 303.

304 Bettina v.Arnim an Savigny, a.a.O., S. 304.

"Ja, Savigny, was hilft Dich Dein Ruhm in und außer den deutschen Landen, wenn Du scheu und kalt an jenem Hause vorübergehst, in dem Du sonst vor allem mit freudiger Begeisterung aufgenommen warst, wo Dein erster Schüler wohnt, der...doch das Herz noch so voll demütiger Liebe zu Dir hat,... Was ist die heilige Verbindung in der Wissenschaft, wenn sie solche Herzen und solchen Geist nicht fest zusammenhalten kann?"[305]

Neben den Vorwurf des Versagens als Freund und einflußreicher Gelehrter trat der weitere, auch als Christ versagt zu haben:

"Ist also kein Schutz, keine Verpflichtung, keine Teilnahme mehr im Herzen des Christen für den gerechten Bedrängten, der noch dazu mit allem, was heilig ist, Euch den Gebildeten voranschreitet?- Was ist mir dann Eure Rechtspflege, Euer Christentum?"[306]

Bemerkenswert ist die Vielfalt von Bettinas Anklage. Sie setzte ihre Beziehung zu Savigny auf den Prüfstand, zog Bilanz und stellte fest, daß sie ihrem Schwager von nun an anders gegenübertreten müsse. Sie sah einen anderen Savigny, zu dem sie von nun an auf Abstand ging und einen deutlich abgekühlten Umgang pflegte. Eine betont klare Trennung zwischen zwei verschiedenen Personen schien Bettina zu ziehen, indem sie schrieb:

"Und wenn ich Dir widersage, so bin ich nicht untreu dem Savigny, den ich damals so liebte und noch liebe."[307]

Wie sehr sie sich mit Savigny entzweit hatte, zeigt Bettinas frei erfundener Brief an Caroline von Günderode, den sie im Briefroman "Die Günderode" im Jahre 1840 veröffentlichte. Rückblickend auf die gemeinsam verbrachte Zeit auf

---

305 Bettina v.Arnim an Savigny, a.a.O., S. 302.
306 Bettina v.Arnim an Savigny, a.a.O., S. 306.
307 Bettina v.Arnim an Savigny, a.a.O., S. 310.

Savignys Gut Trages im Jahr 1801 berichtete sie von einer Zusammenkunft des Freundeskreises und erzählte die Fabel vom gläsernen Esel.

> *"Am Nachmittag kam der Savigny heraus und legte sich in die Hütte, sehr vergnügt, und ich las vor, Gedichte...und eine philosophische Abhandlung von einem gläsernen Esel, der auf einer blumenreichen Wiese sich sattgefressen hatte, und dem die seltenen Blumen durch den Bauch schimmern und ihn so verschönern, daß er die Bewunderung aller Laubfrösche ist... als ihn zwei verständige Philosophen und Gelehrte aus der an schönen Naturseltenheiten reichen Stadt Frankfurt begegneten, so führten beide diesen wunderschönen Esel an einem grünseidnen Band durch die Stadt,... wo der Bürgermeister mit allen Ratsherrren versammelt war... stimmten alle in das Lob der Wunder Gottes, als sie in dem Bauch des Esels die schönen Tulipanen, Levkoien, Narzissen, Hyazinthen, Schwertlilien, Kaiserkronen und vor allem die schönen Rosen herumflorieren sahen. Als sie dessen sattsam sich erfreut hatten, so ließ der Herr Bürgermeister fortfahren in den angefangenen Ratschlägen und den gläsernen Esel einstweilen auf einen erhabenen Platz aufstellen; wie nun der Rat vollendet war,..., und man den Esel in die Raritätenkammer führen wollte, so hatte dieser unterdessen seine Notdurft verrichtet, und es war keine einzige Blume in seinem Bauch geblieben, sondern war alles zu Mist geworden, und der Bauch des Esels sah nicht anders aus als eine schmutzige, ranzige Ölflasche... Die Moral und große Lehre von dieser Fabel ist: Brüste dich nicht vor deinem Ende; wenn das falsche Glück dir den Bauch voll der schönsten Blumen stopft, so zwingt dich oft die Notdurft, alles, worauf Du einst so stolz sein konntest, als stinkenden Mist wieder von dir zu geben, und jene, so dir früher schmeichelten um deiner seltnen Gabe willen, sind dann gerade die, welche dich am unbarmherzigsten*

> *verfolgen. Hättest du, Esel, dich nicht von ein paar überspannten, hochtrabenden Gelehrten verführen lassen, deine Blumenschönheiten als eine bewunderungswürdige Seltenheit zu zeigen, sondern wärst du ruhig in deinem Stall gewandert, so konntest du ruhig deine Verdauung abwarten und jeden Tag in der Blumenzeit aufs neue deinen Bauch mit lieblichen, würzigen Speisen füllen, und dein Ruhm würde auch nicht ausgeblieben sein... Die dritte Moral ist die, daß doch ein hochweiser Rat es sich zur warnenden Lehre nehme, alles, womit ein Esel in seinem Bauche prahlt, ja nicht zu hoch anzuschlagen, da es nach kurzer Zeit doch immer zu Mist werden muß."*[308]

Vor dem Hintergrund der Ereignisse um die Göttinger Sieben gestaltete Bettina diese Fabel zur Abrechnung mit ihrem Schwager. Sie läßt ihn als allseits bewunderten Esel erscheinen, dessen wissenschaftlichen Früchte, die seltensten und schönsten Blumen, für jedermann sichtbar öffentlich herumgezeigt werden. Sie beschreibt Savigny als Fabelwesen, das die wissenschaftliche Spitze erklommen hat und so sich wie kein anderer von seltener Bewunderungswürdigkeit zeigt. Doch der Esel verdient den erhabenen Platz nicht. Er produziert Mist und enttäuscht diejenigen, die ihn zuvor am meisten bewundert haben. Gemeint sind die Grimms, denen Savigny keine Hilfe gewähren mochte. Das falsche Glück, die Wissenschaft, der Savigny sich hingab, läßt ihn zur Erscheinung werden. Als der Esel versagt, wenden sich alle von ihm ab. Der Esel bleibt allein. Schon im Jahre 1805 hatte Bettina ihrem Schwager dessen mangelnden Anteil am Leben vorgeworfen. Das Glück sah sie in der Anteilnahme am Leben anderer, in der Verantwortung für Freunde. Savigny war außerhalb der Wissenschaft in Bettinas Augen wenig dazu in der Lage. Vom allzu durchsichtigen Esel konnte man das nicht erwarten. Bettinas bitterer Vorwurf blieb auch dem gesellschaftlichen Leben nicht fremd. Sie selbst hatte eine Ausgabe der "Günderode" an die Schwestern Bardua geschickt. Bei diesen kam die Briefmanipulation und der schonungslose Inhalt nicht gut an. So schrieb Wilhelmine Bardua am 3.9.1840 in ihr Tagebuch:

---

308 Bettina v.Arnim an Caroline v.Günderode vom Mai 1801, Arnim, Ges. Werke, Bd. 1, "Die Günderode", S. 236 ff.

> *"Diese Briefe sind alle in späterer Zeit gemacht - das unterliegt für mich keinem Zweifel. Es verdrießt den Leser aber doch manchmal, was ihm alles aufgebunden wird, das er glauben soll... Bei allem, was sie unserer Zeit unter die Nase reiben will, tut sie so, als habe sie's in aller Unschuld in ihren Jugendbriefen gesagt. Savigny bekommt dabei auch zu hören, was er hören soll."*[309]

Bettina stieß auch beim Kronprinzen Friedrich Wilhelm auf Widerspruch. Im gemeinsamen Briefwechsel reagierte er auf die Anklage nicht in ihrem Sinne und verteidigte Savignys Verhalten:

> *"Aber von der Anklage,..., musz ich ihn und mich selbst freysprechen. Sie wissen, er pflegt nichts unnöthiges zu thun und zu schwätzen. Sollte er es etwa... gethan haben, so hat er gewisz vollwichtige Gründe gehabt."*[310]

E. Der Minister von Savigny

I. Die Ernennung zum Minister für Gesetzrevision

1. König Friedrich Wilhelm IV.

Mit Order des neuen Königs Friedrich Wilhelm IV. vom 28.2.1842 wurde Savigny zum Minister für Gesetzrevision ernannt. Dieses Amt behielt er bis zum Ausbruch der Revolution am 18.3.1848 inne. Bereits im Jahre 1840 hatte sich ein Wechsel Savignys in eine hohe Regierungsfunktion gelegentlich der Frage einer Neubesetzung der Stelle des Ministers für Kultusangelegenheiten angedeutet. Karl Freiherr vom Stein zum Altensetin war am 12.5.1840 gestorben, weshalb der Kronprinz, der vier Wochen später König sein sollte, Ausschau nach einem

---

309 Wilhelmine Bardua,Eintragung vom 3.9.1840, J.Werner,Die Schwestern Bardua,S.172.

310 Kronrpinz Friedrich Wilhelm an B.v.Arnim vom 15.5.1840, Wendeler, Briefwechsel Meusebach, S. 293.

geeigneten Nachfolger hielt. Aus einem Schreiben an den befreundeten Theologen und preußischen Gesandten beim Vatikan und späteren Botschafter in London Karl Josias Freiherr von Bunsen (1791- 1860) vom Mai 1840 wird deutlich, daß der zukünftige Monarch bereits an Savigny dachte, als er um Bunsens Stellungnahme bat:

> *"Eben fällt mir Savigny ein? Was halten Sie davon? Sagen Sie mir Ihre Meinung - ich bitte!"*[311]

Die Motive des Königs waren vielfältig. Eines wird die Sympathie für seinen Lehrer gewesen sein. Auch schätzte er als Vorsitzender des Staatsrates die klaren und tiefen Ausführungen des Juristen.[312] Bunsen blieb nicht lange eine Antwort schuldig, riet jedoch von Savigny ab. Er hielt ihn an diesem Platz nicht für geeignet. Gleichzeitig empfahl er ihn aber wärmstens für die Leitung der Gesetzeskommission, namentlich zur Regelung der Ehescheidungsfrage.[313] Die Reform des Eherechts sowie die gesamte Revision des Allgemeinen Landrecht für die Preussischen Staaten war seit dessen Bestehen ein fester Programmpunkt preußischer Justizpolitik.[314] In den Gang der Gesetzrevision war Savigny schon als Berater einbezogen worden. Unter dem Justizminister Wilhelm Heinrich Danckelmann hatte er der Kommission angehört, die seit Ende 1825 an der Gesamtrevision arbeitete. Hier war er mit anderen für das Kirchen- und Schulrecht sowie Erbrecht verantwortlich gewesen. [315] Diese Bemühungen waren jedoch an der Fülle des Materials und an der fehlenden Übereinstimmung der Redaktoren gescheitert.[316] Savignys Leistungen waren dem Kronprinzen und Bunsen aber im Gedächtnis geblieben.

Im April 1841 kam es zu einer Zusammenkunft mit Savigny und der Plan, Savigny die gesamte Gesetzrevision zu übertragen, nahm Gestalt an. Er erhielt den Auftrag, Vorschläge zu einer Reform zu erstellen und kam mit der Denkschrift "Vorschläge zu einer zweckmäßigen Einrichtung der Gesetzesrevision" vom

---

311 Friedrich Wilhelm IV. an Bunsen vom 12.5.1840, Ranke, Briefwechsel Friedrich Wilhelm IV mit Bunsen, S. 86.

312 Stoll, Savigny Bd. 3, S. 2.

313 Bunsen an Friedrich Wilhelm aus Rankes Erinnerung, Ranke, a.a.O., S. 87.

314 Schubert/Regge, Einführung in: Regge (Hrsg.), Gesetzrevision, I. Abt., Bd. I, S. XVI.

315 Dieselben., a.a.O., S. XVII.

316 Dieselben, a.a.O., S. XIX.

8.1.1842 nach. Savigny bescheinigte dem ALR, es sei der wissenschaftlichen Bearbeitung nicht fähig[317] und lehnte die gesamte Revision des materiellen Teils des ALR, wie sie seine Vorgänger Danckelmann und Karl Albert von Kamptz (1769-1848) vorgezogen hatten, als zu langwierig ab.[318] Savigny wollte sich nur um die wichtigsten Gegenstände kümmern und besonders den Richtern den Umgang mit dem nicht weniger als 20.000 Paragraphen umfassenden Gesetz erleichtern. Die Denkschrift fand großen Anklang beim neuen Monarchen. Die Rechtspraxis hatte der Rechtswissenschaft den von ihr geforderten Rang noch immer verweigert. Friedrich Wilhelm IV. hatte seine Regentschaft mit dem Ehrgeiz angetreten, durch große Reformen Preußen mit einem neuen Geist zu versehen.[319] Auch in der Revisionsfrage wollte er neue Wege gehen.[320] Die Gedanken Savignys zur Belebung des Rechtssystems entsprachen daher den Vorstellung des Königs. Anläßlich der Ernennung zum Minister am 28.2.1842 schrieb der Monarch an Savigny:

> *"Was die Leitung der Gesetz-Revision betrifft, so will ich: 1. daß dabei der schon in der Ordre vom 24. Juli 1826 aufgestellte Gesichtspunkt des praktischen Bedürfnisses überall festgehalten und hiernach der Umfang des Geschäfts dergestalt begrenzt werde, daß die Erlangung eines endlichen Results in nicht zu langer Zeit mit einiger Sicherheit erwartet werden kann..."*[321]

Friedrich Wilhelm IV. knüpfte seine Hoffnungen auf baldige Verbesserungen in der Rechtspraxis an Savigny. Denn der Gegner des Landrechts hatte nach anfänglicher Weigerung viermal über diesen Gegenstand gelesen[322] und schien gerade wegen seiner kritischen Haltung bestens geeignet:

---

317 Hattenhauer, Geistesgeschichtliche Grundlagen, S. 88.

318 Stoll, Savigny Bd. 3, S. 3.

319 Treitschke, Deutsche Geschichte, Bd. 5, S. 8.

320 Dazu spaltete er das Justizressort in das Ministerium für Gesetzrevision und das Ministerium für Justizverwaltung. Vgl. dazu van Hall, Savigny als Praktiker, S. 44 f.

321 Friedrich Wilhelm IV. an Savigny vom 28.2.1842, Justiz-Ministerialblatt, IV. Jahrgang 1842, S. 182.

322 Lenz, Die Königliche Friedrich Wilhelm Universität, Bd. 1, S. 320.

> *"Indem Ich hiermit das große Werk der Gesetz- Revision mit vollem Vertrauen in Ihre Hände lege, hoffe Ich, daß es Ihnen gelingen werde, den jetzt in der Rechtspflege oft vermißten Zusammenhang zwischen der Wissenschaft und der Praxis wieder herzustellen, und insoweit... für meine Unterthanen einen, ihre Wohlfahrt sichernden und dieselbe vermehrenden Rechtszustand, herbeizuführen."*[323]

Wie schon König Friedrich Wilhelm III. anläßlich der Gründung der Berliner Universität 1810 für die Wiederbelebung der preußischen Wissenschaft an erster an Savigny gedacht hatte, machte Friedrich Wilhelm IV. diesen dreißig Jahre später wieder zum Hoffnungsträger.

2. Der Abschied des Professors von seinen Studenten

Kurz nach der Ernennung zum Minister beendete Savigny seine akademische Laufbahn. Am 5. März 1842 hielt er die letzte Vorlesung und nutzte dies, um den Studenten seine Ernennung mitzuteilen. In der Haude- und Spenerschen Zeitung, einer Berliner Tageszeitung, vom 7.3.1842 hieß es dazu:

> *"Vorgestern vormittag schloß in Folge seiner Ernennung zum Geheimen Staats- und Justizminister, der bisherige Geheime Ober- Revisionsrath und Professor von Savigny seine juristischen Vorlesungen an der hiesigen Friedrich-Wilhelms-Universität, indem er zugleich seinen Zuhörern seine Ernennung mitteilte. Um dem hochgeschätzten scheidenden Lehrer einen Beweis der Dankbarkeit und zugleich der freudigsten Theilnahme zu seiner Erhebung zu geben, wurde unmittelbar nach Beendigung der Vorlesung unter den Studirenden der Entschluß zu einem Fackelzug gefaßt."*[324]

---

323 Friedrich Wilhelm IV. an Savigny vom 28.2.1842, Lenz, a.a.O., S. 183.

324 Berlinische Nachrichten von Staats- und Gelehrten- Sachen (Haude- und Spenersche Zeitung) Nr. 55 vom 7.3.1842, S. 3. Der vollständige Artikel ist als Anhang III abgedruckt.

Von der Ausführung dieses Fackelzuges berichtete auch die Vossische Zeitung, die älteste Tageszeitung Berlins, in ihrer Ausgabe vom 6.3.1842 und beschrieb die Wertschätzung, die die Studenten damit ihrem Lehrer entgegenbrachten:

> *"Um sieben Uhr versammelten sich die Theilnehmer auf dem Hofe der Universität. Um acht Uhr trat der Zug, mit voranschreitender Musik, seinen Weg die Linden entlang nach dem Wohnhaus des Gefeierten*[325]*. Dort wurde ein Gaudeamus igitur angestimmt und eine Deputation begab sich zu dem Herrn Staatsminister herauf, um demselben die Gesinnungen anhänglicher Ehrfurcht, welche die Studirenden in der Feier ausdrücken wollten, auch mündlich auszusprechen.*[326]

Innerhalb weniger Stunden mobilisierten Savignys Hörer mehrere hundert Teilnehmer. Dazu berichtete die Haude- und Spenersche Zeitung, die Studenten seien

> *"in einem Zuge von mehreren hundert Fackelträgern, mit Marschällen in Festkleidung und*
>
> *mit gezogenem Degen unter schmetternder Militärmusik die Linden"*[327]

hinuntergezogen.[328]

---

325 Nach dem amtlichen Adressverzeichnis des Jahres 1842 wohnte Savigny wenige hundert Meter von der Universität entfernt am Pariser Platz (Brandenburger Tor).

326 Königlich privilegierte Berlinische Zeitung von Staats- und Gelehrten- Sachen (Vossische Zeitung) Nr. 54 vom 6.3.1842, S. 9 f. Vollständig abgedruckt als Anhang II.

327 Berlinische Nachrichten von Staats- und Gelehrten- Sachen (Haude- und Spenersche Zeitung), a.a.O.

328 Im Wintersemester 1841/42 hatte die Berliner Universität insgesamt 1757 immatrikulierte Studenten; auf die Rechtswissenschaftliche Fakultät entfielen davon 573 Studenten, vgl. dazu Lenz, Die Königliche Friedrich- Wilhelms- Universität, Bd. 3, S. 495.

3. Das Urteil der Praktiker

Hoffnungsvoll und zum Teil enthusiastisch reagierten einige Gerichte auf den Wechsel. In öffentlichen Stellungnahmen und Glückwunschschreiben stellten sie heraus, welche Bedeutung man dem Eintritt Savignys ins Justizministerium beimaß.[329] Das Ereignis stand im Zusammenhang mit dem Triumphzug des Code Napoleon in Deutschland. Besonders Richter hatten es wegen seiner modernen Rationalität und bürgerlichen Ideologie zu schätzen gelernt. Im Vergleich zum ALR kam der auf dem Grundsatz der Gleichberechtigung beruhende Code mit sehr viel weniger Paragraphen aus und eröffnete den Richtern weiteren Gestaltungsspielraum.[330] Die Auslegung von Gesetzen durch die Richter erlaubte das ALR dagegen nur in engen Grenzen.[331] Dies entsprach der Forderung nach einem allumfassenden Schriftrecht. Zudem waren die Richter in Preußen politisch abhängig, weshalb man bei den Richtern die Hoffnung auf den Code setzte.[332] Der Grundsatz der Unabhängigkeit der Justiz war bereits im Entwurf für den Vorläufer des ALR, das "Allgemeine Gesetzbuch für die Preußischen Staaten" von 1792, festgeschrieben worden, welches allerdings wegen der befüchteten Auswirkungen der Französischen Revolution auf Preußen nicht in Kraft trat.[333] Nach Beendigung der napoleonischen Besatzung war die Wiedereinführung des ALR, soweit sie stattgefunden hatte, daher als Rückschritt empfunden worden und ein Kampf um den Fortgeltung des französichen Rechts entbrannt.[334] Savigny galt einigen Richtern als Hoffnungsträger und Hilfe in ihrem Kampf gegen das ALR. Große Zustimmung erfuhr er in den linksrheinischen Gebieten Preußens, in denen der Code civile in einer erbitterten Auseinandersetzung mit der Berliner Regierung nicht abgeschafft worden war. Hier mußte Savignys Abneigung gegen das ALR daher auf große Begeisterung gestoßen sein. Ein Landgericht aus der Rheinprovinz begrüßte es,

> *"daß es dem Monarchen gefallen habe, jenes Werk, welches für des Vaterlandes ganze Zukunft von so entschiedener*

---

329 Ebel, Savigny officialis, S. 26.
330 Hattenhauer, Allgemeines Landrecht, Einleitung, S. 28.
331 Hattenhauer, Preußens Richter und das Gesetz, S. 50.
332 Hattenhauer, Geistesgeschichtliche Grundlagen, S. 80
333 Benthaus, Das ALR im Urteil seiner Zeit, S. 83, 88.
334 Hattenhauer, a.a.O., S. 79.

Wichtigkeit sei, in diejenige Hand zu legen, welche vor allem die Fähigkeit besitze, es zu vollenden"

und fand

"den Vereinigungspunkt der mannichfachen Erwartungen in der Begeisterung für die Allerhöchst getroffene Wahl, in dem Vertrauen Aller auf die erlauchte Person des neuen Ministers und in der Überzeugung, daß das heimische Recht bei solcher Vertretung der Wissenschaft und Intelligenz einer glänzenden Vollendung zugeführt werde."[335]

Das überaus positiv gestimmte Urteil galt allerdings nur dem Gegner des ALR. Erstaunlich war dies insofern, da Savigny mehr noch als jenes auch den Code civile verwarf, sogar haßte. Er wollte mit dem Kampf gegen das nationale Gesetzbuch die Wiederherstellung der vorrevolutionären Zustände erreichen und die Richter zu Wissenschaftlern erziehen, indem sie das Landrecht unter Maßgabe des Römischen Rechts anwendeten.[336] Dadurch sollten die Folgen der Französichen Revolution auf dem Gebiet des Rechts beseitigt werden.[337]

4. Die Einschätzung von Bettina von Arnim und Karl August Varnhagen von Ense

Savignys Haltung zum einheitlichen Gesetzbuch brachte diesem anläßlich des Eintritts in das Ministerium auch bittere Kritik ein. Seine Ernennung geschah im Vormärz auf dem Höhepunkt der Restauration. Savignys Ansichten galten den Liberalen und Demokraten der Zeit als reaktionär und als ein Rückfall in vorrevolutionäre Zeit. Besonders erwähnenswert sind die Urteile seiner Schwägerin Bettina von Arnims und die von Karl August Varnhagen von Ense (1785-1858).[338] Jener hatte zunächst in den Befreieungskriegen als Offizier gedient, um dann als preußischer Diplomat an den badischen Hof zu gehen. Von

---

335 Stölzel, Rechtsverwaltung, Bd. 2, S. 532f.
336 Hattenhauer, Preußens Richter und das Gesetz, S. 62.
337 Hattenhauer, Geistesgeschichtliche Grundlagen, S. 84.
338 Zu ihm: Brockhaus- Enzyklopädie, Bd. 19, S. 376 f.

dort wurde er 1819 wegen des Verdachts demokratischer Neigungen abberufen. Nach Berlin zurückgekehrt, widmete er sich ganz der zeitkritischen Schriftstellerei und stand mit seiner Frau Rahel im Mittelpunkt ihres literarischen Salons. Hier traf er sich mit Dichtern des "Jungen Deutschland", die er rege unterstützte. In seinen 15- bändigen Tagebüchern findet Savigny nicht weniger als rund 130 mal Erwähnung.[339] Sein Bild ist bei Varnhagen von Haß und giftigen Beschimpfungen geprägt. Savigny selbst ist er nach Stolls Angaben nur einige wenige Male begegnet.[340] Seine Urteile beruhten hauptsächlich auf Berichten Dritter, die er in seinen Schriften übernahm und als eigene wiedergab. Varnhagens Haß auf Savigny beruht zu einem Großteil auf Bettina von Arnims schlechtem Urteil über ihren Schwager. Mit ihr verkehrte Varnhagen freundschaftlich vertraut und ereiferte sich leidenschaftlich über die neuesten politischen Ereignisse.[341] Auf das Gerücht hin, Savigny solle Nachfolger Altensteins werden, gab Varnhagen mit einem Eintrag vom 5.3.1841 den Eindruck Bettinas wieder. Sie habe gemeint,

> *"es fehle nur noch, daß ihr Schwager Savigny auch ein solches Beispiel gebe, wie man mit allem der Vergangenheit für die Gegenwart nur noch eine Nullität sein könne."*[342]

Als Savigny schließlich als Gesetzgebungsminister ins Gespräch gebracht wurde, schrieb Varnhagen im Oktober 1841 in sein Tagebuch:

> *"Man sagt, Herr von Savigny soll an Herrn Kamptz Stelle Justizminister werden, Minister der Gesetzgebung; da er unsrer Zeit den Beruf der Gesetzgebung abspricht, müßte er billig ein solches Ministerium verbitten."*[343]

Varnhagen kritisierte die Berufung als einen Akt königlicher Günstlingswirtschaft, der wenig Widerhall in der Bevölkerung finden werde. Kurz nach der Berufung notierte Varnhagen Anfang März 1842:

---

339 Stoll, Savigny Bd. 3, S 92.

340 Stoll, a.a.O., Bd. 3, S. 91, weiß von drei Begenungen zwischen 1845 und 1847 zu berichten.

341 Wiedemann, Varnhagen - Ein Unbequemer, S. 134.

342 Varnhagen, Tagebücher, Eintrag vom 5.3.1841, Bd. 1, S. 279.

343 Ders., a.a.O., Eintrag vom 7.10.1841, Bd.1 S. 346.

> *"Der König verfolgt beharrlich seine Ideen, und scheint nur in seinen Mitteln öfters zu wechseln. ... Allein das Unglück ist, daß diese Männer des Königs mit wenigen Ausnahmen keine Männer des Publikuns sind. Auch die Ernennung Savignys mißfällt, man erklärt ihn für unfähig, gleißnerisch, hoffährtig."*[344]

Varnhagen tadelte auch das Alter des neuen Ministers und gab das scharfe Urteil eines Gesprächspartners wieder:

> *" 'Wieder eine Beförderung, die den Mann erst erreicht, wenn er ganz abgestumpft und veraltet ist'."*[345]

Savigny war bei seiner Berufung 63 Jahre alt. Von wem die Bemerkung stammte, erfahren wir von Varnhagen nicht. Kritisch notierte dieser ferner die Bezüge, die der neue Minister sich erbeten hatte. Ende März 1842 schrieb er in sein Tagebuch:

> *"Savigny hat viertausend Thaler mehr, als jeder andre Minister, seine Besoldung beträgt sechzehntausend Thaler, er hat ausdrücklich auf dem Mehr bestanden, weil er meinte, seinen Verlust an Honoraren könne er nicht einbüßen. Der Neid und Haß gegen ihn nimmt hieraus neue Nahrung."*[346]

Besonders von Bettinas Haß berichtete Varnhagen häufiger. Über die neue Aufgabe des Schwagers zeigte sie sich entsetzt. Varnhagen notierte im März 1842:

> *"Bettina sagt von ihrem Schwager, er werde nun auch noch die letzten paar Gedanken, die er bisher gehabt, verlieren, und sich ganz in die Betrachtung auflösen, was für einen hohen Posten er einnehme!"*[347]

---

344 Ders., a.a.O., Eintrag vom 6.3.1842, Bd. 2, S. 31.
345 Ders., a.a.O., Eintrag vom 8.3.1842, Bd. 2, S. 32.
346 Ders., a.a.O., Eintrag vom 24.3.1842, Bd. 2, S. 45.
347 Ders., a.a.O., Eintrag vom 4.3.1842, Bd. 2, S. 30.

Bettinas Vorwurf der Eitelkeit notierte Varnhagen im April 1842:

> *"Savigny besonders sei die schlechteste Wahl, er sei der leerste Tropf, habe nichts als Dünkel und Hoffahrt, die sich aber als Demuth darstellen, er staune seine hohe Würde an, und sei bezaubert von dem Anblick."*[348]

Unter hohen Erwatungen und üppigen Vorschußlorbeeren[349] sowie überhäuft mit gehässiger Kritik nahm Savigny die neue Tätigkeit auf.

II. Die praktische Arbeit

1. Savigny und die Eherechtsreform - Das Urteil von Ernst Ludwig von Gerlach (1795-1870)

Zu Savignys ersten Amtshandlungen gehörte die Berufung eines kollegialen Arbeitsstabes, mit dessen Hilfe die anstehenden Aufgaben bewältigt werden sollten. Die Reform sollte unter Verwerfung des bereits vorliegenden Kodifikationsentwurfs nur Teilbereiche und zwar das Prozeßrecht, Strafrecht, Bergrecht, Wechselrecht und Eherecht betreffen.[350] Im Vordergrund stand das Eherecht.[351] Der vom König vorgegebene Auftrag sah die Entfernung der den Lehren des Christentums widersprechenden Grundsätze der Aufklärung vor sowie würdigere Formen für das Eheprozeßverfahren.[352] Gemeint war die Tilgung jener großen Anzahl von Scheidungsgründen, die das ALR zuließ und die zurückliegenden Revisionsbemühungen nicht hatten überwinden können. Mit dieser Frage war schon seit längerem der einstige Schüler Savignys, Ernst Ludwig von Gerlach (1795-1877) beschäftgt. Savigny hatte an ihn gedacht, als er die Gesetzeskommission zusammenstellte.[353] Gerlach blieb in den Ehesachen Savignys

---

348 Ders., a.a.O., Eintrag vom 2.4.1842, Bd. 2, S. 55.

349 Hattenhauer, Geistesgeschichtliche Grundlagen, S. 118.

350 Schubert/Regge, Einführung in: Regge (Hrsg.), Gesetzrevision, I. Abt., Bd. I, S. XXI.

351 Zur Eherechtsreform ausführlich, Liermann/Schoeps, Materilien zur Eherechtsreform, S. 490 ff.

352 Stoll, Savigny, Bd. 3, S. 6.

353 Liermann/Schoeps, Materialien zur Eherechtsreform, S. 493.

engster Berater und Referent. Nach dem Jurastudium und dem der klassischen und neueren Literatur in Berlin, Heidelberg und Göttingen hatte er zunächst das als Landgerichtsdirektor in Halle übernommen, um dann 1834 zum Oberlandesgerichtspräsident nach Frankfurt/Oder zu gehen.[354] Gerlach war von Jugend an preußisch- konservativ gesinnt. Die Teilnehme an den Befreiungskriegen hatte sein politisches Interesse erwachen lassen. Er war streng pietistisch gesinnt. Zusammen mit Friedrich Julius Stahl vertrat er das Ideal eines christlichen Staates, dem Reich und Staat eine Schöpfung Gottes war.[355] Seine Vorstellungen vom Eherecht waren vor diesem Hintergrund streng und antiliberal geprägt. Er vertrat in der Scheidungsfrage eine kompromißlos an der Bibel orientierte Position, die zehn der elf Trennungsgründe entbehrlich machte. Schutz von Familie und Ehe war ihm ein Leben lang das wichtigste Anliegen.[356] Savigny selbst betrachtete die Ehe als im wesentlichen sittliche Institution[357] und stimmte mit Gerlachs seit mehreren Jahren vorgetragenem Anliegen überein, die extreme Liberalität des Landrechts einzuschränken. Jedoch vertrat er keinen derart kompromißlosen Standpunkt wie Gerlach. [358] In seiner Tätigkeit als ein naher Mitarbeiter zeigte Gerlach sich als ein genauer Beobachter seines Vorgesetzten.[359] In den Aufzeichnungen seines Tagebuchs, das er nachträglich erheblich erweiterte, gibt Gerlach über Savignys Ministertätigkeit Auskunft. Auf dessen Bitte vom März 1842[360], in die Kommission einzutreten, reagierte er zunächst zögerlich. Zweifel hegte er an Savignys politischen Fähigkeiten, als er am 11.3.1842 schrieb:

> *"Als Bedenken hatte ich ihm eingewandt, daß ich nicht zu derselbsn politischen Partei mit ihm gehöre, worauf er: er habe zeitlebens gestrebt, keiner Partei anzugehören, - und ich: die Partei der Parteilosen sei auch eine Partei, - was bei ihm ganz besonders zutraf: er war ein heftiger Moderado."*[361]

---

354 Kraus, Gerlach, Bd. 1, S. 52 ff.
355 Schoeps, Aus den Jahren preußischer Not, S. 25.
356 Kraus, a.a.O., Bd. 1, S. 308.
357 Vgl. Savigny, Vom Beruf unserer Zeit, S. 46.
358 Wieacker, Privatrechtsgeschichte, S. 383 Fn. 21 m.w.N.
359 Stoll, Savigny, Bd. 3, S. 12.
360 Siehe dazu Savignys Schreiben an Gerlach vom 2.3.1842, abgedruckt bei Liermann/Schoeps, Materialien zur Eherechtsreform, S. 492.
361 E.L. v. Gerlach, Aufzeichnungen, notiert am 11.3.1842, Bd. 1, S. 302. Als Moderado

Gerlach fürchtete, Savigny werde den gewaltigen Erwartungen und Herausforderungen nicht gewachsen sein und die großen Veränderungen politisch nicht durchsetzen können:

> *"Er hatte seine erste Sitzung abgehalten und ein Grauen bekommen vor der Masse der Staats Ministerial Sachen... Ich sprach sehr bestimmt aus, daß er Minister im vollsten Sinne des Wortes seyn müsse."*[362]

Gerlach hatte genaue Vorstellungen, was Savigny in erster Linie in dieser politisch schwierigen Zeit sein mußte. Aus der Öffentlichkeit erwartete er Widerstand gegen die Reform. Dort war das Eherecht des ALR auf großes Wohlwollen gestoßen. Er erhoffte sich von Savigny deshalb ein

> *"Auflegen seiner Hand auf die Gesetzsammlung, so daß nichts hinein käme, ohne sein Vorwissen, event. seine Mitwirkung..."*[363]

Wegen Savignys "unparteiischer" Haltung befürchtete er das Scheitern der Reform, als er am 4.7.1842 nach einem Besuch beim Finanzminister Albrecht Graf von Alvensleben (1794- 1858) notierte:

> *"Ich besuchte Alvensleben und setzte ihm auseinander, daß aus Savignys Ministerium nichts werden könne, wenn Alvensleben sich nicht an die Spitze stelle und mit mir, Voß und Eichmann Partei mache. Eichmann möge sich doch der Sache kräftig annehmen und bedenken, was für Savigny bei seinem unstaatsmännischen Wesen auf dem Spiele stehe und für mich, der ich mich mit ihm embarquirt hätte und meinen Ruf und Existenz riskire."*[364]

---

bezeichnet man ein Musikstück in mäßig schnellem Zeitmaß. Damit spielte Gerlach auf die im Gegensatz zu ihm vertretene gemäßigte Position Savignys an.

362 Ders., a.a.O., notiert am 5.3.1842, Bd. 1, S. 300.

363 Ders., a.a.O., notiert am 5.3.1842, Bd.1, S. 300.

364 Ders., a.a.O., notiert am 4.7.1842, Bd. 1, S. 310.

An der Tatsache, daß Savigny Minister war, kam Gerlach aber nicht vorbei. Um der Sache willen wurde er zu dessen Gefährtem. In einem Schreiben vom 17.4.1842 an den Juristen Moritz August von Bethmann-Hollweg (1795-1877), seinen Jugendfreund und Gesinnungsgenossen, führte er dazu an:

> *"Sav.'s Aufgabe ist überschwer; ich sehe noch nicht, wie er sie lösen will. Er hat sich mir auf eine Weise genähert, wie ich es ihm nie zugetraut hätte und ich halte mich verpflichtet, meine Kräfte ihm zu widmen, so lange noch eine Aussicht da ist, daß nicht Alles vergeblich sein wird."*[365]

So begann die gemeinsame Tätigkeit, und Gerlach schrieb im Juni 1842 an Bethmann-Hollweg, das persönliche Verhältnis lasse *"nichts zu wünschen übrig"*.[366] Im September 1842 begann die Beratung des Gesetzentwurfs in der Gesetzkommission. Gegen den nur mäßigen Widerstand Savignys hatte die Gerlach'sche Politik sich durchgesetzt, wonach die meisten Scheidungsgründe entfallen sollten.[367] König Friedrich Wilhelm IV. ließ dazu sein Wohlwollen erkennen. Der mittlerweile in mehreren Zeitungen abgedruckte Entwurf wurde in der Öffentlichkeit jedoch mit Empörung aufgenommen, so daß sich der weitere Weg trotz der Zustimmung des Königs schwierig gestaltete. Besonderer Widerstand kam aus dem Staatsrat, der unter dem Einfluß des Prinzen Wilhelm von Preußen unter dem Druck der öffentlichen Meinung eine Entschärfung verlangte.[368] Savigny zeigte sich zum Nachgeben bereit.[369] Gerlach aber erwartete gerade zu Zeit des größten Protestes dessen Beharren auf der Reform. Die Stimmung zwischen ihm und Savigny wurde schlechter, da er sich von Savigny im Stich gelassen fühlte. Gerlach forderte, Savigny möge die drohende Niederlage durch entschiedenes Eintreten beim König verhindern. Besonders dem einflußreichen Kritiker, dem Justizverwaltungsminister Heinrich Gottlob Mühler (1780-1857), galt es entgegenzutreten. Seinem Bruder Leopold schrieb Gerlach am 26.4.1843:

---

[365] E.L. v. Gerlach an M.A. v. Bethmann.Hollweg am 17.4.1842, Liermann/Schoeps, Materialien zur Eherechtsreform, S. 514.

[366] E.L. v. Gerlach an M.A. v. Bethmann-Hollweg am 25.6.1842, a.a.O., S. 519.

[367] Kraus, Gerlach, Bd. 1, S. 316 f.

[368] Ders., a.a.O., Bd. 1, S. 319.

[369] Ders., a.a.O., Bd. 1, S. 322.

> *"Was soll man dazu sagen? Er*[370] *geht, in tantum* (=insoweit) *mit dem König einig, von dem Axiom aus, daß es ihm möglich sein muß, unsere Justiz in ihren wesentlichen Teilen durch ein oder einige Gesetze gründlich zu reformieren, während der nach unten höchstmächtige Chef des Justizdepartements ganz ohne Rücksicht auf diese Reformpläne und in einem Geiste nach der Richtung verwaltet, welche sie unmöglich,- nicht bloß gefährlich machen. Kann es etwas Klareres geben als daß dieses Axiom falsch ist? ...Möglich und nöthig dagegen ist es, daß S. dem König vorträgt: Um die Justiz zu reformieren, müsse er einen Justizminister haben, der im Sinne der Reform und dadurch bedingten Maßregeln verwaltet, nachdem er sich vorher über Grundgedanken der Reform mit dem König geeinigt hat. ... Aber S. hat eine instinktartige Abneigung gegen alles statesmanlike - diese Abneigung ist ein bekanntes Symptom des abgekühlten Liberalismus."*[371]

Entschiedene politische Überzeugungsarbeit, wie sie Gerlach vor Augen hatte, sollten zum Erfolg führten. Verzweifelt und resigniert schrieb er seinem Bruder Leopold:

> *"Wie ist ihm beizukommen? Könnte ihm etwa ein anderer sagen, was er von mir nicht annimmt?"*[372]

Savigny aber, dem im Gegensatz zu Gerlach der politische Kampf nicht lag, dachte nicht daran, die Eherechtsreform mit politischen Schachzügen voranzutreiben.[373] Er vertraute auf die Kraft der Zeit. Schon im Jahr 1834 hatte er sich gegenüber Gerlach geäußert,

---

370 Er = Savigny.

371 E.L. v. Gerlach an Leopold v. Gerlach am 26.4.1843, a.a.O., S. 497.

372 E.L. v. Gerlach an Leopold v. Gerlach am 26.4.1843, Liermann/Schoeps, Materialien zur Eherehtsreform, S. 497.

373 Schoeps, Eherechtsreform, S. 498.

> *"wenn gewisse Dinge in der Luft lägen, so kämen sie zustande, wenn man bloß antippe."*[374]

Die Reform fiel schließlich dem Widerstand derer zum Opfer, die ihren Einfluß beim König entschiedener durchzusetzen verstanden hatten. Der Monarch weigerte sich, den Gesetzentwurf gegen die einflußreichen Widersacher durchzusetzen. Gerlach trat am 27.4.1844 enttäuscht aus der Gesetzkommission aus. Am 28.6. 1844 kam die "Verordnung über das Verfahren in Ehesachen" zustande. Die Hoffnung Gerlachs wie Savignys, auch auf der materiellrechtlichen Seite eine Änderung des ALR zu erzielen, hatten sich nicht erfüllt. Auch Savignys Vorgänger, Karl Albert von Kamptz (1769-1849)[375], ging unter Rechtfertigung seiner eigenen Vorarbeiten zum neuen Minister. In einer Rede vor der Kaufmannschaft in Stettin im Jahre 1843, an der auch Temme teilnahm, sagte er:

> *"Was meine Verdienste als Gesetzgebungsminister betrifft, so muß ich doch sehr depreciren* (=Abbitte leisten). *Ich habe elf Jahre gebraucht, um zu beweisen, daß ich zum Gesetzgebungsminister untauglich sei; dem Herrn v. Savigny ist dieser Beweis schon in elf Monaten geglückt."*[376]

2. Die Zivilprozeßordnung - Der Sieg Karl Alexander von Uhdens

Auch die Reform des Zivilprozeßrechts gehörte zu dem Auftrag des Ministeriums Savigny. Dieser verfolgte hier das Ziel einer umfassenden Kodifikation. Dazu hatte er bis zum 28.9.1843 einen Entwurf mit 366 Vorschriften vorgelegt, der unter anderem den Anwaltszwang, Schriftlichkeit und Öffentlichkeit des Verfahrens vorsah.[377] Der von der Gesetzgebungskommission gebilligte Entwurf stieß im Justizverwaltungsministerium auf starken Widerstand. Der Anwaltszwang wurde als nur schwer realisierbar zurückgewiesen. Besonders der neue Justizverwaltungsminister Karl Alexander von Uhden (1798-1878)[378] mißbilligte Savignys

---

374 E.L. v. Gerlach, Aufzeichnungen, notiert im März 1834, S. 216 f.

375 Zu ihm: Kleinheyer/Schröder, Deutsche Juristen, S. 487; ADB, Bd. 15, S. 66 ff.

376 Temme, Erinnerungen, S. 227.

377 Schubert, Einleitung in: Schubert (Hrsg.), Gesetzrevision, Abt. II, Bd. 11, Teil 1, S. XXXVII f.

378 Zu ihm: Huber, Deutsche Verfassungsgeschichte seit 1789, 3. Aufl., Bd. 2, S. 482.

Vorschlag. Der seit 1821 im Justizdienst tätige und im Jahre 1844 beförderte Minister, der auch Mitglied im Staatsrat war, zählte zu den Gegnern Savignys. Uhdens Kritik richtete sich hauptsächlich gegen den Umfang des Entwurfs. So schrieb er in einem Votum vom 5.6.1845 an Savigny:

> *"...und nach sorgfältiger Erwägung muß ich auf die dort aufgestellten Sätze zurückkommen, daß nämlich a) die Verordnung für eine Novelle zu viel, für eine Prozeßordnung zu wenig, bei der weiteren Berathung sowohl als in der Praxis und in der öffentlichen Meinung auf kaum zu überwindende Hindernisse stoßen wird,..."*[379]

Die praktische Handhabung des Prozeßrechts stand für Uhden im Vordergrund, als er meinte:

> *"Der revidirte Entwurf ist für eine Prozeßordnung zu wenig... Wer die ersten hundert Paragraphen in der neuen Fassung gelesen,... wird aber auch dann noch über die erheblichsten Punkte im Zweifel sein und für manche recht praktische Frage keine Lösung finden... Der revidirte Entwurf ist aber auch für eine Prozeß-Novelle zu viel, d.h. er hält sich nicht in den Grenzen einer das gerade vorliegende praktische Bedürfniß befriedigenden... Verordnung. Dies wird jedem Praktiker schon dadurch einleuchten, daß man ihm gegen 400 §§ als neue Prozeßvorschriften giebt."*[380]

Ohne Wissen Savignys begann Uhden in der Zwischenzeit mit dem Entwurf einer Novelle zum bestehenden Recht von 1833. Sie hatte einen Umfang von 28 Bestimmungen:

> *"Auf das dringendste aber muß ich wünschen, daß die Sache möglichst gefördert werde, damit das, was die Richter,*

---

379 Uhden an Savigny vom 5.6.1845, Schubert, Gesetzrevision, Abt. II, Bd. 11, Teil 1, S. 819 f.

380 Ders. a.a.O., S. 820.

> *Advokaten und Parteien wünschen und wiederholt beantragt haben, baldigst zustande kommt.*[381]

Savigny gab nicht nach. Im Streite darüber, welcher Entwurf in die Staatsratskommission eingebracht werden solle, mußte er jedoch eine Niederlage hinnehmen. Uhdens Entwurf wurde im Juli 1846 beraten. Savigny gelang es nicht, den Staatsrat von der Notwendigkeit eines neuen großen Prozeßgesetzes zu überzeugen. Am 21.7.1846 trat die auf Uhdens Vorschlägen beruhende Verordnung über das Verfahren in Zivilprozessen in Kaft. Dessen Verfahren, den zuständigen Gesetzgebungsminister mit einem eigenen Entwurf kaltzustellen, hatte gezeigt, wie sehr er Savigny am Gespür für das Wesentliche der Zeit mangelte. In Uhdens Augen hatte jener den politischen Bedarf der Zeit nicht erkannt. Das Zustandekommen der Verodnung von 1846 verstärkt den Eindruck Gerlachs, Savigny mangele es an der gebotenen Pateileidenschaft bei der Durchsetzung seiner Ziele. Varnhagen notierte in diesem Zusammenhang eine Äußerung Uhdens vom Januar 1846:

> *"Er sagt, Savigny sei ein unpraktischer Pedant,... er sei nichts als ein müssiges Rad in einer schadhaften Maschine..."*[382]

Ähnlich äußerte sich Friedrich Wilhelm Ludwig Bornemann (1798-1864)[383]. Er wurde 1844 zum Direktor im Justizverwaltungsministerium[384] ernannt und hatte im Jahre 1848 bei Ausbruch der Märzrevolution für kurze Zeit Savigny und Uhden als Justizminister abgelöst. Seiner ihm zugedachten Rolle als Vermittler zwischen beiden Ministerien kam er nicht nach, sondern mußte das Ministerium bald wieder verlassen.[385] Im Jahre 1856 resümierte der ehemalige Schüler Savignys die Ergebnisse von dessen Revisionstätigkeit. Er erkannte Savignys Leistungen für die Wissenschaft mit besonderem Wohlwollen an. Hinsichtlich des großen Anliegens der Gesetzrevision stellte er jedoch fest:

---

381 Ders. a.a.O., S. 822.

382 Varnhagen, Tagebücher, Eintrag vom 1.1.1846, Bd. 3, S. 276.

383 Zu ihm: ADB, Bd. 3, S. 173 f.

384 Stölzel, Rechtsverwaltung, S. 566.

385 Stölzel, a.a.O., S. 580.

"Mit der Zeit machte sich aber die Abneigung einflußreicher Männer gegen jede Kodifikation überwiegend geltend und hemmte das Fortschreiten der schon ziemlich weit gediehenen Revision unserer allgemeinen Gesetzgebung."[386]

An anderer Stelle meinte Bornemann:

"Zu einem heutigen Recht hat sie uns nicht verholfen..."[387]

Zur näheren Umgebung Uhdens und Bornemanns gehörte auch Heinrich von Friedberg (1813-1895)[388], der 1845 Hilfsarbeiter im Justizverwaltungsministerium Uhdens und 1879 Justizminister wurde. Er war unter anderem am Gegenentwurf Uhdens maßgeblich beteiligt. Friedberg war kein Freund Savignys und meinte im Jahre 1890 gegenüber Jhering, Savigny sei

"der schlechteste Justizminister gewesen, den Preußen je gehabt hat."[389]

III. Savignys Tätigkeit im Vormärz bis zur Revolution von 1848

Heinrich Heine widmete seine literarische Kritik seit den 30er Jahren besonders den politischen Anliegen des Vormärz. Der Wechsel auf dem preußischen Königsthron begünstigte das Aufkommen einer neuen Welle politischer Lyrik, die Reformen und Revolutionen forderte. Heines Satire richtete sich gegen die deutschen Staatsoberhäupter und ihre Anhänger.[390] In seinen politischen Dichtungen wandelte Heine sich zum aufmerksamen Chronisten, grimmigen Spötter und geschliffenen Kritiker seiner Zeit.[391] Seine Hauptaufmerksamkeit widmete Heine

---

386 Bornemann, Rechtsentwicklung in Deutschland, S. 60.
387 Bornemann, a.a.O., S. 50.
388 Zu ihm: Kleinheyer/Schröder, Deutsche Juristen, S. 477; vgl. dazu auch in "Der Große Herder", Vierter Band (1932), S. 1414.
389 H.v.Friedberg in einem Gespräch mit Jhering nach dessen Aufzeichnungen, Jhering, Erinnerungen an Bismarck und Savigny, Deutsche Dichtung, Bd. 13, S. 48.
390 Windfuhr, Heine und seine Zeit, S. 18 f.
391 Höhn, Heine-Handbuch, S. 5.

Friedrich Wilhelm IV. und dessen Regierung und spottete über die preußischen Konservativen der Restauration und die auf dem Wiener Kongreß 1815 wiederhergestellten Ordnung.[392] In Savignys Ministerzeit fällt die Entstehung erster politischer Gedichte. In "Der neue Alexander"[393] aus dem Jahre 1842 rechnete Heine das erstemal mit dem neuen König ab. Die Verkörperung romantischer Reaktion in der Person des Monarchen[394] war ihm ebenso ein Dorn im Auge wie der Einfluß Savignys als Haupt der Historischen Rechtsschule:

> *"Es ist ein König in Thule, der trinkt*
> *Champagner, es geht ihm nichts drüber;*
> *Und wenn er seinen Champagner trinkt,*
> *Dann gehen die Augen ihm über.*
> *Die Ritter sitzen um ihn her,*
> *Die ganze historische Schule;...*"[395]

Heines Besorgnis, Savigny könne seine grundlegende Ablehnung von Kodifikationen nun als Minister in der Politik verwirklichen, war groß. So wurde Savigny von Heine konsequent als Übel für den politischen Fortschritt angegriffen. Als einen Vertreter restaurativer Politik sah Heine ihn nicht auf der Höhe der Zeit. In dem 1844 als Nekrolog auf den Orientalisten Ludwig Marcus erschienenen Essay "Ludwig Marcus. Denkworte" spottete er

> *"gegen jene Lakayen des altrömischen Rechts, welche ohne Ahnung von dem Geiste, der in der alten Gesetzgebung einst lebte, nur damit beschäftigt sind, die hinterlassene Garderobe derselben auszustäuben, von Motten zu säubern, oder gar zu modernem Gebrauch zurechtzuflicken. ...*"[396]

---

392 Schoeps, Preussen, S. 164.

393 Zum erstenmal veröffentlicht zwischen Mai und Juli 1844 im "Vorwärts" als Zeitgedichte Nr. 17.

394 Höhn, a.a.O., S. 90.

395 Heine, DHA, Bd. 2, "Der neue Alexander", S. 146.

396 Ders., a.a.O., Bd. 14, "Ludwig Marcus. Denkworte", S. 269.

Die Satiren auf Savigny wandelten sich in Angriffe auf den Historismus, welche die in Deutschland herrschenden konservativen Kräfte legitimiere.[397] Ihren Gipfel erreichte seine Satire in seinem wohl bekanntesten politischen Versepos "Deutschland. Ein "Wintermärchen"[398] aus den Jahren 1843/44. Gelegentlich einer Reise durch den nördlichen Teil Deutschlands, die Heine aus seinem Pariser Exil nach fast zwanzigjähriger Abwesenheit unternommen hatte, wurde seine Dichtung zu einer letzten großen Anklage gegen Preußen. Mit seiner Erfahrung aus der Pariser Revolution von 1830 führte er dem Leser mit aller Härte den Unterschied zwischen dem fortschrittlichen Frankreich und dem politisch verschlafenen Deutschland vor Augen.[399] Mehrere Verse behaupteten die Mitverantwortlichkeit Savignys und der Historischen Rechtsschule für diese angeblichen Zustände:

"(...)
Entsetzlich waren die Düfte, O Gott!
Die sich nachher erhuben;
Es war als fegte man den Mist
Aus sechs und dreyzig Gruben.

Es roch nach Pudeln und Dachsen und auch
Nach Mopsen die zärtlich geleckt
Den Speichel der Macht und fromm und treu
Für Thron und Altar verrecket.

Das war ein giftiger Moderdunst
Entsiegen dem Schonderpfuhle,-
Drin lag die ganze Hundezunft
Die ganze historische Schule."[400]

---

397 Stiegler, Troubadour der Pandekten, S. 523.
398 Zum erstenmal erschienen 1844 in "Neue Gedichte" bei Hoffmann und Campe in Hamburg.
399 Höhn, Heine-Handbuch, S. 98.
400 Heine, DHA, Bd. 4, "Deutschland. Ein Wintermärchen", Caput XXVI, S. 153, 298.

Der Vorwurf traf Savigny als unterwürfigen Höfling des preußischen Thrones, der historischen Utopien hinterherlief.[401] In diesen Zusammenhang gehört auch ein Gedicht Theodor Fontanes (1819-1898). Der Apotheker und Dichter bewegte sich in den litarischen Kreisen Berlins und schrieb ab 1844 unter anderem zeitkritische Gedichte. In einem von ihnen forderte er 1846 scherzhaft seine Braut auf, wegen der preußischen Zustände nach Südamerika auszuwandern. An diesen Zuständen hatte auch Savigny Anteil:

"Liebchen, komm, vor dieser Zeit, der schweren,
Schutz zu suchen in den Kordilleren,
Aus der Anden ew'gem Felsentor
Tritt vielleicht noch kein Konstabler vor.
Statt der Savignys und der Uhden
Üben dort Justiz die Botokuden[402]*,*
Und durchs Nasenbein der goldne Ring
Trägt sich leichter als von Bodelschwingh...
Dort kein Pieper, dort kein Kiolbassa,
Und in Quito oder Santa Fé
Nichts von volksbeglückender Idee."[403]

Auch der Berliner Volksschriftsteller Adolf Glaßbrenner (1810-1876)[404] spottete über die Historische Rechtsschule. Vermutlich aus dem Jahre 1847 stammt folgendes Gedicht:

"Die Geschichtlinge

Was forscht ihr nur und grübelt und klaubt,
Ihr dummen gelehrten Wichte!
Was nur früher allergnädigst erlaubt
Im Königsstaub der Geschichte?

---

401 Windfuhr, Heine und seine Zeit, S. 19.

402 Die Botokuden waren ein mit Ohr und Lippenpflöcken versehener Indianerstamm in Ostbrasilien, die mit sehr großen Bogen zur Jagd gingen.

403 Theoder Fontane, Sämtliche Werke, Bd. 15 "Von zwanzig bis Dreißig", S. 162.

404 Gemeinsam mit dem Maler und Graphiker Theodor Hosemann machte er den demokratisch- bürgerlichen "Berliner Humor" bekannt.

Wir wollen die Gnaden auf Eselsfell nicht!
Wir sind auch den Toten nicht Knechte!
Wir wollen, was uns der Himmel zuspricht:
Unsre ewigen, göttlichen Rechte!

Und wäre von Moses Zeiten auch her
Ein Despotenlauf die Geschichte,
Wir wollen doch keine Despoten mehr,
Ihr dummen gelehrten Wichte!
Wir können uns selber regieren schon,
Denn wir sind Männer, nicht Kinder!
Wir sind gescheiter als der ganze Thron
Mit seinem erblichen Sünder.

(...)
Wir hängen uns selber nun und nie
Am Weltgericht der Geschichte!-
Denn wir hassen auch ihre Despotie,
Ihr dummen gelehrten Wichte!
Und wenn die vergilbten Blätter und Roll'n
Unser Fordern historisch verwürfen:
Wir wollen darum doch, was wir woll'n!
Nicht, was wir wollen dürfen!

Drum forscht nicht länger und grübelt und klaubt,
Ihr dummen gelehrten Wichte!
Was nur früher allergnädigst erlaubt
Im Königsstaub der Geschichte?
Wir wollen die Gnaden auf Eselsfell nicht!
Wir sind auch den Toten nicht Knechte!
Wir wollen, was uns der Himmel zuspricht:
Unsre ewigen, göttlichen Rechte!"[405]

---

[405] Graßbrenner, "Die Geschichtlinge", Grab/Friesel, Noch ist Deutschland nicht verloren, S. 212 f.

Nach einer sechsjährigen Regierungstätigkeit trat Savigny am 18.3.1848 zurück. Ihn, wie auch alle anderen Minister, hatten die Ereignisse der Märzrevolution eingeholt. Der Druck aus der Bevölkerung hatte die Regierung wie im Sturm weggefegt. Der politische Hauptvorwurf lag in der Verfassungsfrage. Friedrich Wilhelm IV. hatte sich stets geweigert, eine Verfassung zu erlassen.[406] Auch er hatte das 1815 gegebene Verfassungsversprechen, wie von ihm erwartet worden war, nicht eingelöst. Der schon im Schatten der nahenden Krise vom bedrängten König mit dem Patent vom 3.2.1847 einberufene "Vereinigte Landtag" hatte zwar einzelne Zugeständnisse gemacht, die Entwickung jedoch nicht mehr aufhalten können. Der Ruf nach Erfüllung liberaler Forderungen und größerer Teilhabe des Volkes an der Regierung waren nun unüberhörbar geworden.[407] Mit seiner leidenschaftlichen Unterstützung des Königs im Kampf gegen das umstrittene Patent fand Savigny kaum Gehör. Seine letzte Tätigkeit bestand in der Prüfung der Frage, ob das Patent das Verfassungsversprechen von 1815 unterlaufe. Savigny verneinte dies und vertrat die Ansicht, daß der König mit der Einberufung der Versammlung weit über seine Pflicht hinausgegangen sei.[408] Ein Bild von Savignys letzten Monaten als Minister erhalten wir von Varnhagen von Ense in dessen Tagebuch. Diese Aufzeichnungen sind wegen ihres Umfangs eine einzigartige Quelle der Ereignisse um die Märzrevolution.[409] Seine vielseitigen gesellschaftlichen Beziehungen, auch zum Hofe, ermöglichten es Varnhagen, die Eintragungen reich mit Hintergrundinformationen zu versehen. Seine Darstellung ist geprägt vom Eindruck eines unvermeidlichen Fortschreitens der politischen Schwächung Savignys, die exemplarisch den baldigen Sturz der gesamten Regierung andeutete. Wie undurchsichtig die Zustände um das Zustandekommen des Vereinigten Landtags gewesen waren, gibt eine Tagebucheintragung Varnhagens vom 5.4.1847, fünf Tage vor dessen ersten Sitzung, wieder:

> *"Nach allem, was ich höre, vom König selbst,... von den Ministern... Uhden, Savigny-... weiß kein Mensch hier, woran er ist, was bevorsteht, was die Sachen bedeuten. Gänzlicher*

---

406 Huber, Deutsche Verfassungsgeschichte, Bd. 2, S. 484.
407 Schoeps, Preußen, S. 197.
408 Stoll, Savigny, Bd. 3, S. 34.
409 Wiedemann, Varnhagen - Ein Unbequemer, S. 139 f.

> *Mangel an Einsicht, die falschesten Vorstellungen, die kläglichsten Einbildungen!"*[410]

Von der geschwächten Stellung Savignys in den Ausschüßen berichtet eine Eintragung vom 2.5.1847; Varnhagen beklagte das Fehlen aller Einheit und leitenden Maximen. Das Auftreten der Minister gegenüber der Versammlung bezeichnete er als erbärmlich, wobei Savigny bei ihm besondere Erwähnung fand:

> *"Savigny hat ohne gesprochen zu haben sein Theil abgekriegt. Das Ganze läßt sich mehr und mehr zu einer Schweinerei an. Niemand lenkt die Sachen, von keiner Seite. ..."*[411]

Am 17.5.1847 schrieb er gar:

> *"Die Minister spielen eine klägliche Rolle, jeder wird geschlagen, besteht mit Schande; Savigny thut lieber gar nicht das Maul auf."*[412]

Der Grundfehler der Regierung bestand für Varnhagen im Mangel an Verantwortung und Stärke. Als Savigny das Wort nahm und das Patent des Königs zu verteidigen suchte, schrieb Varnhagen am 29.5.1847:

> *"Savigny hat endlich den Mund aufgethan und in einer Rede zu beweisen gesucht, daß die Stände alles hätten, was ihnen zukäme!... Man sagt, er habe sich als schamloser Sophist erwiesen. Es wird ihm gedient werden! - Wenn nicht ein Wunder geschieht, so wird die Regierung in diesem Kampfe noch vollständiger unterliegen, als in den früheren."*[413]

---

[410] Varnhagen, Tagebücher, Eintrag vom 5.4.1847, Bd. 4, S. 54.
[411] Ders., a.a.O., Eintrag vom 2.5.1847, Bd. 4, S. 80.
[412] Ders., a.a.O., Eintrag vom 17.5.1847, Bd. 4, S. 90.
[413] Ders., a.a.O., Eintrag vom 29.5.1847, Bd. 4, S. 96.

Als er den Text von Savignys Ausführungen gelesen hatte, zeigte sich Varnhagen endgültig enttäuscht und beklagte:

> *"So schlecht habe ich es mir nicht gedacht! Kein neuer Gedanke, nichts als was schon Bodelschwingh gesagt hatte, nur matter, farbloser, zaghafter; er faßt die Sachen mit spitzen Fingern an, ohne Spur von Eifer, von Überzeugungen,..., ein elendes, dürftiges, kahles Machwerk."*[414]

Als die Lage sich im Laufe des Jahres 1847 zuspitzte, ging das Gerücht um, einige Minister würden zurücktreten. Mit Genugtuung schien Varnhagen dies für Savigny herbeizusehnen:

> *"Thile und Savigny ziehen sich zurück, ersterer als verbraucht, letzterer als ganz unbrauchbar von Anfang bis zu Ende! ..."*[415]

Savigny trat nicht zurück, sondern wurde am 5.10.1847 zum Präsidenten des Staatsrats und am 17.10. zum Präsidenten des Staatsministeriums ernannt.[416] Enttäuscht fiel Varnhagens Urteil aus:

> *"Man zerbricht sich die Köpfe darüber, was Savigny's Präsidentschaft des Staatsministeriums eigentlich sei, ob das Altgewöhnliche oder Neubedeutendes? Mir scheint das Erstere."*[417]

Als Savigny am 20.3.1848 mit allen anderen Ministern zurückgetreten war, bemerkte Varnhagen bissig:

---

414 Ders., a.a.O., Eintrag vom 31.5.1847, Bd. 4, S. 97.

415 Ders., a.a.O., Eintrag vom 9.8.1847, Bd. 4, S. 138.

416 Vgl. Allerhöchste Kabinettsorder vom 5.10.1847, Gesetzsammlung für die Königlichen Preußischen Staaten (GS), 1847, S. 353.

417 Varnhagen, Tagebücher, Eintrag vom 29.10.1847, Bd. 4, S. 153.

"Alle Minister haben abgedankt, der König den Bürgern wiederholt zugesprochen;... Savigny war bis zum Augenblick in dummer Verblendung."[418]

Varnhagen haßte Savigny ebenso wie Heine es tat. Wie Varnhagen empfand auch Heine Freude am Sturz der Regierung. In einem im Jahre 1849 verfaßten Gedicht "Die Menge thut es" rechnete er das letzte Mal mit Savigny ab:

"Wie geht es dem elegant geleckten,
Süßlichen Troubadour der Pandekten,
Dem Savigny? Die holde Person,
Vielleicht ist sie längst gestorben schon -
Ich weiß es nicht - Ihr dürft's mir entdecken,
Ich werde nicht zu sehr erschrecken."[419]

Heine und Varnhagen, die bissigsten Chronisten ihrer Zeit, hatten ihre Freude, Savigny fallen zu sehen. Diesen dürfte dies nicht besonders getroffen, sein Abschied vom Ministerium sogar eher erleichtert haben. Savigny war in seinem Wesen zu entrückt, um den Haß an sich heranzulassen und blieb stumm.[420]
Ganz im Gegensatz zu Varnhagen äußerte sich der König. Er hatte das Abschiedsgesuch Savignys zwar angenommen und statt seiner sowie für den ebenfalls zurückgetretenen Minister Uhden den Justizrat Wilhelm Bornemann zum Justizminister ernannt.[421] Der Monarch drückte in einem persönlichen Schreiben vom 20.3.1848 an seinen treuen Weggefährten aus, wie schwer ihm der Abschied fiel:

"Ihr Abschiedsgesuch bricht mir das Herz. Und dennoch nehm' ich es an, denn Sie haben Recht gethan. Gott lohne Ihnen Ihre Treue u. Mühe."[422]

---

418 Ders., a.a.O., Eintrag vom 20.3.1848, Bd. 4, S. 318.
419 Heine, DHA, Bd. 3, S. 328 f.
420 Hattenhauer, Geistesgeschichtliche Grundlagen, S. 116.
421 Vgl. Allerhöchste Kabinettsorder vom 21.3.1848, Justizministerialblatt für die Preußische Gesezgebung und Rechtspflege, 1848, S. 107 und 119.
422 Friedrich Wilhelm IV. an Savigny vom 20.3.1848, Stoll, Savigny, Bd. 3, S. 81.

Savigny nahm den Sturz wohl eher unaufgeregt auf. Anderenfalls hätte er sich nicht alsbald wieder seinen wissenschaftlichen Arbeiten gewidmet. Bereits am 20.3.1848 nahm er die Arbeit an seinem "System des heutigen Römischen Rechts" wieder auf[423] und zog sich ins Privatleben zurück. Dies mag ein Grund dafür sein, daß ihm nach dem 18. März 1848 in den neugegründeten kritischen und satirischen Zeitungen keine Aufmerksamkeit geschenkt wurde; ganz im Gegensatz zu den anderen zurückgetretenen Ministern, die reichlich mit Spott bedacht wurden.[424] Savignys unpolitisches Wesen ließ die Zeitungsleute kaum Angriffsfläche finden. Nur die im Jahre 1848 gegründete "Lokomotive" witterte einen Skandal: Savigny habe noch im April 1848 sein Ministergehalt bezogen. In der Ausgabe vom 6.5.1848 berichtete sie:

> *"Hr. v. Savigny, dessen ganzes Verdienst um Preußen in der Entwerfung von Gesetzen besteht, von denen keines zur Ausführung reif wurde, hat noch nach seiner Amtsentsetzung, also nachdem er gar keine unreifen Gesetzentwürfe mehr zu fabriciren brauchte, nämlich am 1. April, seinen Gehaltstheil von 3.000 Thalern gezogen."*[425]

Diesen Verdacht klärte jedoch der "Berliner Krakehler", ebenfalls ein neues Satireblatt, in seiner ersten Ausgabe vom 18.5.1848 auf. Die für bissige Angriffe gegen die alte Regierung bekannte Spottzeitung nahm Savigny in Schutz, als sie berichtete:

> *"Der Professor und nachmalige Minister Savigny, welcher sich die Einnahme für die Kollegia, welche er noch hätte halten können, wenn er nicht Minister geworden* wäre, *für 40.000 Thaler abkaufen und in kluger Voraussicht der Dinge, die da kommen würden, sich sein Gehalt auszahlen ließ, hat jetzt erklärt, er wolle wieder Professor werden und*

---

423 Stoll, Savigny, Bd. 3, S. 36.

424 Vgl. die in Berlin erschienenen Zeitschriften "Ewige Lampe" (1848-1850), "Der Sämann" (Juli 1847- Sept. 1848), "Der Demokrat" (Mai-Juni 1848), "Berliner Großmaul" (August-Dezember 1848).

425 Lokomotive (Zeitung für politische Bildung des Volkes) Nr. 48 vom 6.5.1848, S. 111.

diese Summe nebst 5 % Zinsen dem leer gelassenen Staatsschatze zurückzuerstatten.- Zur Nachahmung den andern Ex-Ministern empfohlen."[426]

Für Savignys wissenschaftliche Tätigkeit interessierten sich die satirischen Zeitungen nicht.

IV. Savigny im Urteil zweier Lübecker Gelehrter

Savigny erhitzte nicht nur die Gemüter Heines und Varnhagens. Die neue Zeit hatte ihre Bewegungen sogar bis nach Lübeck getragen.[427] Im "Sonntagsblatt zum Lübecker Korrespondent" vom 4.6.1848 erschien ein Artikel "Wider den politischen Mystizismus." Dessen Verfasser, ein junger Lübecker Anwalt namens Dr. Crome, vertrat dort die Ansicht, daß die Geschichte bis zum Jahre 1848

"durchweg keinen andern geistigen Inhalt als den des Kampfes zwischen dem historischen Recht und dem Vernunftrecht, zwischen dem göttlichen Recht der Fürsten und der Volkssouveränität, zwischen dem Absolutismus und der Demokratie"

gehabt habe.[428] Beflügelt von den Ereignissen der Revolution stellte er eine gewagte These auf:

"Die historische Schule ist leider Gottes in unserer neueren Geschichte ebensogut ein Faktum, wie es ein geschichtliches Faktum ist, daß diese Schule mit dem Absolutismus und der Richtung des 'Beharrens' Hand in Hand gegangen ist. Wenn Gentz und Savigny der Zeit den Beruf zur Gesetzgebung abgesprochen haben, ..., so sind dies unleugbare

---

426 Berliner Krakehler Nr. 1 vom 18.5.1848.

427 Hattenhauer, Geistesgeschichtliche Grundlagen, S. 114.

428 Crome, Wider den politischen Mystizismus, in: Sonntagsblatt zum Lübecker Korrespondent vom 4.6.1848, S. 1.

Thatsachen, welche darthun, wie sehr die historische Schule dem Absolutismus in die Hände gearbeitet hat..."[429]

Mit dieser Ansicht beschwor Dr. Crome die zornige und scharfe Reaktion eines Kollegen und anerkannten Mitgliedes der Lübecker Gesellschaft namens Dr. v. Duhn hervor. In der in Lübeck publizierten Zeitung "Neue Lübeckische Blätter" erschien am 11.6.1848 die "Berichtigung einiger Irrthümer des Herrn Dr. Crome":

"Da ich verschiedenen Gelehrten, die man in der Regel zu dieser Schule rechnet, einen großen Theil meiner Bildung verdanke, so halte ich es für meine Pflicht, die Unwahrheit der Beschuldigungen, welche Herr Dr. Crome gegen dieselbe vorgebracht hat, zu zeigen."[430]

Duhn antwortete Crome in scharfer Form. Mit Bezug auf Savignys "Beruf für Gesetzgebung und Rechtswissenschaft in unserer Zeit" entgegnete er:

"Von einer Hinneigung zu irgend einem Absolutismus ist in der ganzen Schrift auch nicht die geringste Spur vorhanden... - so viel ist jedenfalls gewiß, daß sie nicht auf eine Förderung des monarchischen Absolutismus, überhaupt nicht auf etwas Politisches hinausläuft, sondern vielmehr ganz in den Gränzen des eigentlich Juristischen sich bewegt..."[431]

Inhaltlich ging es um die Frage, ob Savigny mit Hilfe der Geschichte die Gegenwart nach dem Muster der Vergangenheit restaurieren wollte.[432] Die These Cromes war nicht neu. Sie wurde von Heine, Varnhagen und Gans schon vorgetragen. Bemerkenswert an der Auseinandersetzung zwischen den Lübecker

---

429 Ders. a.a.O.

430 Duhn, Berichtigung einiger Irrthümer des Herrn Dr. Crome I, in: Neue Lübeckische Blätter Nr. 26 vom 11.6.1848, S. 211.

431 Ders., a.a.O., S. 212 f.

432 Hattenhauer, Geistesgeschichtliche Grundlagen, S. 115.

Anwälten war jedoch die Schärfe. Duhn, ein Schüler Savignys, hatte Dr. Cromes Aufsatz auf das Äußerste gereizt. Er entgegnete in einem persönlichen Angriff:

> *"Ei! ei! Herr Dr. Crome, das war eine höchst gefährliche Aeßerung! Bisher sind wir nur auf Ihre Unbekanntschaft mit Geschichte und Politik gestoßen... - wer da behauptet, daß diese Schule mit dem Absolutismus und der Richtung des Beharrens Hand in Hand gegangen sei,- der zeigt eben dadruch, daß er den Gegenstand, worüber er spricht, nicht kennt."*[433]

In der Ausgabe der "Neuen Lübeckischen Blätter" vom 18.6.1848 erschien die Entgegnung und Zurückweisung Cromes. Dieser zeigte sich überrascht über die heftige Reaktion des Kollegen:

> *"Denn alle Grenzen wissenschaftlicher Polemik überschreitend, ja selbst das Maß des Schicklichen aus den Augen verlierend, begnügen Sie sich nicht, die Ihnen gegenüberstehende Ansicht mit wissenschaftlichen Gründen zu bekämpfen,... Sie wollen Ihren Gegner nicht mehr belehren und berichtigen, sondern wollen ihn vernichten mittels dieser allereinfachsten Art der Polemik. Sie reden nicht mehr als Gelehrter, sondern als verblendeter politischer Parteigänger!"*[434]

Duhn antwortete darauf in der Ausgabe vom 27.6.1848:

> *"Niemand, meinen Sie, könne die Richtigkeit dieses Urtheils in Frage stellen und auch ich hätte es nicht versucht. Aber, mein Werthester, was bilden Sie sich denn ein? Glauben Sie wirklich, daß jedes Wort, was Ihnen aus Ihrer kostbaren Feder kommt, deshalb als richtig anerkannt würde, weil*

---

433 Duhn., a.a.O., S. 214 f.

434 Crome, Herrn Dr. von Duhn. Als Entgegensetzung und Zurückweisung I, in: Neue Lübeckische Blätter vom 11.6.1848, S. 223.

> *verständige Leute es nicht für der Mühe werth halten, es zu bestreiten?... Oh weh! mein Herr, ich fürchte, Sie haben sich da wieder einmal ganz häßlich geschnitten!"*[435]

Crome ließ sich trotz der harrschen Kritik an seiner Person nicht beirren. In der Ausgabe vom 27.6.1848 präzisierte er seine These unter Berufung auf Savignys Ausführungen im "Beruf" und dessen Programmschrift:

> *"Was ist denn jener 'seit der Mitte des achtzehnten Jahrhunderts aufgekommene unerleuchtete Bildungstrieb', den Savigny bekämpft, anderes als die vielberufene Aufklärung, welche wie allbekannt den politischen Neubildungen und Umwälzungen die Wege gebahnt hat. Was ist ferner jenes 'hochmütige Streben nach absoluter Vollkommenheit' in politischer Beziehung anders, als der wohlbekannte Liberalismus? Und die 'Gegenwirkung' gegen jenen 'Hochmut' und jene 'Willkühr', was ist sie schon dem Wort nach anders, als die Reaction, die wir gleichmäßig auf politischem Gebiet vorfanden? Wer endlich kann es verkennen, daß die Abneigung gegen 'geschriebenes Gesetz' und der oft bekundete Haß gegen die 'papiernen Constitutionen' aus einer und derselben Quelle geflossen ist?"*[436]

Cromes Ansicht, Savigny sei ein Mann der preußischen Restauration, stieß nicht nur bei Duhn auf Kritik. Sie war Cromes Anwaltspraxis nicht gut bekommen, wie Duhn feststellte:

> *"Hier und da soll man, wie mir zu Ohren gekommen ist, es hart gefunden haben, daß ich durch die Nachweisung der*

---

435 Duhn, Berichtigung einiger Irrthümer des Herrn Dr. Crome II, in: Neue Lübeckische Blätter vom 27.6.1848, S. 229.

436 Crome, Herrn Dr. von Duhn. Als Entgegensetzung und Zurückweisung II, a.a.O., S. 237.

Unbekanntschaft mit rein juristischen Gegenständen dem Herrn Dr. Crome in seiner Praxis geschadet hätte."[437]

Duhns Äußerung zeigt, daß Cromes Ansicht nicht gern gehört wurde. Sie konnten nicht ohne Folgen ausgesprochen werden. Der Zorn Duhns schien auch auf andere übergesprungen zu sein. Die hingestreckte Auseinadersetzung über mehrere Wochen mißfiel dem Publikum und besonders dem Herausgeber der Neuen Lübeckischen Blätter, der in der Ausgabe Nr. 30 vom 9.7.1848 das Ende der Veröffentlichung ankündigte.

V. Der Minister von Savigny in der Berliner Gesellschaft

Savigny pflegte als Regierunsmitglied engen Kontakt zum preußischen Hof, zu den anderen Ministern und hohen Beamten. Hatte er als Universitätslehrer den gesellschaftlichen Umgang fast ausschließlich in der wissenschaftlichen Umgebung gesucht[438], so verkehrte er seit 1842 kraft seines Amtes wie selbstverständlich in unmittelbarer königlicher Umgebung. Als Mitglied der Regierung kam Savigny häufiger als früher offiziellen gesellschaftlichen Verpflichtungen nach. Zeugen seiner neuen Pflichten waren Jakob und Wilhelm Grimm. Sie hatten sich Savigny wieder genähert und waren wiederholt Gäste im Savignyschen Hause. Hier ließ Savigny große Festlichkeiten ausrichten, zu denen die bedeutendsten Persönlichkeiten jener Zeit eingeladen waren. Die Grimms berichteten in zahlreichen Briefen über diese Abendesellschaften. Von einer Einladung bei dem Minister berichtete Wilhelm seinem Bruder Ludwig im Juni 1842:

"Bei Savigny geht es jetzt sehr vornehm her... Tritt man in die Flur, so wird gleich vom Portier geklingelt, dann erscheinen im Vorzimmer zwei Livree-Bedienstete, ... dann reißen sie die Türen auf und führen einen durch zwei erwärmte und erleuchtete Zimmer in das Kabinett,... auf elf

437 Duhn, Berichtigung einiger Irrthümer es Herrn Dr. Crome II, in: Neue Lübeckische Blätter vom 27.6.1848, S. 228.

438 Stoll, Savigny, Bd. 3, S. 222.

werden allerlei feine Speisen... gebracht,... Tischtuch wird nicht aufgelegt, das ist gegen den feinen Stil..."[439]

In einem Brief an den Historiker Friedrich Christoph Dahlmann (1785-1860) vom 26.8.1842 beschrieb Jakob Grimm den Ablauf einer Festlichkeit:

"Er besucht mich so oft, als ich zu ihm komme, was freilich nicht sehr häufig geschieht. Die ausgezeichneten Leute, die hier sind, erblickt man dort nur ausnahmsweise, in der Regel findet man nur Prinzen, Grafen und Excellenzen in seinem jeden Abend geöffneten Salon, man unterhält sich dort auf eine anmuthige und elegante Weise über lauter Lappalien, die einem Manne, wie Savigny ist, nothwendig langweilig sein müssen."[440]

Die Kritik Grimms richtete sich gegen die Gästeliste. Kaum jemand von der Universität hatte im Savignyschen Hause noch Umgang. Dieser Wandel weckte Grimms Unmut, als er 1844 an Dahlmann schrieb:

"Savigny kommt zuweilen zu uns. In seine Abendgesellschaften gehe ich nicht gern, weil da Leute verschiedener Art zusammentreffen. Er ist freundlich und auch herzlich gegen uns, doch vermisse ich manchmals seine frühere Einfachheit und Freiheit."[441]

Für Jakob Grimm waren die Festlichkeiten zu steif, die inhaltsleeren Gespräche mißfielen ihm. Zu groß schien ihm der Unterschied des Ministerhaushaltes im Vergleich zu dem des einstigen Universitätslehrers, von dem er so angetan gewesen war. Anläßlich Savignys fünzigjährigem Doktorjubiläum am 31.10.1850

---

439 W. Grimm an seinen Bruder Ludwig vom Juni 1842, W. Schoof, Die Brüder Grimm in Berlin, S. 31.

440 J.Grimm an Dahlmann vom 26.8.1842, Ippel, Briefwechsel Grimm, Dahlmann und Gervinus, Bd. 1, S. 470.

441 J.Grimm an Dahlmann vom 20.4.1844, a.a.O., Bd. 2, S. 73.

widmete sich Jakob Grimm seiner Erinnerung an die Marburger Zeiten und stellte deren Unterschiede im Vergleich zur neuen Zeit heraus:

> *"Dieses lehrenden Mannes freundliche Zurede, handbietende Hülfe, feinen Anstand, heiteren Scherz, freie, ungehinderte Persönlichkeit kann ich nie vergessen. ... Damals lag meine Seele offen vor Ihnen. Ich hätte Ihnen alles vertrauen können."*[442]

Weil ihm seine Freundschaft zu Savigny ein Leben lang wichtig gewesen war, beschwor Grimm das frühere freie und bescheidene Wesen Savignys und erinnerte sich der unmittelbaren Nähe zu seinem Lehrer, dessen Züge er nun vermißte:

> *"Wenn ich frischen Atem bei Ihnen geschöpft und mich, ich wußte kaum wie, aus den Schranken gehoben fühlte, in denen meine ganze Art vorhin befangen war, schritt ich, frohgemut über Stock und Stein springend, die Stufen hinab nach Hause...*[443]

Leicht fiel Jakob Grimm die Entscheidung, wem er mehr und herzlicher zugetan war:

> *"Zu geschweigen nun dasz uns die alten Erinnerungen immer theurer sind als die neuen, wird mir niemand verargen, dasz ich an Ihnen im Marburger Oberrock zehnmal stärker hänge als im ministerkleid, die frische luft des berges vorziehe der schwülen des saales, die offene ansprache der zurück gehaltenen."*[444]

Anders als Jakob Grimm beurteilte Wilhelmine Bardua die Abendgesellschaften. Sie hatte von dessen Abneigung erfahren und rühmte die alte Freundlichkeit, mit der sie wie immer von Savignys empfangen wurde:

---

442 J.Grimm, Wort des Besitzes, Kleinere Schriften, Bd. 1, S. 116.

443 Ebd.

444 Ders., a.a.O., S. 118.

"Andere meinen, es sei bei ihnen im stolzen Ministerhotel nicht mehr so behaglich wie früher beim Professor- wir haben keinen Unterschied zu spüren."[445]

Den Eindruck der Bardua bestätigt der dänische Dichter Hans Christian Andersen (1805- 1875). Während zweier längerer Aufenthalte in Berlin im Jahre 1844 und 1845/46 besuchte er das Savignysche Haus häufig und fühlte sich dort wohl. Er war ein gern gesehener Gast. Andersen rühmte in seiner im Jahre 1855 erschienenen Lebensgeschichte "Das Märchen meines Lebens" die offenherzige Aufnahme, die er im Savignyschen Hause während seines Aufenthaltes im Jahre 1844 erfahren hatte:

"Ein neuer Familienkreis erschloß sich mir, es war beim Minister Savigny; hier fand ich die herzlichste Aufnahme..."[446]

Besonders begeisterte ihn die Weltgewandtheit der dort anzutreffenden Besucher:

"Es waren die Edelsten an Gesinnung, wie sie die ersten an Rang waren in Kunst und Wissenschaft, die mir entgegenkamen."[447]

Die Abendgesellschaften bei Savigny begeisterten Andersen, hatte er dort doch Bettina von Arnim kennen- und schätzen gelernt. Bei seinem nächsten Besuch in Berlin Ende 1845 führte ihn sein Weg daher wieder zu Savigny. In sein Tagebuch schrieb er am 22.12.1845:

"Visite bei Minister Savigny. Sie kamen mir beide so freundlich entgegen, luden mich zum Sonnabendabend ein."[448]

---

445 W.Bardua, Eintrag vom 2.11.1845, J. Werner, Die Schwestern Bardua, S. 192.
446 H.Chr.Andersen, Das Märchen meines Lebens, S. 318.
447 H.Chr.Andersen, Das Märchen meines Lebens, S. 349.
448 Ders., Tagebücher, Bd. 2, S. 446.

Fünf Tage später schrieb er:

> *"Abends bei Savigny, wo beide Brüder Grimm waren. Ich las die Schneekönigin und den Schweinehirten. Da waren viele Gäste."*[449]

F. Das Urteil von Karl Friedrich von Savigny (1814-1875)

Aus den Jahren 1840 bis 1857 stammen zahlreiche Urteile des Sohnes Karl Friedrich von Savigny[450] über seinen Vater. Jener war das zweitjüngste von vier Kindern.[451] Bis zu seinem Abitur im Jahre 1832 wuchs er in seinem Elternhaus in Berlin auf und erhielt dort Hausunterricht. Dieses verließ er, um während eines längeren Ausladsaufenthaltes in Paris und London Fremdsprachen zu studieren.[452] Im Anschluß an das Jurastudium in Paris, München und Berlin und dem Staatsexamen im Jahre 1836 schlug Karl Friedrich die diplomatische Laufbahn in Preußen ein und machte im Jahre 1838 das diplomatische Examen. Bald wurde er zum Legationssekretär ernannt, im Jahre 1847 zum Legationsrat befördert. Diese Tätigkeit führte ihn als Abgesandten an zahlreiche deutsche und europäische Höfe, unter anderem nach Dresden, London, Lissabon und Den Haag. Wegen dieser mit längerer Abwesenheit verbundenen Tätigkeit konnte Savigny mit seinen Eltern meist nur schriftlich verkehren. In den Briefen, die Karl Friedrich in großer Anzahl an seine Eltern verfaßte, berichtete er zum größten Teil über seine berufliche Tätigkeit. Nur gelegentlich wurde er privat. In diesen seltenen Abschnitten offenbarte der Sohn dann die große Verehrung des Vaters und die Liebe zu seinen Eltern. Dabei wird das Bild des Vaters deutlich, der dem heranswachsenden Sohn große Freiheit bei der Entscheidung des beruflichen Werdegangs einräumte.[453] In einem Brief an seine Eltern vom August 1841 hob Karl Friedrich diese Freiheit als besonderes Glück besonders hervor:

---

449 Ders., a.a.O., S. 450.

450 Zu ihm: ADB, Bd. 30, S. 452 ff.

451 Karl Friedrich hatte eine ältere Schwester Bettina (1805-1835), einen älteren Bruder Franz (1808-1852) und einen jüngeren Bruder Leo (1820-1886).

452 Real, K. F. von Savigny, Bd. 1, S. 17.

453 Ders. a.a.O.

> *"Auf der ganzen Welt gibt es doch nichts Wertvolleres als solche Eltern zu haben, wie sie mir der Himmel geschenkt; ich bin täglich dafür mit Dankgefühl erfüllt... Wenn ich mein Schicksal mit dem beinahe aller anderen Menschen vergleiche, so darf ich nur zufrieden und dankbar sein. Es gibt reichere Leute, auch vornehmere, doch wenige, die sich freier in der Welt bewegen durften als ich, und dies verdanke ich lediglich Euch...; viele, ja die meisten Eltern würden gewiß Bedenken getragen haben, mich so früh frei in die Welt gehen zu lassen. Wenn ich dabei Gelegenheit fand, mich für meine Laufbahn auszubilden, so ist dieses wiederum die Folge des besseren und ernsteren Sinnes, den ich in Eurem Hause empfangen."*[454]

Karl Friedrich war von tiefer Dankbarkeit beseelt, wenn er im Oktober 1842 aus Lissabon schrieb:

> *"Ich bin am 19. des vorigen Monats 28 Jahre alt geworden, und ich beteuere Euch, ich fühle mich jetzt mehr Euer Kind als jemals in früheren Jahren, nicht blos, weil ich alles durch Euch bin, also aus Dankbarkeit, sondern weil ich mittels der freiesten und reichsten Wahl in keinen glücklicheren Zustand übergehen könnte.*[455]

Savigny hatte seinem Sohn nicht nur die freie Wahl seiner beruflichen Entwicklung eingeräumt, sondern dessen Entscheidungen mit Empfehlungen zu fördern versucht. Daß Karl Friedrich schnell Karriere machen konnte, verdankte er zu einem großen Teil dem Ansehen seines Vaters. So schrieb Karl Friedrich in seinem Brief vom August 1841:

---

454 Karl Friedrich von Savigny an seine Eltern vom 15.8.1841, Real, a.a.O., Brief Nr. 133, S. 183.

455 Ders. an seine Eltern vom 15.10.1842, a.a.O., Brief Nr. 150, S. 216.

"Was gilt nicht der schöne Name des Vaters! Er ist ein offener Empfehlungsbrief, ausgestellt für alle Länder, und zwar für mehr als einen Stand."[456]

Aus Kassel, einer weiteren Station seiner Laufbahn, schrieb er im Oktober 1844:

"Jetzt wo ich auf dem Punkte stehe, Kassel zu verlassen, muß ich vor allem Dir noch sagen, lieber Vater, daß mich auch hier Dein Name wie mein bester Schutzengel begleitet hat. Er ist ein offener Empfehlungsbrief, der mir in der ganzen Welt schon die Türen der Häuser nicht bloß geöffnet, sondern eine herzliche und wohlwollende Aufnahme überall gesichert hat, wo es mir von Wert sein durfte. Daß ich mit innigem und beständigem Danke diesen Segen des väterlichen Namens als ein Glück betrachte, welches ich mir zu erhalten meine Aufgabe sein lassen werde, daran bitte ich nicht zu zweifeln."[457]

Obwohl die diplomatische Tätigkeit Karl Friedrich innerlich befriedigte, vermißte er das Elternhaus sehr und litt unter der Trennung. Das öffentliche Leben, an dem er teilnahm, konnte ihm den gesellschaftlichen Umgang im Savignyschen nicht ersetzen. Aus London schrieb er seinen Eltern im April 1840:

"Wenn ich an Euch und unser Haus zurückdenke, so ist mir dann doch immer die liebste Erinnerung das letzte Jahr, wo wir so viel allein zusammen waren und wo mich ein guter Geist so weit erleuchtete, daß ich den unschätzbaren Wert dieses edlen, wirklich wertvollen Verkehrs ganz einsehen konnte. In vielen Beziehungen bin ich seit der Trennung von Euch sehr verdummt, und es ist eine Frage, ob die Anschauungen des großen öffentlichen Lebens in Paris und London mir einen wahren Ersatz als Ausbeute gewähren

---

456 Ders. an seine Eltern vom 15.8.1841, a.a.O., Brief Nr. 133, S. 183.

457 Ders. an seine Eltern vom 21.10.1844, a.a.O., Brief Nr. 177, S. 281.

> *konnte. Wie sehr sehne ich mich danach, mit Dir, lieber Vater, wieder einmal spazieren zu gehen und mit Dir, liebe Mutter, zu frühstücken."*[458]

Diese Sehnsucht ließ Karl Friedrich nicht los. In einem Schreiben vom Dezember 1857 bemerkte er:

> *"Etwas Ähnliches wie Euer Haus in den zwanziger und dreißiger habe ich doch nirgends in Eurpoa angetroffen. An solchen Erinnerungen zu hängen, ist gewiß erlaubt; sie erhalten frisch und ziehen von Zeit zu Zeit ab von der Gewöhnung an die alltäglich überhand nehmende Mittelmäßigkeit."*[459]

Karl Friedrichs Bindungen an sein Elternhaus waren tief. Die größtmögliche Nähe zu den Eltern aufrechtzuerhalten, war dessen Anlegen. Eine Versetzung nach Rio de Janeiro und Konstantinopel lehnte er ab.[460] Er versuchte, stets in einigermaßen erreichbarer Entfernung zu seinen geliebten Eltern zu bleiben. Als Ausdruck seiner tiefen Empfindungen errichtete Karl Friedrich im letzten Lebensjahrzehnt auf dem Hofgut Trages eine Kapelle, in die er seine Eltern überführen ließ.[461]

---

458 Ders. an seine Eltern vom 14.4.1840, a.a.O., Brief Nr. 78, S. 155.

459 Ders. an seine Eltern vom 14.12.1857, a.a.O., Brief Nr. 593, S. 694.

460 Real, K.F. von Savigny, Bd. 1, S. 20.

461 Ders., a.a.O.

Franz Krüger

von Savigny.

Friedrich Karl von Savigny

G. Nachrufe und Rückblicke

I. Savignys Tod im Spiegel der Berliner Tagespresse

Über Savignys Tod am 25.10.1861 berichteten naturgemäß zunächst die Tageszeitungen. In der weiten Berliner Zeitungslandschaft fallen dabei die längeren Berichte in den konservativen Blättern auf.[462] Die "Allgemeine Preußische Zeitung" berichtete am 30.10.1861 über Savignys Begräbnisfeier vom 29.10.1861, an der auch der neue König Wilhelm I. teilnahm:

> *"Bei der gestern nachmittag im Sterbehause stattgehabte Begräbnisfeier des am 25ten des Monats heimgegangenen Staats-Ministers a.D. von Savigny waren Se. Majestät der König und die Prinzen des Königlichen Hauses anwesend."*[463]

Über den Ablauf der Feier berichtete die "Nationalzeitung" vom 29.10.1861:

> *"An dem mit Blumen, Kränzen und Palmzweigen geschmückten Sarge sprach der General- Superintendent Dr. Büchsel zu der Trauerversammlung. Mitglieder des Domchors schlossen die Feier mit einem Choral. Hierauf ordnete sich der Leichenzug. Den mit 6 Pferden bespannten Wagen geleiteten 12 Studenten, welche Palmzweige trugen... Der Zug nahm seinen Weg nach dem Jerusalemer Kirchhofe, auf welchem der Verstorbene die letzte Ruhestätte erhalten hat."*[464]

---

462 Zum umfangreichen zeitgenössischen Zeitungsbestand Berlins vgl. "Berliner Zeitungen und Wochenblätter in Berliner Bibliotheken" (Katalog der Bestände vom 17. Jahrhundert bis zur Gegenwart), herausgegeben von Heinz Gittig und Willi Höfig, Berlin 1991.

463 Königlich Preußischer Staatsanzeiger (Allgemeine Preußische Zeitung) Nr. 259 vom 30.10.1861, S. 2023; vollständig abgedruckt als Anhang VIII.

464 Nationalzeitung Nr. 504 vom 29.10.1861, S. 3; vollständig abgedruckt als Anhang VII.

Als Ereignis größter Bedeutung fand Savignys Trauerfeier vom 29.11.1861 in der Presse Aufmerksamkeit. Die "Berliner Gerichtszeitung" kündigte in der Ausgabe vom 16.11.1861 das von der "Juristischen Gesellschaft" organisierte Ereignis an:

> *"Die Gedächtnisfeier, welche die juristische Gesellschaft für Savigny zu veranstalten beabsichtigt, wird, wie wir vernehmen, größere Dimensionen annehmen... Die Feier soll am Freitag, den 29. November im Meser'schen Saale stattfinden."*[465]

Tatsächlich wurde die Trauerfeier zu einem Ereignis mit zahlreichen Staatsgästen aus dem In- und Ausland und der gesamten preußischen Staatsspitze. Die "Nationalzeitung" schrieb am 1.12.1861 über die Gästeliste:

> *"Einladungen waren ergangen an den König, die Königin und die Mitglieder des Königlichen Hauses, die nächsten Angehörigen des Gefeierten, die höchsten Hofchargen, die Staatsminister und Abtheilungsdirigenten, das diplomatische Corps, die Höchstgestellten der Generalität, der Gerichtshöfe und Verwaltungsbehörden, an den Senat und 12 Studenten der hiesigen Universität, an Vertreter der Akademie, der städtischen Behörden, der Kaufmannschaft, an die Mitglieder der ständigen Kommission des deutschen Juristentages, an die Vertreter der Presse."*[466]

Die "Kreuzzeitung" vom gleichen Tage nannte auch die zahlreichen auswärtigen Gäste:

---

465 Berliner Gerichtszeitung Nr. 135 vom 16.11.1861, S. 568; abgedruckt als Anhang IX.

466 Nationalzeitung Nr. 561 vom 1.12.1861, S. 1 f.; vollständig abgedruckt als Anhang XIII.

"Auch waren die Gesandten sämmtlicher Deutscher Höfe und die Gesandten Hollands, Belgiens, Dänemarks und Sardiniens anwesend."[467]

Unter Teilnahme der höchsten Repräsentanten wurde die Feier

"eine ebenso würdige als erhabene,"[468]

wie die "Berliner Gerichtszeitung" am 3.12.1861 zu berichten wußte. Im Anschluß an die Traueransprache des Universitätsprofessors Ludwig Eduard Heinrich Heydemann (1805-1874) wurde die Gründung der Savigny- Stiftung bekanntgegeben. Die musikalische Umrahmung bildete das Gedicht "Wir grüßen Dich mit ernstem Gruße" von Johann George Ludwig Hesekiel (1819-1874), das vom Berliner Domchor vorgetragen wurde:

"Wir grüßen Dich mit ernstem Gruß
Du edler gottgegebener Geist!
Die Thräne ward uns zu Gesang,
der Schmerz verklärt in Lied und Klang,
Fließt hin in Trauermelodien.

Vollendung war Dein schönes Ziel,
Du großer Meister edler Form,
Du hast vollendet! Schlackenrein
Gingst Du durch ew'ge Gnade ein
In der Vollendung.

---

467 Neue Preußische Zeitung (Kreuzzeitung) Nr. 281 vom 1.12.1861, S. 2; vollständig abgedruckt als Anhang XII.

468 Berliner Gerichtszeitung Nr. 142 vom 3.12.1861, S. 600; vollständig bgedruckt als Anhang XI.

Des Rechtes Acker bautest Du,
Des Geistes Korn warfst Du hinein,
Und fruchtbar bleibt die Geistessaat,
Wie oft der Erndte Sichel naht,
Sie bleibt und blüht in Ewigkeit!"[469]

II. Der "Fürst der Rechtswissenschaften"

Nach Savignys Tod blühte überall in Deutschland für ihn eine göttliche Verehrung auf. Es erschienen viele Gedenkschriften, in denen sich die Autoren mit ihrer Würdigung des Verewigten gegenseitig zu überbieten versuchten. Niemand wollte des Rechtshistorikers nicht gedenken. Hierbei standen in erster Reihe die Juristen. Besonders fällt bei ihnen der hohe Anteil von Savignys Schülern auf. So liegen neben Zeugnissen über den Wissenschaftler umfangreiche Aussagen über den Berliner Universitätslehrer vor. Bei der zeitgenössischen Beurteilung Savignys als Rechtswissenschaftler fällt die Hauptaufmerksamkeit auf den Rechtshistoriker und seine Verehrung des römischen Rechts. Einerseits wurde Savigny in den Himmel gehoben, wenn es darum ging, die Erinerung an die römischen Grundlagen des deutschen Rechtswesens neu zu beleben und den Wandel vom 18. zum 19. Jahrhundert deutlich zu markieren. Andererseits erfuhr Savigny hier auch die stärkste Kritik. Hierzu gehören vor allem die Urteile über Savigny im Kodifikationsstreit mit Thibaut. Fast uneingeschränktes Lob und gottgleiche Verehrung erfuhr Savigny als Begründer einer neuen Rechtswissenschaft - als "Fürst der Rechtswissenschaften". Dieser Titel findet sich in der österreichischen Gerichtszeitung von 1862[470] und deutet auf die Stellung hin, die Savigny schon zu Lebzeiten eingenommen hatte. Über den Forscher und die Bedeutung für seine Zeit herrschte ungeteiltes Einvernehmen. Eine

"Spitze der Wissenschaftler der gebildeten Welt"[471]

---

469 Nationalzeitung Nr. 504 vom 1.12.1862, S. 3 ff.
470 Arndts, Gedenken, S. 3.
471 Rudorff, Erinnerung, S. 49.

nannte ihn sein Schüler Adolf Friedrich Rudorff (1803-1873)[472] im Jahre 1863. In seiner Rede anläßlich der Savigny- Gedächtnisfeier der Wiener Hochschule am 31.10.1861 äußerte sein Schüler Karl Ludwig Arndts Ritter zu Arnsberg:

> *"Der glänzendste Stern am Firmamente der deutschen Rechtswissenschaft ist verblichen."*[473]

Rudolf von Jhering (1818-1892)[474], der im Jahre 1840 Savignys Schüler war und diesem später kritisch gegenüberstand, räumte dem Wissenschaftler Savigny den gleichen Rang ein wie Goethe, als er im Jahr 1861 in seinem Erinnerungsaufsatz schrieb:

> *"Denn Frankfurt ist es, das auch diesen großen Mann der deutschen Nation geschenkt hat - dreißig Jahre nachdem Goethe in seinen Mauern das Licht der Welt erblickt hatte... Für die Jurisprudenz wiegt dieser Name nicht leichter, als der Goethe's für die der deutschen Poesie und Literatur, und das Schicksal hat, möchte man meinen, in dem Einen den Andern copiren wollen, so genau hat es den Parallelismus in ihren beiderseitigen Schicksalen innegehalten."*[475]

Die Tatsache, daß der adlige und überaus begüterte Savigny sich gegen die sonst übliche Karriere im Staatsdienst entschieden hatte und stattdessen aus Leidenschaft die weniger angesehene wissenschaftliche Laufbahn gewählt hatte, ließ ihn unter den Juristen als einen Heiligen erscheinen. Dies hob der Münchener Professor für römisches Recht Alois von Brinz (1820-1887)[476] in seiner Rede zum hundertjährigen Geburtstag Savignys am 21.2.1879 hervor:

> *"Er schien von so vornehmer Stellung und Art,..., daß man in seinem Entschluße einen Akt menschenfreundlicher*

---

472 Zu ihm: ADB, Bd. 29, S. 580 ff.

473 Arndts, Gedenken, S. 1.

474 Zu ihm: Kleinheyer/Schröder, Deutsche Juristen, S. 220 ff.

475 Jhering, F.K. v. Savigny, S. 356.

476 Zu ihm: Kleinheyer/Schröder, Deutsche Juristen, S. 469.

> *Herablassung erblickte. Daß er also zur Wisschenschaft gewissermaßen hinabstieg, ist vielleicht mit Ursache, daß sie in ihm emporstieg."*[477]

Der Ruhm Savignys gründete sich in erster Linie auf seine Werke, die zwar nicht im Umfang, dafür aber in ihrer Wirkung einzigartig waren.[478] Savignys Erstlingswerk "Das Recht des Besitzes" aus dem Jahre 1803, mit dem er schon früh einen Platz an der Spitze der gelehrten Welt erobert hatte, wurde von einem anonymen Autor 1862 als

> *"epochemachendes Werk"*[479]

bezeichnet. Der Jurist und Historiograph der deutschen Rechtswissenschaft Roderich von Stintzing (1825-1883)[480] hob dazu in seiner Savigny- Erinnerungsschrift von 1862 hervor:

> *"In der That datiren wir eine neue Epoche in der Jurisprudenz von diesem Werke, dessen Ruhm, wie kaum ein anderes,..., sich auch in solche Kreise, die ihr sonst fern stehen, weit verbreitet hat. Denn fast jeder Gebildete in Deutschland, der die glänzenden Zeiten Savigny's aus eignem Erlebnisse oder mittelbar durch Erzählung kennt, wird uns sagen können, daß sein Name sich an dies Werk anknüpft."*[481]

Der Staatsrechtslehrer und Politiker Robert von Mohl (1799-1875) hatte bereits 1858 in seiner Kritik von Savignys "Geschichte des römischen Rechts des Mittelalters" darauf hingewiesen, es wäre lächerlich,

---

477 Brinz, Festrede, S. 6.

478 Zu nennen sind hier: Das Recht des Besitzes, 1803; Vom Beruf unserer Zeit für Gesetzgebung und Rechtswissenschaft, 1814; Geschichte des römischen Rechts im Mittelalter, 6 Bd., 1815-1831; System des heutigen Römischen Rechts, 8 Bd., 1840-1849; Das Obligationenrecht als Teil des heutigen römischen Rechts, 2 Bd., 1851-1853; Vermischte Schriften, 5 Bd., 1850.

479 Anonym, Pernice, Savigny, Stahl, S. 45.

480 Zu ihm: Kleinheyer/Schröder, Deutsche Juristen, S. 513; ADB, Bd. 36, S. 249 ff.

481 Stintzing, F.C. v. Savigny, S. 2.

"jetzt noch einmal die Vorzüge dieses Meisterwerkes hervorzuheben und aussprechen zu wollen, wie hier umfassendste und gründlichste Gelehrsamkeit in Verbindung mit geistreichem Scharfsinne eine Darstellung von überzeugender Klarheit"[482]

vorgenommen worden sei. Wie für von Mohl gründete sich Savignys wissenschaftlicher Ruhm auch für den anonymen Au tor auf die Brillanz seiner Darstellung. Besonders rühmte er Savignys "System des heutigen Römischen Rechts",

"welches, was Gelehrsamkeit, Schärfe des Urtheils und Klarheit wie Eleganz der Darstellung betrifft, in der gesammten juristischen Literatur einzig dasteht."[483]

Eine nicht unwesentliche Bedeutung seiner Wirksamkeit hatte für den Savigny-Schüler Moritz August von Bethmann-Hollweg (1795-1877)[484] daher das Savigny eigene

"ursrüngliche Sprachgefühl,..., welches von Natur ihm eigen und durch fortgesetzte Übung entwickelt, ihn nicht nur zu einem classischen deutschen Schriftsteller machte."[485]

Brinz meinte dazu, Savignys Stil sei von

"solcher Umsicht, Ruhe und Sicherheit, zugleich von solcher Anmuth und Klarheit des Ausdrucks, daß man anstatt des Jünglings einen altgeübten Kritiker und Exegeten und anstatt eines unleserlichen Juristen einen Klassiker vor sich zu haben meinte."[486]

---

482 R.v. Mohl, Die Geschichte der Staatswissenschaften, 3. Band, S. 55.

483 Anonym, Pernice, Savigny, Stahl, S. 43.

484 Zu ihm: Kleinheyer/Schröder, Deutsche Juristen, S. 467.

485 Bethmann-Hollweg, Erinnerung, S. 45.

486 Brinz, Festrede, S. 8.

Friedrich Perthes (1772-1843)[487], Buchhändler und Verleger in Hamburg, hatte Savigny während einiger Aufenthalte in Berlin kennen und schätzen gelernt. Er schien fast beschämt, als er gegen 1840 in seinen Memoiren schrieb:

> *"Ich möchte wohl als Dümmling so einen Gedankenordner immer an mir tragen."*[488]

Nicht nur die Formstrenge und sprachliche Gewandtheit trugen Savigny allgemeine Bewunderung ein. Den eigentlichen inneren Wert, der ihn mit europäischem Ruhm krönte, sah man in dessen wissenschaftlich - historischen Methode. Brinz sagte dazu in seiner Festrede:

> *"Was Savigny den Werth gab, gelingt uns vielleicht noch mit Einem Worte auszusprechen, wenn wir zuvor wiederholen, daß nicht die Jurisprudenz, welche in der Anwendung des Rechtes besteht und eine Kunst ist, sondern die Jurisprudenz, welche der Anwendung vorausgeht und in blaßem Wissen besteht, und also die Anlage hat, eine Wissenschaft zu sein, von Savigny gehoben und zum Ansehen einer Wissenschaft im höheren Sinne des Wortes erhoben wurde."*[489]

Savignys Wissenschaftsprogramm wurde von seinen Anhängern als Offenbarung aufgenommen. Rudorff rühmte im Jahre 1863:

> *"So war es denn eine That für die civilistische Jurisprudenz, daß Savigny... zeigte, wie in das Durcheinander verschiedener Zeiten Klarheit, in die Stockung Leben, in das Handwerk Geist und Höhe der Bildung zu bringen sei..., das römische Recht, vom Schulstaube gereinigt, erschien wieder*

---

487 Zu ihm: ADB, Bd. 25, S. 394 ff.

488 Cl. Perthes, Friedrich Perthes Leben, S. 292.

489 Brinz, Festrede, S. 7.

in voller Reinheit und Schönheit, und in der Grazie der reizenden Gewandung."[490]

Jhering merkte dazu im Jahre 1861 an,

"daß durch diese Richtung, sage ich, die Jurisprudenz im Lauf von fünfzig Jahren ein völlig verändertes Bild bekommen, einen Umschwung erfahren, wie er in der Geschichte der Wissenschaft sich kaum je in so kurzer Zeit vollzogen hat."[491]

Die Historische Rechtsschule hatte einen so mächtigen Impuls gegeben zur geschichtlichen Erforschung des römischen und des deutschen Rechts, daß Savignys Botschaft von Rudorff 1863 als

"Ereignis für das Vaterland"[492]

beschrieben wurde. Die einzigartige Verbindung von Rechtswissenschaft und Geschichte war es, die auch der Historiker Leopold von Ranke (1795-1886)[493] in einer Gedächtnisrede vor der Plenarversammlung der Akademie der Wissenschaften vom 4.10.1862 hervorhob:

"...in Carl Friedrich von Savigny, einem Rechtsgelehrten vom Fach, haben die allgemeinen historischen Studien in ihrem Zusammenhange mit den Fachwissenschaften - und welche andre stände ihnen näher als die Rechtswissenschaft - einen ihrer größten Repräsentanten verloren, den sie auf deutschem Boden jemals besessen haben."[494]

490 Rudorff, Erinnerung, S. 18f.
491 Jhering, F.K. v. Savigny, S. 367.
492 Rudorff, a.a.O., S. 19.
493 Zu ihm: ADB, Bd. 27, S. 242 ff.
494 Ranke, Abhandlungen und Versuche, S. 496.

Ranke hatte mit Savigny seit dem Jahre 1828 an der Berliner Universität in besonders engem Kontakt gestanden. Er sprach Savigny ein besonderes Verdienst auch um die deutsche Geschichte zu:

> *"Überaus lebendig war seine Teilnahme für das germanisch-christliche Alterthum, von welchem der Geist des achtzehnten Jahrhunderts an und für sich entfernt war. Die Wiederbelebung der Kunst und der Poesie, die von dieser Idee ausging, die Vertiefung der Studien in die entfernten Regionen, das Wiederanschlagen an die Lebensquellen, die in der Geschichte des Mittelalters strömen, fand in ihm warme Bewunderung."*[495]

Ranke ging es um objektive Geschichtsschreibung, er teilte mit Savigny das Bemühen, aus der Darstellung des Geschehenen Lehren für die Gegenwart zu ziehen. Daß Savignys Methode einen großen Gewinn für Preußen bedeute, meinte auch der genannte anonyme Autor:

> *"Im Jahre 1816 ernannte ihn der König Friedrich Wilhelm III. in Anerkennung seiner Verdienste um die Wissenschaft zum Geheimen Justizrath und 1817 bei Gründung des Staatsrathes zum Mitgliede dieser höchsten Behörde."*[496]

III. "Christusgleich" oder "arroganter Gecke" - Savigny als Berliner Universitätslehrer

In der Zeit als Universitätslehrer prägte Savigny mehrere Tausend Studenten, darunter zahlreiche Persönlichkeiten, die später hohe Regierungsfunktionen bekleideten.[497] Vielleicht rechtfertigt schon die große Zahl seiner Schüler den Satz Rudorffs, Savigny habe als

---

495 Ders. aaO, S. 498.

496 Anonym, Savigny, Pernice, Stahl, S. 54 f.

497 Eine (nicht vollständige) Liste Savignys bekannter Schüler ist bei Stoll, Savigny, Bd. 2, S. 550 abgedruckt.

"Lehrer noch größere Bedeutung gehabt als Wissenschaftler."[498]

Die Zeugnisse der Schüler beschrieben die äußere Erscheinung, den Vortrag und Umgang des Lehrers mit den Studenten.

1. Das Christusbildnis

Keine Beschreibung verzichtete darauf, die Eindrücke wiederzugeben, die der Lehrer in seinem äußeren Auftreten hinterlassen hatte. Den Schülern erschien Savigny als heiliges, christusähnliches Wesen. Der Schweizer Johann Caspar Bluntschli (1808-1881)[499], der Savignys Vorlesungen in den Jahren 1827 bis 1829 besucht hatte, berichtete 1870:

> *"...die etwas zur Seite geneigte Haltung des Kopfes und der gerade Scheitel, der die Haare in zwei gleichmäßig herabsinkende Hälften trennte, erinnerte an einen pietistischen Anhauch, der über die klare Seele wie ein Schleier hingegossen war."*[500]

An anderer Stelle schrieb er im Jahre 1879 ehrfürchtig:

> *"Der schöne große Mann schritt wie ein Priester der Wissenschaft zum Katheder."*[501]

Der Student Felix Eberty schrieb:

> *"In seiner äußeren Erscheinung drückte Savigny das große Selbstbewußtsein aus, von dem er nicht mit Unrecht erfüllt war. Groß von Gestalt, feierlich, vielleicht ein wenig steif in*

---

498 Rudorff, Erinnerung, S. 19.
499 Zu ihm: Kleinheyer/Schröder, Deutsche Juristen, S. 67 ff.
500 Bluntschli, Denkwürdigkeiten, S. 63.
501 Bluntschli, F.c. v. Savigny, S. 322.

> *jeder Bewegung, mit stolzem Ausdruck in seinen vollen, ernsten und edlen Gesichtszügen, deutete er durch das lange, gescheitelte Haar zugleich eine Frömmigkeit an und das Heilige, welches er in seiner Wissenschaft erblickte."*[502]

Savignys Erscheinung hatte auch Studenten anderer Fächer angezogen, wie den Philologen und Buchhändler Gustav Friedrich Konstantin Parthey (1798-1872):[503]

> *"Er besaß eine hohe, schlanke Gestalt, kräftig und wohlgebaut, große durchdringende Augen, und eine schöne, weithin tönende Stimme. Die lang herabwallenden braunen Haare gaben seinem ovalen Gesicht das Ansehen eines Christuskopfes."*[504]

Der Auftritt Savignys in den Vorlesungssaal wurde als eine Offenbarung zelebriert. Der dänische Jurist und spätere Minister Orla Lehmann (1810-1870), der bei Savigny zwischen den Jahren 1833 und 1834 gehört hatte, berichtete:

> *"Wenn man dieses sonderbare Gemisch eines schwerfälligen Marschbauern und eines heiligen Apostels in den überfüllten Hörsaal geschritten kommen sah, sollte man glauben, es sei einer der Olympier, der unter den Sterblichen umherwandelte, und wenn er auf dem Katheder stand und seine Augen langsam über die lautlose Schar schweifen ließ, während er mit einem feinen weißen Tuch seine goldene Lorgnette putzte, erhielt man Zeit, seine Seele mit Stolz zu erfüllen, einem Zeitalter anzugehören, das einen solchen Mann erzeugt hatte."*[505]

Über eine sich jährlich wiederholende besondere Veranstaltung Savignys schrieb er:

---

[502] Felix Eberty, Jugenderinnerungen, S. 310.
[503] Zu ihm: ADB, Bd. 25, S. 189 ff.
[504] Gustav Parthey, Jugenderinnerungen, S. 236.
[505] Orla Lehmann, abgedruckt bei Dahl, ZRG GA Bd. 37 (1916), S. 514.

"Aber wenn er dann seine klangvolle Stimme erhob und mit einer unvergleichlichen Bewältigung des Stoffes und einer plastischen Anschaulichkeit der Darstellung die alten Römer ihre Gesellschaftsverhältnisse und ihre bis in alle Konsequenzen fein ausgearbeiteten Rechtsbegriffe entfalten ließ, versöhnte man sich beinahe mit der Überlegenheit, womit er zunächst in wenigen bündigen und zutreffenden Worten all den Irrtum und Unverstand gleichsam fortblies, womit 'die neueren Jusristen' die die Züge der römischen Antike getrübt und enstellt hätten, und darauf die Welt wissen ließ: 'Damit verhält es sich folgendermaßen.' Aber unter den 'neueren Juristen' verstand er im Grunde genommen alle diejenigen, die jünger als die Pandekten waren, und unter den jetztlebenden erreichte nur einer das Glück, mit Namen genannt zu werden, und das war sein alter Gegner Thibaut in Heidelberg. Das geschah nur einmal im Semester und nur, um mit einem mitleidigen Lächeln und einem kleinen Scherz ihm den Garaus zu machen, aber dessenungeachtet wurde der im voraus bekannte Tag, an dem Savigny über Thibaut lächelte, für den Ehrentag des selben angesehen und füllte alle Gänge zwischen den bezahlten Plätzen mit Hospitanten."[506]

Die Studenten erstarrten in Verehrung. Schon der Anblick der

"marmormen Glätte seines Wesens und die aristokratische Feinheit"[507]

ließen tiefste Ehrfurcht aufkommen, wie der Sprach- und Literaturwissenschaftler Rochus Freiherr von Liliencron (1820-1912)[508] mitteilte. Ranke sprach wohl auch deshalb in einem Brief vom Juli 1864 an Francois Mignet von seinem Freunde als

506 Ebd.

507 Rochus von Liliencron, Frohe Jugendtage, S. 122.

508 Zu ihm: Meyers Enzyclopädisches Lexikon, Bd. 15 (1975), S. 98.

> *"einem geborenen Professor, wie die 'poetae nascuntur'".*[509]

Dieses äußere Erscheinungsbild war es aber auch, das Savigny Spott einbrachte. Der Christusvergleich war schon zu seinen Lebzeiten im Schwange und wurde schon von Heinrich Heine, der in seinem Essay "Briefe aus Berlin" 1821 über die Eitelkeit eines großen deutschen Juristen lästerte, der

> *"mit frommen Liebesaugen gen Himmel schaut und einem Christuskopf ähnlich sehen möchte."*[510]

Savigny trifft wohl zu Recht der Vorwurf der Eitelkeit, die sich ihrer Wirkung nur allzu gut bewußt gewesen sein muß. Ironisch setzten sich nach Savignys Tod Otto von Bismarck (1815-1898) und Rudolf von Jhering mit dieser Eigenschaft ihres Lehrers auseinander. Bismarck offenbarte sich als einer seiner schärfsten Kritiker. Er hatte den größten Teil seines Studiums in Göttingen verbracht, wo er für Rechtswissenschaften und Geschichte eingeschrieben war. In Berlin war er nur kurz gewesen, hatte dort aber bei Savigny die Pandekten gehört, ihn aber wohl nur wenige Male gesehen, denn er gehörte nicht zu den regelmäßigen Hörern seiner Vorlesungen.[511] Privat hatte er das Haus Savigny wohl mehrmals besucht. Der Grund dürfte allerdings der Kontakt zu Savignys Sohn Karl Friedrich gewesen sein, mit dem Bismarck beruflich wie privat verkehrte. Erhalten ist Bismarcks Urteil über den Lehrer in einem Gespräch mit Rudolf von Jhering über die Studentenzeit anläßlich seines 70. Geburtstages am 1.4.1885. Vernichtend fiel Bismarcks Urteil über Savignys Erscheinung aus:

> *"Wie dürftig und kleinlich erschien mir dieser große, viel gefeierte Mensch! Er blähte sich, wie ein Pfau und selbst wir Studenten erschienen ihm nicht zu gering, um uns zu imponieren. Wenn er nach der Vorlesung in eine Staatsrats-sitzung mußte, so erschien er in einem Überkleid, das aber so weit geöffnet war, um die glänzende Staatsrats- Uniform*

---

509 Leopold von Ranke an F. Mignet im Juli 1864, Fuchs, Briefwerk, S. 449.

510 Heinrich Heine, DHA, Bd. 6, "Briefe aus Berlin", S. 19.

511 Poschinger, Bismarck und Jhering, S. 37.

durchscheinen zu lassen. Er hätte das Überkleid ganz zuknöpfen können, aber wir Studenten mußten die Staatsrats-Uniform sehen!"[512]

Derb fügte er hinzu:

"Er war ein eitler Geck, ein recht dürftiger Mensch."[513]

Diese Äußerung Bismarcks stammt aus Jherings für die Öffentlichkeit bestimmten Gesprächsaufzeichnung. Bismarcks Erinnerungen enthalten keinen Hinweis, daß sein Lehrer ihm derart schlecht im Gedächtnis geblieben wäre. Dennoch spricht für das bei Jhering mitgeteilte Zeugnis, daß Bismarck die ihm von Jhering zugesandten Aufzeichnungen durchsah und ohne Widerspruch genehmigte.[514] Der Grund für Bismarcks vernichtendes Urteil liegt in seinem Wesen selbst. Er machte keinen Hehl daraus, daß ihm das Studium der Rechtswissenschaften keine Freude bereitet und ihm dessen Lehrer kein Interesse für die Jurisprudenz abzugewinnen vermocht hatten.[515] Auch entsprach Bismarck wohl nicht dem Bild des Studenten, den Savigny sich wünschte. Bismarck zog dem Studium das Korpsleben vor.[516] Insofern konnte Bismarck wohl mit der Art Savignys nichts anfangen.

Ähnlich vernichtend fiel aber auch Jherings Urteil aus. Er hatte Savigny am Ende seines Studiums gegen 1840 gehört. Enttäuscht zeigte er sich von dem Mann, den er lediglich aus Erzählungen in seiner Landshuter Zeit kennengelernt hatte. Im Jahre 1890 schrieb er:

"Man hat ihn künstlich auf eine ideale Höhe gehoben, die Niemand weniger verdiente, als er."[517]

---

512 Otto von Bismarck im Gespräch mit Rudolf von Jhering vom 1.4.1885 nach dessen Erinnerungen, Deutsche Dichtung, Bd. 13, S. 47.

513 Ders.,a.a.O., Bd. 13, S. 49.

514 Poschinger, Bismarck und Jhering, S. 9.

515 Ders., a.a.O., S. 34.

516 Ders.,a.a.O., S. 34.

517 Jhering, Erinnerungen an Bismarck und Savigny, Deutsche Dichtung, Bd. 13, S. 48.

Der Anlaß für Jherings Äußerungen lagen im Unterschied zu Bismarck nicht in mangelnder Begeisterung für das Fach. Er forschte wie Savigny im römischen Recht und in der Methode der Historische Rechtsschule. Seine Kritik läßt sich auf die erste persönliche Begegnung zwischen beiden zurückführen, in deren Verlauf Savigny Jhering nur wenig Aufmerksamkeit gschenkt hatte. Spott und vernichtende Kritik zeigen, daß Savigny im Gegensatz zur Marburger Zeit in Berlin nicht nur bewundert wurde.

2. Der Vortrag

Das widersprüchliche Bild höchster Verehrung und Verachtung setzt sich in den Beschreibungen Savignys Vortragsstil fort. Wo man nach Iherings Urteil der Bewunderungssucht verfallen war, ging das

> *"würdevolle Antlitz"*[518]

der Gestalt unmittelbar in den Vortrag des Lehrers über, wie Arndts formulierte. Wie schon Jakob Grimm in Marburg seinen Lehrer wegen seines Vortrages geliebt hatte, meinte Arndts,

> *"nie und nirgend einen schöneren vollendeteren Lehrvortrag gehört zu haben."*[519]

Bluntschli verherrlichte die Vorlesung:

> *"Er sprach frei und war der Sprache vollständig mächtig... Savigny vermied jeden rhetorischen Schmuck und alles Pathos. Die Rede floß ruhig dahin, ohne Brausen, Schäumen, Sprudeln. Er regte nicht auf, aber er regte zu wissenschaftlichem Denken an und war selber das nachahmungswürdige Vorbild eines überlegenden und urtheilenden Juristen."*[520]

---

518 Arndts, Gedenken, S. 14.
519 ders.aaO, S. 14.
520 Bluntschli, F.C. v. Savigny, S. 322.

Liliencron rühmte:

> *"Eine logische Entwicklung von vollendeter Einfachheit und Klarheit, ein Satzbau von künstlerischer Schönheit. Der nachschreibende Hörer fühlte sich wie von fester Hand geführt."*[521]

Das

> *"ursprüngliche Sprachgefühl und eine Begabung für die dialektische Seite des Ausdrucks,"*[522]

wie Bethmann-Hollweg es ausdrückte, sorgten nach Rudorffs Erinnerung dafür, daß die Schüler in den Bann des mit

> *"zauberischer Leichtigkeit Klarheit und Eleganz"*[523]

hinfließenden Vortrags gezogen wurden. Besonders die Interpretation schwieriger Pandektenstellen brachte Savigny von Bethmann-Hollweg ein besonderes Lob ein:

> *"Auch für die Geschichte giebt es einen Sinn unmittelbarer Wahrnehmung und der Vergegenwärtigung längst vergangener Tatsachen, als ständen sie lebendig vor uns. Es sind nicht Viele, die ihn besitzen,... Savigny besaß ihn in seltenem Maaße."*[524]

Welche inhaltliche Wirkung der Vortrag hatte, beschrieb Leopold von Ranke, der häufig Savignys Vorlesungen besucht hatte. In dem Brief an Francois Mignet vom Juli 1864 berichtete er:

---

521 Rochus von Liliencron, Frohe Jugendtage, S. 122.
522 Bethmann-Hollweg, Erinnerung, S. 45.
523 Rudorff, Erinnerung, S. 47.
524 Bethmann-Hollweg, a.a.O., S. 45.

"Seine Schüler waren davon überzeugt, daß sich die Sache so verhielt, wie der Lehrer sagte, und nicht anders sein konnte. Sie waren davon durchdrungen, etwas für immer erworben zu haben, wenn sie den Hörsaal verließen. Die Wirkung war nicht bloß eine wissenschaftliche, sondern auch eine moralische, religiöse. Es gibt Leute, die ihr Leben der Lehre gemäß geregelt haben, die er als Einleitung zu dem Kapitel über Eherecht aussprach."[525]

Die Begeisterung, mit der die meisten seiner Schüler an Savignys Lippen hingen, konnte Bismarck hingegen nicht teilen:

"Bei seinen Vorträgen maß er uns die Worte in einer Weise zu, als wären es goldene Körner und als enthalte eine Entwürdigung für ihn, zu uns reden zu müssen. Keine Beziehung zu seinem Auditorium, kein warmes lebhaftes Wort..."[526]

Auch die von vielen Schülern gerühmte Objektivität leidenschaftslose Umgang mit anderen Lehrmeinungen blieb von Bismarcks Kritik nicht verschont:

"Seine vielgepriesene Objektivität war nichts, als die vollendetste, durch seinen Hochmut eingegebene eisige Gleichgültigkeit, und sie hatte für die Zuhörer geradezu etwas Verletzendes, denn sie fühlten deutlich, daß sie nur darauf berechnet sei, ihnen den Abstand zwischen ihnen und ihm selber unausgesetzt in Erinnerung zu halten. Der Mann war mir duch dieses gespreizte Wesen förmlich widerwärtig...: er erschien mir nicht groß, sondern unsäglich klein und dürftig."[527]

---

525 Leopold von Ranke an F. Mignet im Juli 1864, S. 450.

526 Otto von Bismarck im Gespräch mit Rudolf von Jhering vom 1.4.1885 nach dessen Erinnerungen, Deutsche Dichtung, Bd. 13, S. 47.

527 Bismarck, a.a.O., S. 47 f.

Gleiches warf ihm Jhering vor. Für ihn war Savigny keineswegs der ideale Lehrer. Er vermißte die Begeisterungsfähigkeit und

> *"die Wärme des Vortrags, die aus dem Interesse hervorgeht, mit dem der Docent sich an seiner Aufgabe und seinem Gegenstand betheiligt. Kalt, ruhig, gemessen glitt der Fluß der Savigny'schen Rede dahin, gleich dem des Flußes in der Ebene, durchsichtig, klar bis auf den Grund, nie eine ungewöhnliche , heftige Bewegung, nie ein Sprudeln und Schäumen wie ein Gebirgsbach, das den Zuhörer hätte mitreißen, ihn hätte in Begeisterung versetzen können."*[528]

Gustav Parthey, der Savigny im Winter 1818/19 gehört hatte, sprach in diesem Zusammenhang von der

> *"selbstbewußten Kälte seiner Vorträge, mit der das Gebäude angelegt und aufgerichtet war."*[529]

3. Der Umgang des Lehrers mit den Studenten

Bismarck warf seinem Lehrer nicht allein mangelnde Begeisterungsfähigleit vor. Auch seinen Umgang mit den Studenten kritisierte er und hielt Savigny für geizig und habsüchtig. Die Studenten, die ihr Honorar bezahlt hatten, durften auf den besseren Plätzen seinen Worten folgen. Die anderen mußten sich mit der Rükkenansicht begnügen:

> *"Zuhörer, die zum zweiten Male die Pandekten hörten, brauchten kein Honorar zu zahlen. Wie unangenehm er das empfand, zeigte er ihnen dadurch, daß er ihnen die Plätze an einer bestimmten Stelle des Auditoriums zuwies, der er*

---

[528] Jhering, F.C. v. Savigny, S. 374 f.

[529] Gustav Parthey, Jugenderinnerungen, S. 236.

bei seinen Vorträgen stets den Rücken zudrehte. Er richtete sein Wort nur an diejenigen, die gezahlt hatten!"[530]

Bismarck hatte die Pandekten schon früher bei Gustav Hugo (1764-1844) in Göttingen gehört und gehörte augenscheinlich zu der Gruppe, die von Savigny weniger beachtet wurde. Das hatte er ihm noch 1885 nicht verziehen. In der Honorarfrage empfand Jhering ähnlich. Er hielt Savigny für kleinlich und geizig, weil er auf Bitten mittelloser Studenten auf Erlaß des Honorars ablehnend zu reagieren pflegte:

> *"Ein Honorarbetrag, der sich auf mehrere Tausende von Thalern bezifferte, das Nadelgeld seiner Frau! Und eine solche grotteske Unwahrheit scheute der Mann sich nicht über die Lippen zu bringen."*[531]

Jhering beklagte besonders die Veränderung in Savignys Wesen im Vergleich zur Landshuter Zeit:

> *"Der Eindruck, den ich von Savigny erhielt, als ich im Jahre 1840 bei ihm Pandekten hörte, war ganz derselbe, den er auf Bismarck gemacht hatte. Der Savigny der späteren Berliner Zeit war gänzlich ein anderer geworden, als der der Landshuter Periode, der zu den Studierenden in ein näheres persönliches Verhältnis getreten war und und sie sympathisch berührte."*[532]

Der Grund für Jherings Abneigung ist in einer Begegnung vom Jahre 1844 zu finden. Der junge Privatdozent der Berliner Universität wollte dem Minister Savigny ein Exemplar seiner Erstlingsschrift "Abhandlungen über das römische Recht" überreichen:

---

530 Otto von Bismarck im Gespräch mit Rudolf von Jhering vom 1.4.1885 nach dessen Erinnerungen, Deutsche Dichtung, Bd. 13, S. 48.

531 Jhering, Erinnerungen an Bismarck und Savigny, Deutsche Dichtung, Bd. 13, S. 48.

532 Ders., a.a.O., Bd. 13 S. 48.

> *"Seinen Hochmut sollte auch ich Gelegenheit erhalten kennenzulernen... Als ich bei Savigny erschien, saß er an seinem Arbeitstisch. Er erhob sich nicht vom Stuhl, ein gnädiges Kopfnicken und eine Hinweisung auf den Stuhl, auf dem ich Platz nehmen sollte...Einige wenige, in vollendet tonloser Stimme gesprochene Worte, dann ein Zeichen mit der Hand, daß ich mich erheben könne, ein kaum merkliches Kopfnicken , damit war die Audienz abgethan und ich ging mit dem Gelöbnis von dannen, in meinem ganzen Leben diese Schwelle nicht wieder zu betreten."*[533]

Bei Jhering saß die Erinnerung tief. Mehr als vierzig Jahre nach dieser Begegnung schrieb er die Begebenheit nieder. Bluntschli berichtete im Jahr 1879 ganz anders über den Kontakt zum Lehrer und hob mit besonderer Wertschätzung die Bereitschaft Savignys hervor,

> *"ernste wissenschaftliche Arbeiten seiner Zuhörer freundlich zu unterstützen durch guten Rath, durch Erörterung schwieriger Fragen, durch seine reiche Bibliothek, durch persönliche Anregung und Ermuthigung."*[534]

Bluntschlis Urteil reiht sich in diejenigen der Brüder Grimm, Eichhorns und Stahls ein. Jhering versuchte Savignys Verhalten zu erklären:

> *"Die blinde Bewunderungssucht seiner Verehrer hat aus dem Manne Savigny etwas völlig anderes gemacht, als er in Wirklichkeit war... Der Weihrauch und die Hofluft in Berlin hatten ihn verdorben."*[535]

---

533 Ders., a.a.O., Bd. 13, S. 49.

534 Bluntschli, F.C. v. Savigny, S. 322.

535 Jhering, a.a.O., Bd. 13, S. 48.

IV. Das Urteil über den Minister

Wie die Beurteilung als Lehrer fallen auch die Zeugnisse über Savigny als Minister unterschiedlich aus. Die Urteile stammen von Savignys Schülern und Freunden, wie Bethmann-Hollweg, Rudorff, Bluntschli, Ranke und Jhering. Fast im Einklang vertraten sowohl Freunde wie Feinde die Auffassung der Fehlbesetzung Savignys auf dem Posten eines Ministers. Savignys leidenschaftlicher Verehrer Bluntschli mußte in diesem Zusammenhang feststellen:

> *"Weder ein Sitz in der Regierung noch ein Sitz im Parlament war für ihn der richtige Ort seines Wirkens. Er war ein Gelehrter, Universitätsprofessor, Schriftsteller ersten Ranges, aber er war kein Staatsmann und kein Gesetzgeber."*[536]

Jhering sah in Savigny den Beweis erbracht,

> *"daß seine Behauptung von dem 'mangelnden Beruf unserer Zeit zur Gesetzgebung' ... vollkommen zutraf."*[537]

Zu nennen ist hier auch Adolf Stölzel (1831-1919)[538], der als erster auf Grund selbständiger Forschungen die Geschichte des Ministeriums Savigny geschrieben hat.[539] Sein Werk "Brandenburg-Preussens Rechtsverwaltung und Rechtsverfassung" aus dem Jahr 1888 diente anderen Beurteilungen als Vorlage und ist die umfangreichste Bearbeitung auf diesem Gebiet. Da das Werk aus archivalischen Quellen heraus geschrieben worden ist, informiert es auch heute noch am gründlichsten und verläßlichsten über die preußische Rechtsgeschichte.[540] Stölzel sprach von der mißglückten *"Wahl der Personen"*[541], deren sich der König zu Beginn seiner Regentschaft bediente. Er warnte,

---

536 Bluntschli, F.C. v. Savigny, S. 329.

537 Jhering, Erinnerungen an Bismarck und Savigny, Deutsche Dichtung, Bd. 13, S. 48.

538 Zu ihm: Otto Stölzel, Lebensbilder aus Kurhessen und Waldeck I, S. 249 f.

539 Lorenz, Savigny und die Strafgesetzgebung, S. 186.

540 Regge, Einleitung in: Ders. (Hrsg.), Rechtsverwaltung, S. V.

541 Stölzel, Rechtsverwaltung, S. 521.

> *"wie wenig räthlich es ist, das Katheder mit dem Ministersessel zu vertauschen und von der Gelehrtenstube aus die Rechtsgesetzgebung eines Großstaates lenken zu wollen als das Ministerium Savigny."*[542]

War man sich weithin darüber einig, daß Savigny kein ausgewiesenes politisches Talent hatte, so unterschiedlich wurde das Resultat Savignys Leistungen beurteilt. Stölzel urteilte nach dem äußerlichen Erfolg Savignys Ministerzeit. Für ihn kam sie einem Bankrott gleich. Tatsächlich blieb Savigny am Ende ohne den erwarteten Erfolg.[543] Fast sämtliche großen Anliegen der Gesetzrevision blieben unbefriedigend gelöst oder kamen am Vorabend der Revolution zu spät. Die Erneuerung des materiellen Scheidungsrechts war gescheitert; in den Bemühungen um die Straf- und Zivilprozeßordnungen hatte Savigny Niederlagen hinnehmen müssen. Die Vorarbeiten zur Allgemeinen Deutschen Wechselordnung von 1848 und das Preußische Strafgesetzbuch von 1851 waren die wenigen Früchte Savignys.[544] Stölzel beurteilte die Tätigkeit Savignys als eine bittere Enttäuschung, als er schrieb:

> *"In den Augen Savigny's mußte die Endschaft seines Amtes eine Erlösung von langer Pein bedeuten: die Art, wie er in demselbsn thätig gewesen, war nicht blos für ihn, sie war auch für das Land, für den König und für die gelehrte Welt nur eine Summe bitterer Enttäuschungen gewesen."*[545]

Stölzel kam im Jahre 1886 als Beamter ins Justizministerium. Daß er Savigny persönlich kennenlernte, ist nicht belegt. Wenn er in einer Form über Savigny sprach, die eine persönliche Bekanntschaft vermuten lassen, so liegt dies an den Erzählungen seines Vorgesetzten Ministers Friedberg. Auch diese hat er zur Grundlage seines Werkes gemacht.[546] Friedberg aber war kein Freund Savignys. Wenn Stölzel als Grund für das Versagen Savignys dessen Mangel an praktischer

---

542 Stölzel, Rechtsverwaltung, S. 625.

543 Hattenhauer, Geistesgeschichtliche Grundlagen, S. 118.

544 Hattenhauer, a.a.O., S. 118; Schubert/Regge, Einführung in: Regge (Hrsg.), Gesetzrevision, 1. Abteilung, Bd. 1, S. XL.

545 Stölzel, Rechtsverwaltung, S. 624.

546 Stoll, Savigny, Bd. 3, S. 25.

Erfahrung ausmachte, lag dem wohl auch die Erfahrung Friedbergs als Mitarbeiter im Uhden-Ministerium zugrunde:

> *"Daß aber selbst für einen Savigny auf diesem Wege nur ein sehr schwacher Ersatz der mangelnden practischen Erfahrung sich schaffen ließ, lag auf der Hand; durch Theilnahme an dieser oder jener Gerichtssitzung konnte nicht nachgeholt werden, was den Männern der Praxis durch jahrelange tägliche Uebung in Fleisch und Blut übergegangen war."*[547]

Die am äußeren Erfolg orientierte Wertung Stölzels ist andererseits auch kritisierbar.[548] Savignys Scheitern war auch die Folge der Umstände des Vormärz und der wenig konsequenten Haltung des Königs.[549] Einige Schüler Savignys suchten in ihren Nachrufen das Scheitern zu rechtfertigen. Rudorff meinte dazu:

> *"Ein Urteil über seine Amtsführung werde durch Parteileidenschaft getrübt, sehe man bei der Ausführung dieser Aufgabe einzig auf den bleibenden äußern Erfolg... Blickt man aber tiefer, so muß man den menschlichen und sittlichen Geist höher anschlagen."*[550]

Dabei hatte er den Geist vor Augen, mit dem Savigny das Ehegesetz hat reformieren wollen. Auch im Bereich des Strafverfahrens waren inzwischen Savignys Anliegen des Anklageprozeßes und sein Eintreten für die Grundsätze der Mündlichkeit, der freien Beweiswürdigung und der Öffentlichkeit in die Fassung der Reichsstrafprozeßordnung von 1879 mit eingeflossen.[551] Savignys in die Zukunft weisende Idee des Anwaltsprozesses wurde in Zivilprozeßordnung von 1877

---

547 Stölzel, Rechtsverwaltung, S. 545.

548 Vgl. Eberhard Lorenz, Friedrich Carl von Savigny und die preußische Strafgesetzgebung; auch Rückert, "Idealismus, Jurisprudenz und Politik bei Friedrich Carl von Savigny, S. 33 ff.; Schubert, Einleitung in: Ders. (Hrsg.), Gesetzrevision, II. Abteilung, Bd. 11, Teil 1, S. XX.; auch schon Stoll, Savigny, Bd. 3, S. 3ff, der die einseitige Darstellung Stölzels beklagt.

549 Schubert, a.a.O., S. XX.

550 Rudorff, Erinnerungen, S. 59 f.

551 Rückert, Idealismus, S. 36.

verwirklicht.[552] Bethmann-Hollweg lenkte die Aufmerksamkeit auf die Ungunst der äußeren Verhältnisse. Das Reformwerk als größte Aufgabe der inneren Umgestaltung Preußens sei unter Friedrich Wilhelm IV. vollends gescheitert:

> *"Wie wenig dies ihm gelungen, wie während acht Jahren der Staatswagen, an dem zwei Pferde vorn und zwei hinten angespannt wurden, nicht aus der Stelle ging und endlich umschlug, ist uns allen in schmerzlichster Erinnerung."*[553]

Die Schwäche des Königs offenbarte sich für ihn bereits in der Einrichtung eines eigenen Ministeriums für Gestzgebung und der Zweigleisigkeit in Justizangelegenheiten:

> *"Die Justiz in ihren zwei Hälften, der Rechtspflege und der Gesetzgebung, ist so sehr ein Ganzes, daß eine Theilung unter zwei Minister nicht gedeihen kann. Die Folge ist nämlich, daß der eigentliche Justizminister, der an der Spitze dieses wichtigen Verwaltungszweiges und seines einflußreichen Personals steht, über die Erfahrungen desselben, also über das Material der Gesetzgebung verfügt und die Gesetze zur Ausführung bringen hat, das entscheidende Übergewicht behauptet und dem Minister der Gesetzgebung, der diese Vortheile entbehrt, bei entgegenstehenden Ansichten unüberwindliche Schwierigkeiten bereiten kann."*[554]

Bethmann-Hollweg dachte hierbei besonders an die Auseinandersetzungen Savignys mit Uhden. Dieser hatte Savigny durch sein Verhalten in die Rolle des Zuschauers gedrängt.[555]

> *"Nimmt man nun noch die Eifersucht des Ressorts, eine eigenthümliche, Allen, die in dieser höchsten Sphäre*

---

552 Schubert, Einleitung in: Ders.(Hrsg.),Gesetzrevision,II.Abteilung,Bd.11,Teil1, S.XIX.
553 Bethmann-Hollweg, Erinnerungen, S. 75.
554 Bethmann-Hollweg, Erinnerungen, S. 74.
555 Lorenz, Savigny und die Strafgesetzgebung, S. 191.

> *gearbeitet haben, wohlbekannte Krankheit, und Savigny's edlen, jedes illoyale Mittel verschmähenden Charakter hinzu, so wird schon dies Alles erklären, warum er in den sechs Jahren seiner Verwaltung nicht mehr zu Stande gebracht hat."*[556]

Bethmann-Hollweg sprach Savigny daher vom Vorwurf des Versagens frei, wenn er meinte:

> *"So mußte er erleben, daß sein Werk, das er in ruhiger geschäftlicher Behandlung durchzuführen gehofft, das Opfer der Parteileidenschaft wurde."*[557]

V. Savigny und die Religion

Nicht zuletzt erinnerte man sich an Savigny als gläubigen Christen. Hervorzuheben ist hier der Aufsatz von Bethmann- Hollweg, in dem ein großer Teil dem religiösen Leben seines Lehrer und Freundes gewidmet ist. Protestantisch getauft, lebte Savigny in Gottesfurcht, Frömmigkeit und bekannte sich zu seiner Religion.[558] Als Kind genoß er eine christliche Erziehung. In seiner Jugend pflegte er engen und freundschaftlichen Kontakt zu Geistlichen der protestantischen Kirche, wie dem Pfarrer Johann Christian Bang (1774-1851), der zu seinen ersten und engsten Vertrauten in Marburg gehörte.[559] Vor allem in der Nähe zu gläubigen Menschen suchte Savigny das ihm in seiner Jugend vorenthaltene Familienleben zu ersetzen.[560] Er vertrat seinen Glauben nach außen und war regelmäßiger Kirchgänger. So schrieb Bethmann-Hollweg in seiner Erinnerung im Jahre 1867:

> *"Allein da die ächte Humanität, die Jedermann an ihm schauen konnte, eine Frucht seines bewußten christlichen*

---

556 Bethmann-Hollweg, Erinnerungen, S. 74.
557 Bethmann-Hollweg, a.a.O., S. 76.
558 Pfülff, Savigny als Ireniker, S. 33.
559 Stoll, Savigny, Bd. 1, S. 37.
560 Stoll, a.a.O., Bd. 1 S. 36.

Glaubens war, er sich auch nie des Evangelii von Christo geschämt hat, so gehört dieser Ausdruck zur Wahrheit seines Bildes."[561]

Vertieft wurde Savignys Sensibilität für religiöse Fragen durch die Begegnung des Protestanten mit dem Katholizismus. Diese fand vor allem in der Ehe mit seiner katholischen Frau Kunigunde Brentano statt. In der Erziehung ihrer Kinder, von denen je zwei katholisch und zwei evangelisch erzogen wurden, waren Glaubensfragen von besonderer Wichtigkeit. In dieser Hinsicht wurde auch Savignys Aufenthalt in Landshut und insbesondere die Bekanntschaft mit dem Professor der Theologie Johann Michael Sailer (1751-1832) von tragender Bedeutung und prägte seinen Glauben. Der Verkehr mit Sailer eröffnete Savigny den Zugang zur Erweckungsbewegung, als deren Förderer Sailer galt. Deren Ziel war es, an die Stelle des theologischen Rationalismus der Aufklärungszeit ein tätiges Christentum mit starker Betonung innerer Glaubenserlebnisse treten zu lassen.[562] Gotteserfahrung sollte wieder unmittelbar aus eigenem Erleben fließen.[563] Die starre Grenze zwischen Protestanten und Katholiken begann hier durchlässig zu werden. Man mißtraute den kirchlichen Institutionen und kritisierte die Amtskirchen. Innerlichkeit, Mystik und persönlicher Glaube prägten den neuen Glauben. Ganz und gar der Aufklärungsideologie verschrieben unternahmen die bayerische Regierung und die Römische Kirche den Versuch, dem Einfluß Sailers entgegenzuwirken und so die Gefahr für die Amtskirche einzudämmen.[564] Bethmann-Hollweg meinte zur Begegnung mit Sailer:

"Erst während seiner Wirksamkeit an der Universität zu Landshut gegegnete ihm in seinem Collegen, dem späteren Bischof J.M. Sailer, eine durchgebildete christliche Persönlichkeit, welche einen für's Leben entscheidenden Eindruck auf ihn machte... Savigny fand also in ihm Alles, was sein tiefes Gemüth und sein gebildeter Geist in dieser Richtung

---

561 Bethmann-Hollweg, a.a.O., S. 77.

562 Kadel, Ringseis und die Erweckungsbewegung, S. VIIf; Pfülff, Savigny und die Dinge in Bayern, S. 190.

563 Wendland, Studien zur Erweckungsbewegung, S. 23.

564 Funk, Von der Aufklärung zur Romantik, S. 171.

> *bedurfte, und die ihm verwandte süddeutsche Art, so wie Sailer's zarte Innigkeit förderten die herzlichste und zutraulichste Freundschaft der beiden Männer."*[565]

Der Mediziner Johann Nepomuk Ringseis (1785-1880), der Savigny als Student in Landshut kennengelernt hatte und ein Erweckter wurde, bewunderte besonders Savignys undogmatischen Glauben, als er sich um das Jahr 1875 erinnerte:

> *"Wie unbefangen wußte er, der Nichtbayer und reformirte Protestant, die einheimischen, die katholischen Größen zu würdigen! Mit welcher Rührung und Ehrfurcht sprach er mir, nicht nur in Landshut, sondern noch Jahre darauf in Berlin, von den ausgezeichneten Priestern, deren Wirken und Persönlichkeit ihm vor's Auge getreten!"*[566]

Savigny war kein religiöser Eiferer oder aktiver Teilnehmer der neuen Bewegung.[567] Dennoch fühlte er sich manchen Anliegen der Erweckten zugetan. Auch er wünschte sich eine Kirche, die nicht beschränkt durch Institutionen verdorren sollte.[568] Über religiöse Fragen tauschte Savigny sich besonders mit Ringseis aus. Der Briefwechsel in den Jahren von 1810 bis zu Savignys Tod zählte auf dessen Seite mehr als 50 Schreiben mit hauptsächlich religiösem Inhalt.[569] In einem Schreiben an Ringseis vom 23.8.1816 hob Savigny das für ihn Wichtigste am Glauben hervor: *"...die innige Wärme und geistige Kraft der Gemüter, die gänzliche Hingebung an eine höhere Idee, die völlige Gemeinschaft der Herzen."*[570] Savigny lebte einen überkonfessionellen Glauben, wie Bethmann-Hollweg feststellen konnte:

---

565 Bethmann-Hollweg, a.a.O., S. 77 f.

566 Ringseis, Lebenserinnerungen I, S. 97.

567 Beckenbauer, Briefe zweier Landshuter Professoren, S. 17.

568 Stoll, Savigny Bd. 2, S. 350.

569 Einige dieser Briefe Savignys sind bei Pfülff, F.K. v. Savigny als Ireniker, a.a.O., in mehreren Fortsetzungen abgedruckt; ausführlich zur Beziehung Savignys zu Ringseis vgl. auch Stoll, a.a.O., Bd. 2, S. 345-355.

570 Savigny an Ringseis vom 23.8.1816, Pfülff, Savigny als Ireniker, S. 166.

"Weit entfernt von dem katholisirenden Synkretismus mancher heutigen Evangelischen, der die köstlichsten Segnungen der Reformation preisgibt, ohne den Frieden zwischen beiden Bekenntnissen, geschweige die in ferner Zukunft liegende Vereinigung derselben wahrhaft zu fördern, nahm er die edelste irenische Stellung dazu ein."[571]

Auch der anonyme Verfasser des Erinnerungsaufsatzes in der in Berlin erschienenen "Neuen Evangelischen Kirchenzeitung" vom 7. Dezember 1861 hob das Reine und Unmittelbare in Savignys christlicher Anschauung hervor:

"Und dieser Mann, der in seinem langen Leben der höchsten irdischen Ehre und Anerkennung theilhaftig geworden, war in seinem Glauben ein einfacher, evangelischer Christ und ist als ein demüthiges Kind Gottes gestorben."[572]

Savignys Glaube hatte sich unter dem Einfluß Sailers bereits verfestigt, als er nach Berlin übersiedelte. Auch dorthin war die erweckliche Bewegung unter dem Eindruck der Befreiungskriege aufgeblüht.[573] Die unsicheren politischen Ereignisse und das Zusammenbrechen der alten Welt hatte jedem die irdische Vergänglichkeit deutlich vor die Augen geführt. Die Vernunftgläubigkeit der Aufklärung hatte sich auch in Berlin ausgelebt, ihr war ein Umschwung in das Gefühl bis hin zur Schwärmerei gefolgt. Die das alte Evangelium neu erlebten, hatten ihre entscheidenden Anregungen zu dem religiösen Aufbruch in ihrem Leben durch die Kriege erfahren.[574] Mit der Erhebung gegen Napoleon brach ein Sturm auf, in dem sich Christentum und Vaterlandsliebe vereinigten.[575] In vaterländisch gesinnten Zirkeln, wie der "Christlichen Tischgesellschaft" oder der "Maikäferei", versammelten sich die bedeutendsten Köpfe des damaligen Berlin, um das politsch wie das christlich- geistliche Leben zu besprechen und religiöse Gedanken zu

---

571 Bethmann-Hollweg, Erinnerungen, S. 79.

572 Anonym, Neue Evangelische Kirchenzeitung, Nr. 49 vom 7.12.1861, S. 769.

573 Vgl. dazu H. Büchsel, Über die kirchlichen Zustände in Berlin nach Beendigung der Befreiungskriege, in: Evangelische Kirchenzeitung, 1870, S. 201-235.

574 Wendland, Studien zur Erweckungsbewegung, S. 23.

575 Fischer, Bethmann-Hollweg und der Protestantismus, S. 56 f.

pflegen.[576] Savigny war Mitglied im gesetzgebenden Ausschuß der "Christlichen Tischgesellschaft."[577] Eine führende Rolle hat er dort aber nicht gespielt. Religiöse Schwärmerei war nicht seine Sache. Dennoch kam ihm in der preußischen Erweckungsbewegung eine nicht zu unterschätzende Stellung zu. Bethmann-Hollweg hob dies in seinen Erinnerungen hervor. Seine Erfahrungen mit der Erwekkungsbewegung verdankte er Savigny, in dessen Hause sich Studenten und ein gepflegter und weitreichender Gesellschaftskreis versammelte.[578] Durch ihren Rechtslehrer Savigny erfuhren viele zum ersten Mal etwas von der Erweckung in Bayern, ließen sich begeistern und erhielten neue geistliche Nahrung. So hat Savigny die zeitlich vorangegangenen bayerischen Ereignisse in Berlin bekannt gemacht.[579] Bethmann-Hollweg hatten die Berichte Savignys derart bewegt fasziniert, daß er nach Bayern reiste, um die religiöse Atmosphäre dort zu erleben. Seine Verehrung Savignys als einen tief gläubigen Christen faßte er in die Worte:

> *"Zur Freude der Einen, zur Beschämung der Anderen sei es bezeugt, daß von den Männern, welche in jener großen Zeit vor fünfzig Jahren für die geistige Wiedererhebung unseres Volkes gewirkt, nicht bloß der Minister von Stein, E.M. Arndt, Schleiermacher, Niebuhr u.A., sondern auch Savigny Licht und Kraft aus dieser Quelle geschöpft hat. Und in einer juristischen Zeitschrift darf auch das Zeugnis niedergelegt werden, wenn es anders nicht bloß vom Theologen, sondern auch von dem Juristen gilt: ...Pectus facit Jurisconsultum!"*[580]

---

576 Zu ihnen gehörten unter anderem Niebuhr, Schleiermacher, Schinkel, Eichhorn, W. v. Humboldt, Lützow, Clausewitz, Gneisenau und Grolman.

577 Stoll, Savigny, Bd. 3, S. 219.

578 Fischer, a.a.O., S. 58.

579 Wendland, a.a.O., S. 21.

580 Bethmann- Hollweg, aaO, S. 77; Übersetzung: "Die Brust (d.h. das Herz) macht den Juristen."

Anhänge

Anhang I (Quelle: Hessisches Staatsarchiv Marburg, Bestand 80 (Hanauer Geheimer Rat) VI, lit. B Nr. 8):

"Herr Friedrich Carl von Savigny, der einzige hinterlassene Sohn und Erbe weiland des fürstlich Nassau-Usingischen Geheimraths und Kreisgesandten Christian Carl Ludwig von Savigny, ist nach seiner Eltern Ableben 2 1/2 Jahre in unserem Hause unter unserer Auffsicht gewesen, hat darauf auf der Universität Marburg 3 Jahre und zu Göttingen 1/2 Jahr und zwar bei seiner vorzüglich guten natürlichen Talenten und seinem mehr als gewöhnlichen Fleiße mit großem Nutzen zugebracht. Seine Aufführung in jedem Betracht war die eines ausgezeichneten ordentlichen und soliden jungen Mannes, und ich kann bezeugen, daß er im Verhältniß seines Vermögens ohne unter der Aufsicht eines Hofmeisters zu sein sehr ordentlich und genau gewirtschaftet habe. Wenn in den letzteren Jahren von den Gütern oder ökonomischen Einrichtungen die Frage war, so wurde dessen Meinung vernommen und von ihm auf eine Art geäußert, welche gute Beurteilungskraft voraussetzt. Bei der genauen Kenntniß, welche ich von den Talenten, der Denkungsart und Handelsweise des Herrn v. Savigny habe, kann ich mit der strengsten Gewissenhaftigkeit und aus voller Überzeugung äußern, daß ich als testamentarischer Ehrenvormund, welchem die Direction der Erziehung vorzüglich nach beider Eltern Willen anvertraut gewesen, den selben vollkommen geschickt und fähig halte, sein Vermögen selbst und eher daß es weiter einer vormundschaftlichen Pflege bedarf, zu verwalten.
Urkundlich meiner eigenhändigen Unterschrift und beigedruckten (?). Wetzlar am 20. Februar 1799.

Johann Friedrich Albrecht Constantin von Neurath,
Reichskammergerichtsassessor"

"Wir unterschriebene verpflichtete (?) Vormünder treten vorstehendem Urtheil aus voller Überzeugung bei. Hanau den 28ten Februar 1799 und Mannholz den 1ten März 1799

Friedrich Carl Blum
Ludwig Friedrich Kronberg"

Anhang II (Quelle: Königlich privilegierte Berlinische Zeitung (Vossische Zeitung), Nr. 54, Den 6. März 1842, S. 9-10; Redakteur: E.F. Lessing):

"Gestern brachten die hiesiegen Studirenden ihrem bisherigen berühmten Lehrer, dem soeben zum Staatsminister ernannten Geheimen Rath von Savigny, einen glänzenden Fackelzug. Um sieben Uhr versammelten sich die Theilnehmer desselben auf dem Hofe der Universität. Um acht Uhr trat der Zug, mit voranschreitender Musik, seinen Weg die Linden entlang nach dem Wohnhause Gefeierten an. Dort wurde ein Gaudeamus igitur angestimmt und eine Deputation begab sich zu dem Herrn Staatsminister herauf, um demselbsn die Gesinnungen anhänglicher Ehrfurcht, welche die Studirenden in der Feier ausdrücken wollten, auch mündlich auszusprechen. Von hier aus begab sich der Zug die Wilhelmstraße hinunter nach der Kochstraße. Vor dem Halleschen Thore wurden die Fackeln unter dem abermaligen Gaudeamus verbrannt."

Anhang III (Quelle: Berlinische Nachrichten von Staats- und Gelehrten-Sachen (Haude- und Spenersche Zeitung), Nr. 55, Den 7. März 1842, S. 3; Redakteur: S.H. Spiker):

"Vorgestern vormittag schloß in Folge seiner Ernennung zum Geheimen Staats- und Justizminister, der bisherige Geheime Ober- Revisions- Rath und Professor von Savigny seine juristischen Vorlesungen an der hiesigen Friedrich- Wilhelms-Universität, in dem er zugleich seinen Zuhörern seine Ernennung mittheilte. Um dem hochgeschätzten scheidenden Lehrer einen Beweis der Dankbarkeit und zugleich freudigen Theilnahme zu seiner Erhebung zu geben, wurde unmittelbar nach Beednigung der Vorlesung unter den Studirenden der Entschluß zu einem Fackelzug gefaßt und nach eingegangener Genehmigung dieser am Abend zur Ausführung gebracht. Die Studierenden versammelten sich im Vorhof der Universität, zündeten dort die Fackeln an und begaben sich dann nach 8 Uhr in einem Zuge von mehreren hundert Fackelträgern, mit Marschällen in Festkleidung und mit gezogenen Degen, unter schmetternder Militärmusik, die Linden hinunter nach der Wohnung seiner Exc. auf dem Pariser Platze, wo die im Zuge in einer vierspännigen Equipage sich befindenden Mitglieder einer Deputation dem

Gefeierten ihre Huldigung darbrachten, während der Zug sich auf dem Platz gruppierte und in Musik, Gesang des Gaudeamus und Lebehoch seine freudige Theilnahme aussprach.

Anhang IV (Quelle: Locomotive. Zeitung für politische Bildung des Volkes, Nr. 48, Den 6. Mai 1848, S.111; Redakteur: Held):

"Hr. v. Savigny, dessen ganzes Verdienst um Preußen in der Entwerfung von Gesetzen besteht, von denen keines zur Ausführung reif wurde, hat noch nach seiner Amtsenthabung, also nach dem er gar keine unreifen Gesetzentwürfe mehr fabriciren brauchte, nämlich am 1. April, seinen Gehaltstheil von 3.000 Thalern gezogen."

Anhang V (Quelle: Berliner Krakehler, Nr. 1, Den 18. Mai 1848, S. 3):

"Der Professor und nachmalige Minister Savigny, welcher sich die Einnahme für die Kollegia, welche er noch hätte halten können, wenn er nicht Minister geworden wäre, für 40.000 Thaler abkaufen, und in kluger Voraussicht der Dinge, die da kommen würden, sich sein Gehalt auszahlen ließ, hat jetzt erklärt, er wolle wieder Professor werden und diese Summe nebst 5 Procent Zinsen dem leergelassenen Staats- Schatze zurückerstatten. - Zur Nachahmung den andern Ex- Ministern dringend empfohlen."

Anhang VI (Quelle: Neue Preußishe Zeitung (Kreuzzeitung), Nr. 252, Den 27. Oktober 1861, S. 1):

"Gestern Nachmittag um 3 Uhr verschied der Königliche Staatsminister a. D. Dr. Friedrich Karl v. Savigny, Kanzler des Ordens pour le merite für Wissenschaften und Künste, Ritter des hohen Ordens vom Schwarzen Adler und mehrerer anderer hoher Preußischer uns auswärtiger Orden, im 83. Lebensjahr. Der Name

Savigny's ist mit der Entwicklung und Weiterbildung der juristischen Wissenschaft dieses Jahrhunderts auf das Engste verbunden, und noch in seinem hohen Alter beschäftigte ihn unausgesetzt die Ausarbeitung eines großartigen Werkes über das Römische Recht, welches leider unvollendet bleibt, aber so weit es in die Oeffentlichkeit getreten ist für alle Zeiten ein glänzendes Zeugnis für das Wissen und den juristischen Scharfsinn eines Deutschen Gelehrten ablegen wird, dessen langes und gewaltiges Leben ohne Angehören der Wissenschaft, der Auffindung und Sicherstellung des positiven Rechts, der höheren göttlichen Weltordnung und der darauf gegründeten Menschenordnung gewidmet war. v. Savigny ist unbestreitbar der erste Jurist dieses Jahrhunderts, und vielleicht hat es seit den Tagen der großen Begründer des Römischen Rechts, eines Tribonian und Paulus keinen zweiten Juristen gegeben, der mit gleichem Scharfsinn und gleicher Eleganz wie er das umfangreichste historische Material bearbeitet hätte. Vielleicht ist noch niemals, so lange es eine juristische Wissenschaft gibt, ein Werk geschrieben, welches in solcher Weise epochemachend gewesen wäre und eine Umgestaltung aller bisher geltenden Rechtsanschauungen hervorgerufen hätte, wie das im Jahre 1803 in der ersten Auflage erschienene Werk über den Besitz. Und überall ist diesen kurz zusammengedrängten Ausführungen, welche alle bisherigen Forschungen über Bord werfen, jener auf den ersten Blick erkennbare Stempel der Wahrheit und durchsichtigster Klarheit aufgedrückt, welche nur jene begnadeten Genies ihren Schöpfungen zu verleihen vermögen, welche Gott der Herr in der Regel in vielen Jahrhunderten nur ein Mal entsendet, um dieser oder jener Wissenschaft oder Kunst eine für lange Jahrhunderte geltende neue Bahn vorzuzeichnen. Savigny hat seine Thätigkeit im Wesentlichen auf das Privatrecht und insonderheit auf das Römische Privatrecht beschränkt; selbst als Begründer und Haupt jener juristischen Schule, welche unter dem Namen der historischen, eine so große Mission für die Weiterbildung des öffentlichen und Privatrechts erfüllt hat und in diesem Augenblicke noch erfüllt, ist er für seine Person der eigentlichen Politik ferngeblieben. Der nun Verewigte wußte sich wie alle wahrhaft großen Männer zu beschränken, und gerade darin beruht ein nicht geringer Theil seiner welthistorischen Bedeutung. v. Savigny beschränkte sich darauf, Jurist im strengen Sinne des Wortes zu bleiben, wenn schon viele seiner Gedanken für die Principien der conservativen Staatsmänner dieses Jahrhunderts und ihr politisches Handeln wunderbar befruchtend geworden sind. Wir erinnern un an die große von ihm angeregte und entschiedene Frage über die eigentliche Natur des Besitzes, ob der Besitz ein Rechtsverhältnis sei, wie bis dahin allgemein angenommen wurde, oder ein bloß factisches Verhältnis, als welches er, wie v. Savigny schlagend nachweist, bereits im Römischen Rechts ganz ausführlich galt. Wir erinnern ferner an dasjenige Werk v. Savigny's, welches am meisten einen politischen Charakter trägt, über den Beruf unserer Zeit für Rechtswissenschaft und Gesetzgebung, welches 1814 zu Berlin erschien und selbst von seinen Gegnern als ein classisches Werk im eigentlichen Sinne betrachtet wird. Es gebricht uns an Zeit in diesem Augenblick, wo wir den Tod des großen Juristen unseren Lesern mittheilen, auf die Wirksamkeit desselben als Schriftsteller und akademischer Lehrer näher einzugehen; wir beschränken uns daher auf die obigen flüchtigen Notizen. Über sein Leben heben wir nur noch hervor, daß v. Savigny 1779 zu Frankfurt a. M.geboren und nach einander in Marburg, Landshut und seit 1810 in Berlin als Professor der Rechte thätig war. 1816 ward er zum Geheimen Justizrath, 1817 zum Staatsrath, später auch zum Mitglied des für die Rheinischen Provinzen errichteten Revisionshofes und 1842 von des Hochseligen Königs Majestät zum Wirklichen Geheimen Rath und Justizminister für die Gesetzrevision ernannt. In dem Jahr 1848 wurde v. Savigny nebst seinen damaligen Collegen in den Ruhestand versetzt und lebte seitdem bis zu seinem Tode fern von aller Politik seinen wissenschaftlichen Forschungen. Auch auf die bedeutende amtliche Thätigkeit v. Savigny's müssen wir uns eines näheren Eingehens hier enthalten; wir erinnern nur daran, daß unter den bedeutenden von ihm redigirten Gesetzen sich auch das wichtige Gesetz von 1846 über das Verfahen in Ehescheidungssachen befindet, welches den ersten Schritt auf dem Wege der von dem hochseligen Könige beabsichtigten Ehereform bezeichnet. So treten nacheinander alle die großen conservativen Juristen und Staatsmänner im Laufe deses Jahres von dem Schauplatze ihres Wirkens ab: v. Savigny, Stahl, Pernice und Keller, und von einem Nachwuchse, der ihm ebenbürtig zu werden verspricht, finden sich in diesem Augenblicke noch keine Spuren. Aber wir trösten uns mit dem Gedanken, daß Gott der Herr seine Sache, die Sache des Rechts und der staatlichen Ordnung, nicht verlassen wird und daß der Geist jener hervorragenden Männer, welcher in ihren Schöpfungen fortlebt, auch in Zukunft tapfere Streiter für die von den bösen Elementen unserer Tage auf allen Punkten aufgegriffene Rechtsordnung erwecken wird, welche die Wege der Meister mit Erfolg weiter wandeln. Wenn uns nicht alle Zeichen trügen, so hat die von Savigny gestiftete historische Schule, trotz aller scheinbaren Niederlagen, in diesem Augenblick, wo die Schwäche der auf ein sog. Vernunftrecht gestützten politischen Parteien, ihre Unfähigkeit, die politische Ordnung aufrecht zu erhalten immer mehr zu Tage tritt, bessere Aussicht auf den endlichen Sieg ihrer Principien als zu irgend einer anderen Zeit. Deshalb blicken wir mit Wehmut zwar, aber nicht hoffnungslos auf das Grab des größten Deutschen Rechtslehrers, welcher wegen seiner conservativen Sinnesart von seinen politischen Gegnern vielfach verletzt worden ist, über dessen großartige Bedeutung aber unter allen Parteien keine Verschiedenheit der Ansicht besteht."

Anhang VII (Quelle: Nationalzeitung
Nr. 504, Den 29. Oktober 1861, S. 3):

"Der König und die hier anwesenden königlichen Prinzen, Prinz August von Württemberg und die Fürstin Radziwill erschienen heute Nachmittag 3 Uhr im Sterbehause des Staatsministers v. Savigny. Es wohnten der Leichenfeierlichkeit ferner bei die Minister und viele höhere Militärs, der Rektor und die Professoren der hiesigen Universität im Ornat, die Präsidenten und Direktoren der hiesigen Gerichtshöfe, Deputationen der städtischen Behörden u.a. An dem mit Blumen, Kränzen und Palmzweigen geschmückten Sarge sprach der General- Superintendent Dr. Büchsel zu der Trauerversammlung. Mitglieder des Domchores schlossen die Feier mit einem Choral. Hierauf ordnete sich der Leichenzug. Den mit 6 Pferden bespannten Wagen geleiteten 12 Studenten, welche Palmzweige trugen. Es folgten die Universitätslehrer und die städtischen Behörden. An der Spitze der langen Wagenreihe fuhren die mit 6 Pferden bespannten königlichen Gala- Wagen. Der Zug nahm seinen Weg nach dem Jerusalemer Kirchhofe, auf welchem der Verstorbene die letzte Ruhestätte erhalten hat. Dr. Büchsel sprach am Sarge die Einsegnungsworte."

Anhang VIII (Quelle: Königlich Preußischer Staatsanzeiger (Allgemeine Preußische Zeitung), Nr. 259, Den 30. Oktober 1861, S. 2023):

"Bei der gestern nachmittag im Sterbehause stattgehabte Begräbnisfeier des am 25ten heimgegangenen Staats- Ministers a.D. von Savigny waren Se. Majestät der König und die Prinzen des Königlichen Hauses anwesend. In der zahlreichen Trauerversammlung sprach am Sarge der General- Superintendent Büchsel. Der Leichenzug geleitete darauf den Verstorbenen zu seiner letzten Ruhestätte auf dem Jerusalemer Kirchhof. Fr. Karl von Savigny war 1779 zu Frankfurt a.M. geboren und nach einander in Marburg, Landshut und seit 1810 in Berlin als Professor thätig. Im Jahre 1842 wurde er von der hochseligen Majestät zum Wirklichen Geheimen Rathe und Justizminister für Gesetzrevision ernannt. Er war Kanzler der Ordens pour le merite für Wissenschaften und Künste so wie Ritter des hohen Ordens vom Schwarzen Adler."

Anhang IX (Quelle: Berliner Gerichtszeitung, Nr. 135, Den 16. November 1861, S. 568):

"Die Gedächtnisfeier, welche die juristische Gesellschaft für Savigny zu veranstalten beabsichtigt, wird wie wir vernehmen, größere Dimensionen annehmen, indem Vertreter des Staats und der städtischen Behörden dazu geladen werden. Die Feier soll am Freitag, den 29. November im Meser'schen Saale stattfinden."

Anhang X (Quelle: Berliner Gerichtszeitung, Nr. 141, den 30. November 1861, S. 594):

"Im Meser'schen Saale fand gestern Abend unter dem Vorsitze des Stadtgerichtsrath Graf v. Wartensleben die von der juristischen Gesellschaft veranstaltete Gedächtnisfeier für den verstorbenen Minister v. Savigny statt. Zu derselben waren die Majestäten mit den gesamten Mitgliedern des Königlichen Hauses, die Minister, die Generalität, die Spitzen der Behörden, die Universität, die Academie, der Magistrat und die Zeitungs- Redactionen eingeladen worden. Die

Gedächstnisrede hielt der Professor Dr. Heydemann, anderweite Festreden der Graf v. Wartensleben und der Prof. v. Wächter aus Leipzig. Ueber die Details der Feier berichten wir in der nächsten Nummer noch specieller."

Anhang XI (Quelle: Berliner Gerichtszeitung, Nr. 142, Den 3. Dezember 1861, S. 600):

"Die Feier, welche die juristische Gesellschaft am Freitag Abend zum Gedächtnis des Staatsministers von Savigny veranstaltet hatte, war eine ebenso würdige als erhebende. Derselben wohnten I.I. M.M. der König und die Königin, S.K.H. der Kronprinz, mehrere Minister und viele hohe Staatsbeamte, sowie der größte Teil der Mitglieder der juristischen Gesellschaft bei. Die Gedächtnisrede, die der Professor Heydemann ablas, schilderte zunächst den Lebenslauf der Vorfahren des Gefeierten - er stammte aus einer bereits im Anfang des 17. Jahrhunderts aus Frankreich nach Deutschland eingewanderten Familie - und ging dann auf dessen persönliche Verhältnisse und seine für die juristische Wissenschaft so unendlich wichtige und wirksame Thätigkeit genauer ein, namentlich auf sein Wirken als Lehrer und als Schriftsteller. Der Präsident der juristischen Gesellschaft, Stadtgerichtsrath Graf Wartensleben, theilte demnächst mit, daß die Gesellschaft beschlossen habe, eine Savigny- Stiftung zu errichten und überließ die nähere Erklärug darüber dem Präsidenten des ersten Juristentages, Professor Wächter, der darauf in längerer Rede auseinandersetzte, daß nicht ein steinernes Denkmal dem großen Lehrer gesetzt werden soll, sondern ein Denkmal für ewige Zeit und unumstößlich, indem eine Stiftung zur Förderung der vergleichenden Rechtswissenschaft gegründet werden soll. Der Präsident schloß demnächst die Sitzung, welche mit von Hesekiel gedichteten Gesängen begonnen und beschlossen wurde."

Anhang XII (Quelle: Neue Preußische Zeitung (Kreuzzeitung), Nr. 281, Den 1. Dezember 1861, S.2):

" 'Gedächtnisfeier für Savigny' Berlin, 30. November 1861
Am gestrigen Abend fand im Meser'schen Saale Unter den Linden die von der hiesigen juristischen Gesellschaft veranstaltete Gedächtnisfeier des Königl. Staats- Ministers Dr. Karl Friedrich von Savigny statt. Der Saal war angemessen decoriert, in dem schwarz aufgeschlagenen Halbkreise stand die Büste des Gefeierten. Etwa 7 3/4 Uhr erschien Se. Maj. der König mit I. Maj. der Königin und Se. K.H. dem Kronprinzen. Im Gefolge der allerhöchsten Herrschaften befanden sich die Kammerherrn Graf Häscher und v. Kleist, die Palastdamen und Flügeladjutanten. Die Schwiegertochter des Verewigten, Frau v. Savigny, geborene Gräfin Arnim- Boitzenburg, empfing I. Maj. die Königin in der Loge. Durch dessen Vorstand begrüßt, nahmen die allerhöchsten Herrschaften in der Loge Platz. Nach Vortrag einer Cantate "Wir grüßen Dich mit ernstem Gruß" (Text von George Hesekiel, Musik von C.M. v. Weber) eröffnete der Stadtgerichtsrath Graf Wartensleben die Sitzung. Die Fest- und Gedächtnisrede hielt der Professor hiesiger Unversität Dr. Heydemann. In lebendigen Zügen entwarf er ein Bild des äußeren und inneren Lebensganges, der großen und vielseitigen Bedeutung Savignys, vornehmlich pries er ihn als Lehrer und Vorbild. Savignys Eltern stammten aus Frankreich. Er selbst stand schon im 13. Jahre ganz verwaist. Die glänzendsten Zeugnisse begleiteten schon seine Bildungsstudien. 1800 wurder er Doktor der Rechte, und schon 1804, im 24. Lebensjahr, erschien die erste Auflage seiner Besitzlehre, das Werk einer fünfmonatlichen Arbeit, welches für immer seinen Ruhm begründete. Zehn Jahre später, als Savigny bereits der hiesigen Universität angehörte, folgte die tiefgreifende Schrift über den Beruf unserer Zeit zur Gesetzgebung. Von 1840 ab datirt die Herausgabe seines größten, eines wahrhaft kosmopolitischen Werkes, des Systems des heutigen Römischen Rechts, vollendet in seinen allgemeinen, unvollendet in seinem speciellen Theil. 1850 erschienen auch seine vermischten Schriften in fünf Bänden voll reichsten Inhalts. Auch andere Völker haben sich seine geistigen Werke durch Übersetzung seiner Schriften in viele fremde Sprachen bereits angeeignet. Zwischen der wissenschaftlichen Arbeit liegt Savigny's patriotische und Staatsmännisch- gesetzgeberische Thätigkeit. Zu den Befreiungskriegen requirirte er gerne

Studiosen und wirkte für die Bewaffnung des Volkes, erhielt als Anerkennung hier für das eiserne Kreuz. Schon 1817 wurde er Mitglied des Staatsrates, trat bald darauf in den höchsten Gerichtshof für Rheinisches Recht. Die Leitung des Justizministeriums in den vierziger Jahren nöthigte ihn zur Aufgabe des akademischen Lehramtes. Das Jahr 1848 setzte seinem öffentlichen Wirken ein Ende. Noch hat ihn die Königliche Gnade zum Kronsyndikus und Mitglied des Herrenhauses berufen, aber er konnte sich nicht entschließen, nochmals in eine politische Thätigkeit einzutreten. Die höchsten vaterländischen Orden haben die Brust des Verewigten geschmückt. Die letzte Feier seines Lebens war sein sechzigjähriges Doktorjubiläum. So hat S. Generationen nach Zeit und Macht umspannt, er war der Lehrer eines Zeitalters, verband und überleitete die Wissenschaft zweier Jahrhunderte. Die formale und conventionelle Richtung des vorigen Jahrhunderts überwand er durch den Hinweis auf das Organische. Ohne die Gegenwart unter die Vergangenheit zu beugen, fand und hielt er den lebendigen Zusammenhang zwischen beiden, hatte gleich tief erfassenden Sinn für Gewordenes und Werdendes. Sein Leben und Wirken hatte den reichsten Inhal, die größte Fülle; seine Rede war plastisch, voll klarer Tiefe, wunderbar ergreifend; seine Schreibart Muster; er gestaltete die Wissenschaft zur Kunst. Dabei achtete und würdigte er das Kleinste, hatte Freude an der wirksamsten Arbeit. In anmuthiger Meisterschaft ließ er jeden gewähren, half Allen und förderte Alles. So stand er auch zu dem Preußischen Rechte, das ihm seine Thätigkeit und seinen Einfluß in Vorlesungen, Schrift und Gesetzgebung dankt. Die Vorlesung über Preußisches Recht hat er zuerst im Winter 1819 zu 1820 den Vorlesungen der anderen Rechtsdisciplinen ebenbürtig gemacht, hat später eine eigene Professur an hiesiger Universität für Preußisches Recht gründen helfen. Seine wissenschaftlichen Werke duchleuchten auch dieses vaterländische Recht. Er vermittelte Theorie und Praxis in geeigneter und förderster Weise. In der Gesetzgebung bewahrte er einen objectiven Standpunkt, bewirkte die Einführung des mündlichen und öffentlichen Verfahrens, gab der Ehegesetzgebung in dem processualischen Theile einen würdigeren Standpunkt; von ihm ging die Vorarbeit für das bestehende Straf- und Wechselrecht aus. Inmitten dieser Züge, die wir nur in Einigem wiedergeben konnten, charakterisierte der Redner das Wesen Savignys in Summa als die Mischung des Antiken und Christlichen zu reinster Pietät, dem Höhepunkte menschlicher Anschauung. Während Savigny Römisch denken lehrte, wurde er mehr und mehr durchdrungen von dem wahren Geiste des Christenthums und barg einen einfachen kindlichen Glauben. Die gab seinem Leben und Wesen eine harmonische Vollendung. Die letzte Zeit seines Lebens war eine Vorbereitung auf dessen Ende. Er hat auch die Feuerprobe bestanden und darin seine Größe gezeigt, daß er seiner wissenschaftlichen Thätigkeit ein Ziel setzte, als seine Kräfte nur eben zu schwinden im Beginn waren. Nun steht sein unvollendetes Werk da als mächtiger Fingerzeig und eine starke Mahnung. Der Präsident verkündete hierauf den Entschluß der juristischen Gesellschaft zur Gründung einer Savigny- Stiftung für Förderung der vergleichenden Rechtswissenchaft. Der Geheime Rath Professor Dr. v. Wächter aus Leipzig gab diesem Gedanken näheren Ausdruck; doch kam die nähere Gestaltung der Stiftung nicht zur Sprache. Es folgte der Schluß der Sitzung und die Schluß- Cantate: "Heilig, heilig, heilig die Todten sind." Die Gesänge sind gedichtet von George Hesekiel und wurden von einem Sängerchor unter Leitung des Königl. Domsängers Ferd. Schulz vorgetragen. Unter den Anwesenden sahen wir den General- Feldmarschall Freiherrn von Wrangel, den Oberkämmerer Grafen v. Redern, die Minister Simons, v. Auerswald, v. Bethmann, v. Bernuth, den Unterstaatssekretär Lehnert, den Geheimehn Rath v. Winser, die Vorstände königlicher und städtischer Behörden, Mitglieder der Akademie der Wissenschaften und der Universität. Die akdemische Jugend war durch 12 Studirende der juristischen Fakultät verrteten. Von den auswärtigen Mitgliedern der ständigen Deputation des Deutschen Juristentages war der General- Staatsanwalt Dr. Schwartze aus Dresden erschienen. Auch waren die Gesandten sämmtlicher Deutscher Höfe und die Gesandten Hollands, Belgiens, Dänemarks und Sardiniens anwesend."

Anhang XIII (Quelle: Nationalzeitung,
Nr. 561, Den 1. Dezember 1861, S. 1 f.):

"Die juristische Gesellschaft hierselbst weiß die Gelegenheit mit Geschick zu wählen und mit Erfolg zu benutzen. Vor zwei Jahren gab sie die Anregung zu dem deutschen Juristentage und damit zu einer wohlthätigen Bewegung weit über das Gebiet hinaus. Wie sie damals die berechtigte Verbindung der juristischen Praxis mit der Gesetzgebung dem Volke zur Anschauung und dem Juristenstande zur Geltung brachte, so hat sie durch die am Freitag abgehaltene Feier zum Gedächtnis Savignys den Juristenstand an seine Verbindlichkeit gegen die Wissenschaft erinnert. Einladungen waren ergangen an den König, die Königin und die Mitglieder des Königlichen Hauses, die nächsten Angehörigen des Gefeierten, die höchsten Hofchargen, die Staatsminister und Abtheilungsdirigenten, das diplomatische Corps, die Höchstgestellten der Generalität, der Gerichtshöfe und Verwaltungsbehörden, an den Senat und 12 Studenten der hiesigen Universität, an Vertreter der Akademie, der städtischen Behörden, der Kaufmannschaft, an die Mitglieder der ständigen Kommission des deutschen Juristentages, an die Vertreter der Presse. Der König erschien wenige Minuten vor acht, und sofort begann die Feier mit nachstehender Cantate, gedichtet von George Hesekiel, komponirt nach C.M. v. Weber's "Wir grüßen Dich", und von einem vierstimmigen Männerchor unter Leitung des Domsängers Ferd. Schulz vortrefflich vorgetragen:

'Wir grüßen Dich mit ernstem Gruß
Du edler gottgegebener Geist!
Die Thräne ward uns zu Gesang,
Der Schmerz verklärt in Lied und Klang,
Fließt hin in Trauermelodien.

Vollendung war Dein schönes Ziel,
Du großer Meister edler Form,
Du hast vollendet! Schlackenrein
Gingst Du durch ew'ge Gnade ein
In der Vollendung.

Des Rechtes Acker bautest Du,
Des Geistes Korn warfst Du hinein,
Und fruchtbar bleibt die Geistessaat,
Wie oft der Endte Sichel naht,
Sie bleibt und blüht in Ewigkeit!'

Der Präsident der Gesellschaft, Stadtgerichtsrath Graf von Wartensleben, gab dem Festredner, Geheimen Justizrath Professor Dr. Heydemann das Wort. Darauf erhielt ein Gast, der Geheimrath Professor v. Wächter aus Leipzig das Wort. Wir haben damit der Pflicht des Berichterstatters genügt; es bleibt eine andere, peinliche, aber unerläßliche Pflicht zu erfüllen, denn die Presse ist auch eine Lehrerin. Wir hätten gewünscht, daß der Festredner das Wirken Savigny's als Gesetzgeber mit Schweigen übergangen, oder, wenn er die Erwähnung für nothwendig hielt, anders behandelt hätte. Die Regel, die das Alterthum uns hinterlassen hat, lautet nicht: de mortuis nil nisi bonum, nicht: sprich von den Todten nur Gutes, sie lautet: de mortuis nil nisi bene, sprich von den Todten nur auf eine gute Weise, nur zu einem guten Zwecke. Und die Regel halten wir inne, ihr Gebot bringen wir erst zur Erfüllung, indem wir ein Wort des Widerstandes gegen den Redner, des Bedauerns um den Todt und der Mahnung an die Lebenden hinzufügen. Da der Redner sich als den ergebenden Gehülfen und vertrauten Rathgeber des Verstorbenen in seinen Arbeiten für die preußische Gesetzgebung zu erkennen gab, so wollen wir nicht mit seiner Überzeugung richten, daß Savigny 'die Reform des Eherechts wenigstens zu einem besseren Verfahren durchgeführt habe'. Aber daß sein Entwurf des Strafrechts von 1847 'allgemeine Anerkennung gefunden, Gerechtigkeit und Humanität geathmet und zuerst die Prügelstrafe, die Vermögenskonfiskation und die qualifizierten Todenstrafen abgeschafft' habe, ist nicht richtig. Wir haben den Entwurf nicht zur Hand, die Jahrgänge dieser Zeit reichen nicht bis 1847 zurück, und so lange die Bibliothek nicht eine würdigere und zweckmäßigere Stätte gefunden hat, fehlt es in Berlin an den nöthigen Hilfsmitteln, welche die Schwäche, aber auch die Stärke der Journalistik ist. Wir behaupten, daß, wer die Gesetzsammlung von 1842 bis 1848 durchgehen will, den Namen Savigny neben dem Namen Arnim unter Gesetzen finden wird, die in das Bild wenig passen, dem Savigny der Lehrer geglichen hat. Gewiß ist jene Rückwandelung in die Vergangenheit nicht von ihm ausgegangen; aber daß er sie mitgemacht, davon wird ihn die Geschichte nicht freisprechen. Nein, je weiter die Gestalt des großen Mannes von dem Beschauenden abrückt, desto dunkler wird dieser Schatten darauf fallen. Wenn Savigny, was ihm so leicht gewesen, fest und treu geblieben, ein Thurm der Stärke für die Schwachen, ein Leuchtfenster für die Gewalthaber geworden wäre, dann würde er, wenn längst sein Name nur noch in dem Kreise von Gelehrten genannt und verehrt sein wird, in dem Herzen des deutschen Volkes seine Stiftung haben:

> 'Justum et tenacem propositi virum,
> Non civium ordor prava jubentium,
> Non vultus instantis tyranni
> Meute quatit solida.' "

Literaturverzeichnis

Amelung, Heinz (Hrsg.)
Briefwechsel zwischen Clemens Brentano und Spohie Mereau
Potsdam 1939

Andersen, Hans Christian
Das Märchen meines Lebens. Briefe. Tagebücher, hg. von Erling Nielsen
Darmstadt 1961

Anonym
Pernice. Savigny. Stahl
Berlin 1862

Anonym
Friedrich Carl von Savigny, in: Neue Evangelische Kirchenzeitung, Dritter Jahrgang, Nr. 49, 1861, S. 769-780

Arnim, Bettina von
Gesammelte Werke, Bd. 1, Bd. 2, Bd. 5, hg. von Gustav Konrad
Frechen 1958-1961

Arndts, Karl Ludwig, Ritter von Arnsberg
Zum Gedenken an Friedrich Carl von Savigny, in: Kritische Vierteljahrsschrift, Bd. 4, S. 1-15
Berlin 1862

Bake, Uwe
Die Entstehung des dualistischen Systems der Juristenausbildung in Preussen
Kiel 1971

Barüske, Heinz (Hrsg.)
Aus Andersens Tagebüchern, Bd. 2
Frankfurt a.M. 1980

Baxta, Jakob (Hrsg.)
Adam Müllers Lebenszeugnisse, Bd. 2
München Paderborn Wien 1966

Beckenbauer, Alfons
Briefe zweier Landshuter Universitätsprofessoren, hg. vom Historischen Verein für Niederbayern
Landshut 1985

Ders.
Die Ludwig-Maximilians-Universität in ihrer Landshuter Epoche 1800-1826
München 1992

Benthaus, Raimund
Eine "Sudeley" ? - Das Allgemeine Landrecht für die Preussischen Staaten von 1794 im Urteil seiner Zeit.
Dissertation Kiel 1996

Bethmann-Hollweg, Moritz August von
Erinnerung an Friedrich Carl v. Savigny als Rechtslehrer, Staatsmann und Christ, in: Zeitschrift für Rechtsgeschichte, Bd. 6, S. 42-86
Weimar 1867

Bluntschli, Johann Kaspar
Denkwürdigkeiten aus meinem Leben, hg. von Rudolf Seyerlein, Erster Teilband: Die schweizerische Periode 1808-1848
Nördlingen 1888

Ders.
Friedrich Carl von Savigny, in: Westermanns Illustrierte Deutsche Monatshefte 1879, S. 316-329

Bornemann, Wilhelm
Die Rechtsentwicklung in Deutschland und deren Zukunft, mit besonderer Hinsicht auf Preußen
Berlin 1856

Botzenhart, Manfred
Reform, Restauration, Krise. Deutschland 1789-1847
Frankfurt am Main 1985

Braun, Johann
Ein homo politicus zwischen Hegel und Savigny, in: Deutsche Juristen jüdischer Herkunft, hg. von Helmut Heinrichs, Harald Franzki, Klaus Schmalz und Michael Stolleis
München 1993

Ders.
Schwan und Gans, in: Juristenzeitung, 1979, S. 769-775

Brinz, Alois von
Festrede zu Friedrich Karl von Savigny's hundertjährigem Geburtstag gehalten am 21. Februar 1879
München 1879

Conradi, Ralf
Karl Friedrich Eichhorn als Staatsrechtslehrer: Seine Göttinger Vorlesung über "Das Staatsrecht der deutschen Bundesstaaten" nach einer Kollegmitschrift aus dem Wintersemseter 1821/22
Frankfurt a.M. 1987

Dahl, Frantz
Nordische Stimmen über Savigny und Gans, in: Zeitschrift der Savigny-Stiftung für Rechtsgeschichte, Germanistische Abteilung, Bd. 37 (1916), S. 511-518

Dahlmann, Hellfried
Briefe Friedrich Creuzers an Savigny (1799-1830)
Berlin 1972

Denneler, Iris
Karl Friedrich von Savigny
Berlin 1985

Dilcher, Gerhard
Der Protest der Göttinger Sieben. Zur Rolle von Recht und Ethik, Politik und Geschichte im Hannoverschen Verfassungskonflikt, in: Schriftenreihe der Juristischen Studiengesellschaft Hannover, Heft 18
Hannover 1988

Drewitz, Ingeborg
Bettina von Arnim. Romantik- Revolution- Utopie,
4. Auflage
München 1982

Ebel, Friedrich
Savigny officialis. Vortrag gehalten vor der juristischen Gesellschaft zu Berlin am 22. Oktober 1986, Schriftenreihe der juristischen Gesellschaft zu Berlin, Bd. 104
Berlin 1987

Eichendorff, Joseph Freiherr von
Sämtliche Werke. Historisch-kritische Ausgabe, hg. von Hermann Kunisch und Helmut Koopmann, Bd. 12, hg. von Sibylle von Steinsdorf
Stuttgart Berlin Köln 1992

Ders.
Tagebücher, autobiographische Dichtungen, historische und politische Dichtungen, hg. von Hartwig Schultz, Bd. 5
Frankfurt am Main 1993

Hoffmann von Fallersleben, August Heinrich
Auswahl in drei Teilen, hg. von Augusta Welder- Steinberg, Dritter Teil "Mein Leben"
Berlin Leipzig Wien Stuttgart o.J.

Fischer, Fritz
Moritz August von Bethmann-Hollweg und der Protestantismus
Berlin 1938

Fontane, Theodor
Sämtliche Werke, hg. von Kurt Schreinert und Jutta Neuendorff-Fürstenau, Bd. 15 "Von 20 bis 30"
München 1961

Fuchs, Walther Peter (Hrsg.)
Leopold von Ranke - Das Briefwerk
Hamburg 1949

Funk, Philipp
Von der Aufklärung zur Romantik. Studien zur Vorgeschichte der Münchener Romantik
München 1925

Gans, Eduard
Autobiographische Notiz, in: Hallesche Jahrbücher für deutsche Wissenschaft und Kunst, Bd. 3 (1840), Spalte 902-903

Ders.
Das Erbrecht in welgeschichtlicher Entwicklung, Zweiter Band
Berlin 1825

Ders.
System des römischen Civilrechts im Grundrisse
Berlin 1827

Gerstner, Hermann (Hrsg.)
Die Brüder Grimm. Ihr Leben und Werk in Selbstzeugnissen, Briefen und Aufzeichnungen
Ebenhausen 1952

Gerlach, Ernst Ludwig von
Aufzeichnungen aus seinem und Wirken, hg. von Jakob v. Gerlach, Bd. 1
Schwerin 1903

Grab, Walther und Friesel, Uwe
Noch ist Deutschland nicht verloren. Eine historisch-politische Analyse unterdrückter Lyrik von der Französischen Revolution bis zur Reichsgründung
München 1973

Grimm, Jakob
Kleinere Schriften, Bd. 1
Berlin 1864

Hall, Wolfgang van
Savigny als Praktiker - Die Staatsratsgutachten 1817- 1842. Dissertation
Bremerhaven 1981

Härtl, Heinz (Hrsg.)
Arnims Briefe an Savigny 1803-1831
Weimar 1982

Hattenhauer, Hans
Die geistesgeschichtlichen Grundlagen des deutschen Rechts,
3. Aufl.
Heidelberg 1983

Ders.
Einführung in die Geschichte des Preußischen Allgemeinen Landrechts, in: Allgemeines Landrecht für die Preußischen Staaten von 1794. Textausgabe, hg. von Hans Hattenhaue und Günther Bernert, S. 1 ff.
Neuwied 1994

Ders.
Europäische Rechtsgeschichte
Heidelberg 1992

Ders.
Preußens Richter und das Gesetz (1786-1814), in: Das nachfriderizianische Preußen 1786-1806. Rechtshistorisches Kolloqium 11.-13. Juni 1987 Christian-Albrechts-Universität zu Kiel, hg. von Hans Hattenhauer und Götz Landwehr, S. 37 ff.
Heidelberg 1988

Ders.(Hrsg.)
Thibaut und Savigny. Ihre programmatischen Schriften. Mit einer Einführung von Hans Hattenhauer
München 1973

Haym, Rudolf (Hrsg.)
Briefe von Wilhelm von Humboldt an Geord Heinrich Ludwig Nicolovius
Berlin 1894

Hegel, Georg Wilhelm Friedrich
Grundlinien der Philosophie des Rechts oder Naturrecht und Staatswissenschaft, 2. Auflage hg. von Eduard Gans
Berlin 1840

Heine, Heinrich
Historisch-kritische Gesamtausgabe der Werke, hg. von Manfred Windfurth, Bd. 2, 3, 4, 6, 7, 10 Hamburg 1982-1993

Hensler, Dora (Hrsg.)
Lebensnachrichten über Barthold Georg Niebuhr aus Briefen desslben und aus Erinnerungen einiger seiner nächsten Freunde, Bd. 1
Hamburg 1838

Historischer Verein für Niederbayern (Hrsg.)
Briefe zweier Landshuter Universitätsprofessoren
Landshut Ergolding 1985

Höhn, Gerhard
Heine, Zeit, Person, Werk, Handbuch
Stuttgart 1987

Huber, Ernst Rudolf
Deutsche Verfassungsgeschichte seit 1789, 3. Aufl., Bd. 2
Stuttgart Berlin 1988

Humboldt, Wilhelm von
Gesammelte Werke, hg. von der Königlich Preussischen Akademie der Wissenschaften Bd. 10
Berlin 1903

Jhering, Rudolf von
Friedrich Karl v. Savigny, in: Jahrbücher für die Dogmatik des heutigen römischen und deutschen Privatrechts, Bd. 5 (1861), S. 354-377

Ders.
Erinnerungen an Bismarck und Savigny, in: Deutsche Dichtung, Bd. 13 (1892/93), S. 47-49

Ippel, Eduard von
Briefwechsel zwischen Jakob und Wilhelm Grimm, Dahlmann und Gervinus, Bd. 1
Berlin 1885/86

Justi, Karl Wilhelm
Grundlage zu einer hessischen Gelehrten- Schriftsteller- und Künstler-Geschichte Vom Jahre 1806 bis zum Jahre 1830
Marburg 1831

Justiz-Ministerialblatt für die Preußische Gesetzgebung und Rechtspflege
Hg. im Bureau des Justizministeriums, IV. Jahrgang, 1842

Kadel, Herbert (Hrsg.)
Johann Nepomuk von Ringseis - Erlebnisse aus der bayrischen Erweckungsbewegung
Marburg 1981

Kleinheyer, Gerd und Schröder, Jan
Deutsche Juristen aus fünf Jahrhunderten, 4. Aufl.
Heidelberg 1996

Koglin, Olaf Karl Friedrich
Die Briefe Friedrich Julius Stahls. Dissertation Kiel 1975

Köpke, Rudolf
Die Gründung der Königlichen Friedrich- Wilhelm- Universität zu Berlin
Berlin 1860

Kraus, Hans-Christof
Ernst Ludwig v. Gerlach, Teil 1
Göttingen 1994

Krüger, Jürgen
Blindheit und Königtum = Rechtshistorische Reihe, Bd. 108
Frankfurt a.M. 1992

Lautenschlager, Friedrich
Die Universität Heidelberg und der Fall Martin, in: Zietschrift für die Geschichte des Oberrheins (Neue Folge 46), 1933, S. 636ff.

Leitzmann, Albert (Hrsg.)
Briefwechsel der Brüder Grimm mit Karl Lachmann, Bd. 2
Jena 1927

Lenz, Max
Die Geschichte der Königlichen Friedrich- Wilhelms- Universität zu Berlin, Bd. 1, 3, 4
Berlin 1910/1918

Leo, Heinrich
Der Hegelianismus in Preußen, in: Zeitschrift für Religions- und Geistesgeschichte, Bd. 10 (1958), Heft 1, S. 51-60

Liermann, Hans und Schoeps, Hans-Joachim (Hrsg.)
Materialien zur preußischen Eherechtsreform im Vormärz, in: Nachrichten der Akademie der Wissenschaften in Göttingen, I. Philologisch- historische Klasse, Nr. 14 (1961), S. 490-536

Liliencron, Rochus Freiherr von
Frohe Jugendtage. Lebenserinnerungen
Leipzig 1902

Lorenz, Eberhard
Friedrich Carl von Savigny und die preußische Strafgesetzgebung
Essen 1958

Meisner, H. und Schmidt, E. (Hrsg.)
Briefe an Wolfgang Menzel
Berlin 1908

Michaelis, Karl
Carl Friedrich Eichhorn (1781-1854). Ein Rechtshistoriker zwischen Revolution und Restauration, in: Rechtswissenschaft in Göttingen - Göttinger Juristen aus 250 Jahren, hg. von Fritz Loos, S. 166-189
Göttingen 1987

Mittheilungen aus dem Literaturarchive in Berlin
Briefe aus B.G. Niebuhrs Nachlaß
Berlin 1897

Mohl, Robert von
Die Geschichte und Literatur der Staatswissenschaften, Dritter Band
Erlangen 1858

Nolte, Jürgen
Burchard Wilhelm Pfeiffer. Gedanken zur Reform des Zivilrechts
Göttingen 1969

Oechsli, Wilhelm (Hrsg.)
Briefwechsel Johann Kaspar Bluntschlis mit Savigny, Niebuhr, Leopold Ranke, Jakob Grimm, Ferdinand Mayer
Frauenfeld 1915

Oehlke, Waldemar
Bettina von Arnims Briefromane
Berlin 1905

Parthey, Gustav
Jugenderinnerungen. Zweiter Teil (Universitätszeit)
Berlin 1907

Perthes, Clemens Theodor (Hrsg.)
Friedrich Perthes Leben nach dessen schriftlichen und mündlichen Mittheilungen, Dritter Band, 6. Auflage Gotha 1872

Pfülff, Otto (Hrsg.)
Friedrich Karl von Savigny als Ireniker, in: Stimmen aus Maria Laach. Katholische Blätter, 66. Band (1904), S. 33-46

Ders (Hrsg.)
Savigny und die Dinge in Bayern, in: Stimmen aus Maria Laach. Katholische Blätter, 67. Band (1904), S. 188-206

Polley, Rainer
Anton Friedrich Justus Thibaut (AD 1772-1840) in seinen Selbstzeugnissen und Briefen, Bd. 1 u. 2
Frankfurt am Main 1982

Poschinger, Heinrich von
Bismarck und Jhering. Aufzeichnungen und Briefe
Berlin 1908

Preitz, Max
Karoline von Günderode in ihrer Umwelt, II. Karoline von Günderodes Briefwechsel mit Friedrich Karl und Gunda von Savigny, in: Jahrbuch des Freien Deutschen Hochstifts 1964

Ranke, Leopold von
Abhandlungen und Versuche, hg. von Albert Dove und Theodor Wiedemann
Leipzig 1888

Ders (Hrsg.)
Aus dem Briefwechsel Friedrich Wilhelms IV. mit Bunsen
Leipzig 1873

Ringseis, Emilie von (Hrsg.)
Erinnerungen des Johann Nepomuk von Ringseis, Erster Band
Regensburg Amberg 1886

Rückert, Joachim
Idealismus, Jurisprudenz und Recht bei Savigny
Berlin 1984

Rudorff, Adolf Friedrich
Friedrich Carl von Savigny. Erinnerung an sein Wesen und Wirken, in:
Zeitschrift für Rechtsgeschichte, Zweiter Band (1863), S. 1-68

Sailer, Johann Michael
Leben und Briefe. Erster Band: Leben und Persönlichkeit in Selbstzeugnissen,
Gesprächen und Erinnerungen der Zeitgenossen, dargestellt von Hubert Schiel,
Zweiter Band: Briefe, hg. von Hubert Schiel
Regensburg 1948-1952

Schaffstein, Friedrich
Friedrich Carl von Savigny und Wilhelm von Humboldt, in: Zeitschrift der
Savigny-Stiftung für Rechtsgeschichte, Germanistische Abteilung, Bd. 72 (1955),
S. 154-176

Schellberg, Wilhelm und Fuchs, Friedrich
Die Andacht zum Menschenbilde. Unbekannte Briefe von Bettina Brentano
Jena Leipzig 1942

Dies.
Unbekannte Briefe von Clemens Brentano
Jena 1949

Schoeps, Hans-Joachim (Hrsg.)
Aus den Jahren preußischer Not und Erneuerung
Berlin 1963

Ders.
Preussen. Geschichte eines Staates
Berlin Frankfurt am Main 1995

Schoof, Wilhelm, und Schnack, Ingeborg (Hrsg.)
Briefe der Brüder Grimm an Friedrich Karl von Savigny
Berlin Bielefeld 1953

Schoof, Wilhelm (Hrsg.)
Briefwechsel der Brüder Grimm mit Ernst von der Malsburg
Halle 1904

Ders.
Die Brüder Grimm in Berlin
Berlin 1965

Schubert, Werner und Regge, Jürgen (Hrsg.)
Gesetzrevision (1825-1848), I. Abt., Bd. 1, hg. von J. Regge, Vaduz 1981, II. Abt., Bd. 11, Teil 1 u. 2, hg. von W. Schubert Vaduz 1991

Schulte, Johann Friedrich von
Karl Friedrich Eichhorn. Sein Leben und Wirken nach seinen Aufzeichnungen, Briefen, Mitteilungen von Angehörigen und Schriften
Stuttgart 1884

Schultz, Hartwig
Bettinas Auseinandersetzung mit Friedrich Karl von Savigny um die Einstellung der Brüder Grimm, in: Herzhaft in die Dornen der Zeit greifen, Bettina von Arnim (1785-1859), hg. von Christoph Perels
Stuttgart 1985

Ders. (Hrsg.)
Der Briefwechsel Bettina von Arnims mit den Brüdern Grimm 1838-1841
Frankfurt a.M. 1985

Steffens, Henrik
Lebenserinnerungen aus dem Kreise der Romantik, hg. von Friedrich Gundelfinger Jena 1908

Steig, Reinhold und Grimm, Herman (Hrsg.)
Achim von Arnim und die ihm nahe standen, Bd. 1: Achim von Arnim und Clemens Brentano, Bd. 3: Achim von Arnim und Jakob und Wilhelm Grimm
Stuttgart Berlin 1894/1904

ders.(Hrsg.)
Achim von Arnim über Savignys Buch vom Beruf unserer Zeit für Gesetzgebung, in: Zeitschrift der Savigny- Stiftung für Rechtsgeschichte, Germanistische Abteilung, 13. Band (1892), S. 228-234

Ders. (Hrsg.)
Bettina von Arnims Briefwechsel mit Johann Wolfgang v. Goethe
Leipzig 1922

Ders.
Clemens Brentano und die Brüder Grimm
Stuttgart Berlin 1914

Stein, Karl Freiherr vom und zum
Briefe und amtliche Schriften, neu hg. von Walther Hubatsch, Bd. 10
Berlin Köln Mainz 1970

Steinsdorff, Sibylle von (Hrsg.)
Der Briefwechsel zwischen Bettine Brentano und Max Prokop von Freyberg
Berlin New York 1972

Stiegler, Herwig
Troubadour der Pandekten. Savigny im Vexierbild Heinescher Satire, in: Recht und Geschichte, Festschrift für Hermann Baltl, hg. von Helfried Valentinitsch
Graz 1988

Stintzing, Roderich von
Friedrich Carl von Savigny
Berlin 1862

Stoll, Adolf
Friedrich Carl von Savigny. Ein Bild seines Lebens mit einer Sammlung seiner Briefe, Bd. 1-3
Berlin 1927-1939

Stölzel, Adolf
Brandenburg-Preussens Rechtsverwaltung und Rechtsverfassung, Bd. 1 u. 2, neu hg. von Jürgen Regge
Vaduz 1989

Sydow, Anna von
Wilhelm und Caroline von Humboldt in ihren Briefen, Bd. 4
Berlin 1910

Temme, Jodocus Donatus Hubertus
Erinnerungen, hg. von Stephan Born
Leipzig 1883

Treitschke, Heinrich von
Deutsche Geschichte im 19. Jahrhundert, Bd. 1, 2, 3, 5, Neudruck der Ausgabe von 1912
Königstein Düsseldorf 1981

Varnhagen von Ense, Karl August
Tageblätter, hg. von Konrad Feilchenfeldt
Frankfurt am Main 1994

Ders.
Tagebücher, hg. von Ludmilla Assing, Bd. 1-4
Bern 1862-1972

Vischer, Eduard (Hrsg.)
Barthold Georg Niebuhr. Briefe. Neue Folge 1816-1830, Bd. 1, 1. Halbband
Bern München 1981

Weißendorn, Birgit (Hrsg.)
"Ich sende Dir ein zärtliches Pfand". Die Briefe der Karoline von Günderode
Frankfurt am Main Leipzig 1992

Wendeler, Camillus (Hrsg.)
Briefwechsel des Freiherrn Karl Hartwig Gregor von Meusebach mit Jakob und Wilhelm Grimm
Heilbronn 1880

Wendland, Walter
Studien zur Erweckungsbewegung in Berlin (1810-1830), in: Jahrbuch für brandenburgische Kirchengeschichte, 19. Jahrgang (1924), S. 5-77

Werner, Johannes (Hrsg.)
Die Schwestern Bardua. Bilder aus dem Gesellschafts-, Kunst- und Geistesleben der Biedermeierzeit
Leipzig 1929

Wieacker, Franz
Privatrechtsgeschichte der Neuzeit, 2. Aufl.
Göttingen 1967

Wiedemann, Ursula
Karl August Varnhagen von Ense - Ein Unbequemer in der Biedermeierzeit
Stuttgart Weimar 1994

Windfurth, Manfred
Heinrich Heine zwischen den progressiven Gruppen seiner Zeit, in: Zeitschrift für deutsche Philologie, 91. Band (1972), S. 1-23

Wohlhaupter, Eugen
Dichterjuristen, Bd. 1
Tübingen 1953

RECHTSHISTORISCHE REIHE

Band 1 Studien zu den germanischen Volksrechten. Gedächtnisschrift für Wilhelm Ebel. Vorträge gehalten auf dem Fest-Symposion anläßlich des 70. Geburtstages von Wilhelm Ebel am 16. Juni 1978 in Göttingen. Götz Landwehr (Hrsg.) 1982.

Band 2 Hans Poeschel: Die Statuten der Banken, Sparkassen und Kreditgenossenschaften in Hamburg und Altona von 1710 bis 1889. 1978.

Band 3 Thomas Kolbeck: Juristenschwemmen, Untersuchungen über den juristischen Arbeitsmarkt im 19. und 20. Jahrhundert. 1978.

Band 4 Norbert Hempel: Richterleitbilder in der Weimarer Republik. 1978.

Band 5 Rolf Stratmann: Die Scheinbußen im mittelalterlichen Recht. 1978.

Band 6 Martin C. Lockert: Die niedersächsischen Stadtrechte zwischen Aller und Weser. Vorkommen und Verflechtungen. Eine Bestandsaufnahme. 1979.

Band 7 Joachim Rückert/Wolfgang Friedrich: Betriebliche Arbeiterausschüsse in Deutschland, Großbritannien und Frankreich im späten 19. und frühen 20. Jahrhundert. Eine vergleichende Studie zur Entwicklung des kollektiven Arbeitsrechts. 1979.

Band 8 Peter Bender: Die Rezeption des römischen Rechts im Urteil der deutschen Rechtswissenschaft. 1979.

Band 9 Friedrich Karl Alsdorf: Untersuchungen zur Rechtsgestalt und Teilung deutscher Ganerbenburgen. 1980.

Band 10 Dietmar Willoweit/Winfried Schich (Hrsg.): Studien zur Geschichte des sächsisch-magdeburgischen Rechts in Deutschland und Polen (Sammelband). 1980.

Band 11 Brigitte Hempel: Der Entwurf einer Polizeiordnung für das Herzogtum Sachsen-Lauenburg aus dem Jahre 1591. 1980.

Band 12 Klaus-Detlev Godau-Schüttke: Rechtsverwalter des Reiches. Staatssekretär Dr. Curt Joël. 1981.

Band 13 Rainer Polley: Anton Friedrich Justus Thibaut (AD 1772-1840) in seinen Selbstzeugnissen und Briefen. Teil 1: Abhandlung. Teil 2: Briefwechsel. Teil 3: Register zum Briefwechsel. 1982.

Band 14 Michael Wettengel: Der Streit um die Vogtei Kelkheim 1275-1276. Ein kanonischer Prozeß.1981.

Band 15 Otto Wilhelm Krause: Naturrechtler des sechzehnten Jahrhunderts. Ihre Bedeutung für die Entwicklung eines natürlichen Privatrechts. 1982.

Band 16 Helga Spindler: Von der Genossenschaft zur Betriebsgemeinschaft. Kritische Darstellung der Sozialrechtslehre Otto von Gierkes. 1982.

Band 17 Holger Otte: Gustav Radbruchs Kieler Jahre 1919 - 1926. 1982.

Band 18 Rüdiger Teuner: Die fuldische Ritterschaft 1510 - 1656. 1982.

Band 19 Gerhard Dilcher/Rudolf Hoke/Gian Savino Pene Vidari/Hans Winterberg (Hrsg.): Grundrechte im 19. Jahrhundert. 1982.

Band 20 Karl-Hans Schloßstein: Die westfälischen Fabrikengerichtsdeputationen - Vorbilder, Werdegang und Scheitern. 1982.

Band 21 Birger Schulz: Der Republikanische Richterbund (1921-1933). 1982.

Band 22 Engelbert Krause: Die gegenseitigen Unterhaltsansprüche zwischen Eltern und Kindern in der deutschen Privatrechtsgeschichte. 1982.

Band 23 Meent W. Francksen: Staatsrat und Gesetzgebung im Großherzogtum Berg (1806-1813). 1982.

Band 24 Gerd von Sonnleithner: Bearbeitung des Handelsrechts durch Ignaz von Sonnleithner in seinem "Leitfaden über das österreichische Handels- und Wechselrecht". 1982.

Band 25 Rudolf Palme: Rechts-, Wirtschafts- und Sozialgeschichte der inneralpinen Salzwerke bis zu deren Monopolisierung. 1983.

Band 26 Helen Bosshard: Pestalozzis Staats- und Rechtsverständnis und seine Stellung in der Aufklärung. 1983.

Band 27 Jens Jessen: Die Selbstzeugnisse der deutschen Juristen. Erinnerungen, Tagebücher und Briefe. Eine Bibliographie. 1983.

Band 28 Günter Martin Jensen: Das Domanium Waldeck. Die rechtliche Zuordnung eines Fürstenvermögens. 1984.

Band 29 Johann Heinrich Kumpf: Petitionsrecht und öffentliche Meinung im Entstehungsprozeß der Paulskirchenverfassung 1848/49. 1983.

Band 30 Sabine Frey: Rechtsschutz der Juden gegen Ausweisungen im 16. Jahrhundert. 1983.

Band 31 Dietrich Joswig: Die germanische Grundstücksübertragung. 1984.

Band 32 Andreas Baryli: Konzessionssystem contra Gewerbefreiheit. Zur Diskussion der österreichischen Gewerberechtsreform 1835 bis 1860. 1984.

Band 33 Gerhard Oberkofler: Studien zur Geschichte der österreichischen Rechtswissenschaft. 1984.

Band 34 Rudolf Lauda: Kaufmännische Gewohnheit und Burgrecht bei Notker dem Deutschen. Zum Verhältnis von literarischer Tradition und zeitgenössischer Realität in der frühmittelalterlichen Rhetorik. 1984.

Band 35 Jens Jensen: Die Ehescheidung des Bischofs Hans von Lübeck von Prinzessin Julia Felicitas von Württemberg-Weiltingen AD 1648-1653. Ein Beitrag zum protestantischen Ehescheidungsrecht im Zeitalter des beginnenden Absolutismus. 1984.

Band 36 Horst Schröder: Friedrich Karl von Savigny. Geschichte und Rechtsdenken beim Übergang vom Feudalismus zum Kapitalismus in Deutschland. 1984.

Band 37 Andreas Hatzung: Dogmengeschichtliche Grundlagen und Entstehung des zivilrechtlichen Notstands. 1984.

Band 38 Matthias Klasen: Das Billwerder Landrecht. Landrecht und Landgericht in den Hamburger Elbmarschen. 1985.

Band 39 Rainer Jamin: Aufbau, Tätigkeit und Verfahren der Auseinandersetzungsbehörden bei der Durchführung der preußischen Agrarreformen. 1985.

Band 40 Henry Winter: Teilschuld, Gesamtschuld und unechte Gesamtschuld. Zur Konzeption der §§ 420 ff. BGB - Ein Beitrag zur Entstehungsgeschichte des BGB. 1985.

Band 41 Hermann Eichler: Verfassungsbewegung in Amerika und Europa. 1985.

Band 42 Dagmar Bandemer: Heinrich Albert Zachariae. Rechtsdenken zwischen Restauration und Reformation. 1985.

Band 43 Eva-Christine Frentz: Das Hamburgische Admiralitätsgericht (1623-1811). Prozeß und Rechtsprechung. 1985.

Band 44 Karl Lillig: Rechtsetzung im Herzogtum Pfalz-Zweibrücken während des 18. Jahrhunderts. Ein Beitrag zur Geschichte der territorialen Rechtsbildung. 1985.

Band 45 Walter Weber: Die Entwicklung der Sparkassen zu selbständigen Anstalten des öffentlichen Rechts. Ein Beitrag zur Entwicklung des Anstaltsbegriffs im 19. Jahrhundert. 1985.

Band 46 Bärbel Baum: Der Stabreim im Recht. Vorkommen und Bedeutung des Stabreims in Antike und Mittelalter. 1986.

Band 47 Hans Popp: Die nationalsozialistische Sicht einiger Institute des Zivilprozeß- und Gerichtsverfassungsrechts. 1986.

Band 48 John Karl-Heinz Montag: Die Lehrdarstellung des Handelsrechts von Georg Friedrich von Martens bis Meno Pöhls. Die Wissenschaft des Handelsrechts im ersten Drittel des 19. Jahrhunderts. 1986.

Band 49 Volker D. Anhäusser: Das internationale Obligationenrecht in der höchstrichterlichen Rechtsprechung des 19. Jahrhunderts. 1986.

Band 50 Udo Beer: Die Juden, das Recht und die Republik. Verbandswesen und Rechtsschutz 1919-1933. 1986.

Band 51 Herbert Grziwotz: Der moderne Verfassungsbegriff und die "Römische Verfassung" in der deutschen Forschung des 19. und 20. Jahrhunderts. 1986.

Band 52 Ralf Conradi: Karl Friedrich Eichhorn als Staatsrechtslehrer. Seine Göttinger Vorlesung über "Das Staatsrecht der deutschen Bundesstaaten" nach einer Kollegmitschrift aus dem Wintersemester 1821/22. 1987.

Band 53 Dieter Dannreuther: Der Zivilprozeß als Gegenstand der Rechtspolitik im Deutschen Reich 1871 - 1945. Ein Beitrag zur Geschichte des Zivilprozeßrechts in Deutschland. 1987.

Band 54 Stephan Felix Pauly: Organisation, Geschichte und Praxis der Gesetzesauslegung des (Königlich) Preußischen Oberverwaltungsgerichtes 1875 - 1933. 1987.

Band 55 Rüdiger Schulz: Die Entstehung des Seerechts des Allgemeinen Deutschen Handelsgesetzbuches unter besonderer Berücksichtigung der Bestimmungen über die Reederei, den Schiffer und die Schiffsmannschaft. 1987.

Band 56 Reinhold Reis: Deutsches Privatrecht in den Weistümern der Zenten Schriesheim und Kirchheim. 1987.

Band 57 Jürgen Christoph: Die politischen Reichsamnestien 1918 - 1933. 1987.

Band 58 Gerhard Oberkofler/Eduard Rabofsky: Hans Kelsen im Kriegseinsatz der k.u.k.-Wehrmacht. Eine kritische Würdigung seiner militärtheoretischen Angebote. 1988.

Band 59 Arne Wulff: Staatssekretär Prof. Dr. Dr. h.c. Franz Schlegelberger. 1876-1970. 1991.

Band 60 Gerhard Köbler (Hrsg.): Wege europäischer Rechtsgeschichte. Karl Kroeschell zum 60. Geburtstag. 1987.

Band 61 Rüdiger Hütte: Der Gemeinschaftsgedanke in den Erbrechtsreformen des Dritten Reichs. 1988.

Band 62 Markus Göldner: Politische Symbole der europäischen Integration. Fahne, Hymne, Hauptstadt, Paß, Briefmarke, Auszeichnungen. 1988.

Band 63 Wolfgang Kröner: Freiheitsstrafe und Strafvollzug in den Herzogtümern Schleswig, Holstein und Lauenburg von 1700 bis 1864. 1988.

Band 64 Werner Gaile: Die Norder Theelacht. 1988.

Band 65 Karl v. Kempis: Andreas Gaill (1526 - 1587). Zum Leben und Werk eines Juristen der frühen Neuzeit. 1988.

Band 66 Wolf-Rüdiger Osburg: Die Verwaltung Hamburgs in der Franzosenzeit. 1811-1814. 1988.

Band 67 Christian Schudnagies: Hans Frank. Aufstieg und Fall des NS-Juristen und Generalgouverneurs. 1988.

Band 68 Otmar Jung: Senatspräsident Freymuth. Richter, Sozialdemokrat und Pazifist in der Weimarer Republik. Eine politische Biographie. 1989.

Band 69 Joachim Lohner: Das landeshauptmannschaftliche Gericht in Oberösterreich zu Beginn der Neuzeit. Eine Darstellung des oberösterreichischen Prozeßrechts am obersten Territorialgericht des Landes anhand der oberösterreichischen Landtafel.1989.

Band 70 Bernd Klemann: Rudolf von Jhering und die Historische Rechtsschule. 1989.

Band 71 Adalbert Langer: Männer um die österreichische Zivilprozeßordnung 1895. Zusammenspiel / Soziales Ziel. 1990.

Band 72 Robert-Dieter Klee: Die Landessuperintendentur Lauenburg. Ursprung und Entwicklung sowie Ende der Sonderstellung des Kirchenkreises Herzogtum Lauenburg durch die nordelbische Kirchenvereinigung. 1989.

Band 73 Heinrich Herrmann: Die Gehöferschaften im Bezirk Trier. 1989.

Band 74 Wilhelm Brauneder, Franz Baltzarek (Hrsg.): Modell einer neuen Wirtschaftsordnung. Wirtschaftsverwaltung in Österreich 1914 - 1918. 1991.

Band 75 Thomas Dreyer: Die "Assecuranz- und Haverey-Ordnung" der Freien und Hansestadt Hamburg von 1731. 1990.

Band 76 Bernhard Sendler: Die Rechtssprache in den süddeutschen Stadtrechtsreformationen. 1990.

Band 77 Brigitte Lehmann: Ehevereinbarungen im 19. und 20. Jahrhundert. 1990.

Band 78 Michael Sunnus: Der NS-Rechtswahrerbund (1928-1945). Zur Geschichte der nationalsozialistischen Juristenorganisation. 1990.

Band 79 Stefan Schulz: Die historische Entwicklung des Rechts an Bienen. (§§ 961 - 964 BGB). 1990.

Band 80 Gerhard Lingelbach, Heiner Lück (Hrsg.): Deutsches Recht zwischen Sachsenspiegel und Aufklärung. Rolf Lieberwirth zum 70. Geburtstag dargebracht von Schülern, Freunden und Kollegen, herausgegeben von Gerhard Lingelbach und Heiner Lück. 1991.

Band 81 Manfred Krohn: Die deutsche Justiz im Urteil der Nationalsozialisten 1920 - 1933. 1991.

Band 82 Angelika Kühn: Privilegierung nationaler Minderheiten im Wahlrecht der Bundesrepublik Deutschland und Schleswig-Holsteins. 1991.

Band 83 Georg Brun: Leben und Werk des Rechtshistorikers Heinrich Mitteis unter besonderer Berücksichtigung seines Verhältnisses zum Nationalsozialismus. 1991.

Band 84 Wolfgang Simon: Claudius Freiherr von Schwerin. Rechtshistoriker während dreier Epochen deutscher Geschichte. 1991.

Band 85 Friedrich-Carl Wachs: Das Verordnungswerk des Reichsdemobilmachungsamtes. Stabilisierender Faktor zu Beginn der Weimarer Republik. 1991.

Band 86 Jens-Uwe Petersen: Die Vorgeschichte und die Entstehung des Mieterschutzgesetzes von 1923 nebst der Anordnung für das Verfahren vor dem Mieteinigungsamt und der Beschwerdestelle. 1991.

Band 87 Ulrike Haibach: Familienrecht in der Rechtssprache. Die historische Entwicklung zentraler Ausdrücke des geltenden Familienrechts. 1991.

Band 88 Joern Christian Nissen: Die Beratungen des Seeversicherungsausschusses der Akademie für Deutsches Recht zu einem neuen Seeversicherungsgesetz (1934-1939). Ein Beitrag zur Entwicklung der allgemeinen Lehren des Seeversicherungsrechts unter besonderer Berücksichtigung des Handelsgesetzbuchs und der Allgemeinen Deutschen Seeversicherungs-Bedingungen 1919. 1991.

Band 89 Diethard Bühler: Die Entstehung der allgemeinen Vertragsschluß-Vorschriften im Allgemeinen Deutschen Handelsgesetzbuch (ADHGB) von 1861. Ein Beitrag zur Kodifikationsgeschichte des Privatrechts im 19. Jahrhundert. 1991.

Band 90 Gerhard Oberkofler: Die Vertreter des Römischen Rechts mit deutscher Unterrichtssprache an der Karls-Universität in Prag. Vom Vormärz bis 1945. 1991.

Band 91 Ulrich Andermann: Ritterliche Gewalt und bürgerliche Selbstbehauptung. Untersuchungen zur Kriminalisierung und Bekämpfung des spätmittelalterlichen Raubrittertums am Beispiel norddeutscher Hansestädte. 1991.

Band 92 Heinz Marcus Hanke: Luftkrieg und Zivilbevölkerung. Der kriegsvölkerrechtliche Schutz der Zivilbevölkerung gegen Luftbombardements von den Anfängen bis zum Ausbruch des Zweiten Weltkrieges. 1991.

Band 93 Kirsten Kraglund: Familien- und Erbrecht. Materielles Recht und Methoden der Rechtsanwendung in der Rechtsprechung des Oberappellationsgerichts der vier Freien Städte Deutschlands zu Lübeck. 1991.

Band 94 Reinhard Lorenz: Die politische und rechtliche Stellung des Proletariats in Preußen in der Zeit zwischen den Reformen und der Revolution 1848/49. 1991.

Band 95 Eric Hilgendorf: Die Entwicklungsgeschichte der parlamentarischen Redefreiheit in Deutschland. 1991.

Band 96 Hans J. Reiter: Die Handelsgesellschaft Villeroy & Boch von der Gründung 1836 bis zum Jahr 1878. 1992.

Band 97 Martin Johannes Heller: Reform der deutschen Rechtssprache im 18. Jahrhundert. 1992.

Band 98 Michael Kotulla: Die Tragweite der Grundrechte der revidierten preußischen Verfassung vom 31.01.1850. 1992.

Band 99 Michael Siefener: Hexerei im Spiegel der Rechtstheorie. Das crimen magiae in der Literatur von 1574 bis 1608. 1992.

Band 100 Andreas Ebert-Weidenfeller: Hamburgisches Kaufmannsrecht im 17. und 18. Jahrhundert. Die Rechtsprechung des Rates und des Reichskammergerichtes. 1992.

Band 101 Enno Bommel: Die Entstehung der Verwirkungslehre in der Krise des Positivismus. 1992.

Band 102 Ralph Steppacher: Die Berücksichtigung der bäuerlichen Postulate bei der Entstehung des ZGB und der Revision des OR. Ein Beitrag zur schweizerischen Kodifikationsgeschichte (1893 - 1912). 1992.

Band 103 Martin Fleckenstein: Die Todesstrafe im Werk Carl Joseph Anton Mittermaiers (1787 - 1867). Zur Entwicklungsgeschichte eines Werkbereichs und seiner Bedeutung für Theorie- und Methodenbildung. 1992.

Band 104 Jörn Eckert: Der Kampf um die Familienfideikommisse in Deutschland. Studien zum Absterben eines Rechtsinstitutes. 1992.

Band 105 Jörg Grotkopp: Beamtentum und Staatsformwechsel. Die Auswirkungen der Staatsformwechsel von 1918, 1933 und 1945 auf das Beamtenrecht und die personelle Zusammensetzung der deutschen Beamtenschaft. 1992.

Band 106 Andreas Rohde: Die Garantiehaftung des Vermieters und ihr Verhältnis zum Unmöglichkeitsrecht in dogmengeschichtlicher und modernrechtlicher Sicht. 1992.

Band 107 Tjark Siefke Kunstreich: Gesamtvertretung. Eine historisch-systematische Darstellung. 1992.

Band 108 Jürgen Krüger: Blindheit und Königtum. Die Blindheit des Königs Georg V. von Hannover als verfassungsrechtliches Problem. 1992.

Band 109 Wolfgang Putschek: Ständische Verfassung und autoritäre Verfassungspraxis in Österreich 1933-1938 mit Dokumentenanhang. Verfassung und Verfassungswirklichkeit. Mit einem Anhang: Denkschriften von Rechtsanwalt Dr. Erich Führer 1936/37. 1993.

Band 110 Klaus Hofmann: Die Verdrängung der Juden aus öffentlichem Dienst und selbständigen Berufen in Regensburg 1933-1939. 1993.

Band 111 Franz Kilger: Die Entwicklung des Telegraphenrechts im 19. Jahrhundert mit besonderer Berücksichtigung der technischen Entwicklung. Telegraphenrecht im 19. Jahrhundert. 1993.

Band 112 Wilhelm Brauneder (Hrsg.): Heiliges Römisches Reich und moderne Staatlichkeit. 1993.

Band 113 Thomas Heinrich: Das preußische Nichtehelichenrecht: Von der Aufklärung zur Reaktion. 1993.

Band 114 Gerald Kohl: Jagd und Revolution. Das Jagdrecht in den Jahren 1848 und 1849. 1993.

Band 115 Christian Schudnagies: Der Kriegs- oder Belagerungszustand im Deutschen Reich während des Ersten Weltkrieges. Eine Studie zur Entwicklung und Handhabung des deutschen Ausnahmezustandsrechts bis 1918. 1994.

Band 116 Elisabeth Bellmann: Die Internationale Kriminalistische Vereinigung (1889-1933). 1994.

Band 117 Julia Pfannkuch: Volksrichterausbildung in Sachsen 1945-1950. 1993.

Band 118 Jörg Offen: Von der Verwaltungsgemeinschaft des BGB von 1896 zur Zugewinngemeinschaft des Gleichberechtigungsgesetzes von 1957. 1994.

Band 119 Dorothee Kohlhas-Müller: Untersuchungen zur Rechtsstellung Theoderichs des Großen. 1995.

Band 120 Monika Rose: Das Gerichtswesen des Herzogtums Pfalz-Zweibrücken im 18. Jahrhundert. Ein Beitrag zur territorialen Gerichtsbarkeit im Alten Reich. 1994.

Band 121 Jörn Eckert / Hans Hattenhauer (Hrsg.): Bibel und Recht. Rechtshistorisches Kolloquium 9. - 13. Juni 1992 an der Christian-Albrechts-Universität zu Kiel. 1994.

Band 122 Robert Martin Mizia: Der Rechtsbegriff der Autonomie und die Begründung des Privatfürstenrechts in der deutschen Rechtswissenschaft des 19. Jahrhunderts. 1995.

Band 123 Walther Graf von Plettenberg: Das Fortleben des Liber Iudiciorum in Asturien/León (8. - 13. Jh.). 1994.

Band 124 Wolfgang Schulz: Das deutsche Börsengesetz. Die Entstehungsgeschichte und wirtschaftlichen Auswirkungen des Börsengesetzes von 1896. 1994.

Band 125 Frank Hagemann: Der Untersuchungsausschuß Freiheitlicher Juristen. 1949 – 1969. 1994.

Band 126 Andreas Rethmeier: "Nürnberger Rassegesetze" und Entrechtung der Juden im Zivilrecht. 1995.

Band 127 Edith Grether: Die Poesie der Throne. Die Juristen in der Fruchtbringenden Gesellschaft. 1995.

Band 128 Anna Bartels-Ishikawa: Der Lippische Thronfolgestreit. Eine Studie zu verfassungsrechtlichen Problemen des Deutschen Kaiserreiches im Spiegel der zeitgenössischen Staats. 1995.

Band 129 Jörg Schmidt: Otto Koellreutter 1883-1972. Sein Leben, sein Werk, seine Zeit. 1995.

Band 130 Christian Hattenhauer: Wahl und Krönung Franz II. AD 1792. Das Heilige Reich krönt seinen letzten Kaiser - Das Tagebuch des Reichsquartiermeisters Hieronymus Gottfried von Müller und Anlagen. 1995.

Band 131 Jutta v. der Decken: Das Seearbeitsrecht im Hamburger Stadtrecht von 1301 bis 1603. 1995.

Band 132 Detlev Schmidt: Die Reform des Rechts der Handelsvertreter von 1953. 1995.

Band 133 Gabi Roßdeutscher: Privatautonomie im Scheidungsrecht. Scheidungsbezogene Vereinbarungen in den letzten 200 Jahren. 1995.

Band 134 Harald Kahlenberg: Leben und Werk des Rechtshistorikers Walther Merk. Ein Beispiel für das Verhältnis von Rechtsgeschichte und Nationalsozialismus. 1995.

Band 135 Michael Steitz: Adelbert Düringer am Reichsgericht (1902-1915). Seine aktienrechtlichen Entscheidungen und sein Einfluß auf das Aktienrecht in Deutschland. 1995.

Band 136 Christian Becker: Beata Justorum Translatio. Juristen in schleswig-holsteinischen Leichenpredigten. 1996.

Band 137 Christoph Seiler: Vom Allgemeinen Landrecht zum Bürgerlichen Gesetzbuch. Dargestellt am Beispiel der höchstrichterlichen Judikatur zum kaufrechtlichen Sachmängelgewährleistungsrecht. 1996.

Band 138 Bernd Mayer: Die Vertrauensmännerausschüsse auf den preußischen Steinkohlegruben an der Saar. Entstehung und Wirken. Eine rechtshistorische Untersuchung. 1996.

Band 139 Rochus Scholl: Juden und Judenrecht im Herzogtum Pfalz-Zweibrücken. Ein Beitrag zur Rechtsgeschichte eines deutschen Kleinstaates am Ende des alten Reiches. 1996.

Band 140 Meike Bursch: Judentaufe und frühneuzeitliches Strafrecht. Die Verfahren gegen Christian Treu aus Weener/Ostfriesland 1720-1728. 1996.

Band 141 Markus Hillenbrand: Fürstliche Eheverträge. Gottorfer Hausrecht 1544 - 1773. 1996.

Band 142 Ulf Häder: Das gemeinschaftliche Oberappellationsgericht thüringischer Staaten in Jena. Ein Beitrag zur Geschichte des Gerichtswesens im 19. Jahrhundert. 1996.

Band 143 Andreas Bauer: Das Gnadenbitten in der Strafrechtspflege des 15. und 16. Jahrhunderts. Dargestellt unter besonderer Berücksichtigung von Quellen der Vorarlberger Gerichtsbezirke Feldkirch und des Hinteren Bregenzerwaldes. 1996.

Band 144 Christian Wirth: Der Jurist Johann Andreas Georg Friedrich Rebmann zwischen Revolution und Restauration. 1996.

Band 145 Stefanie Müller: Die Rechtsprechung des Hanseatischen Oberlandesgerichts zum persönlichen Eherecht in Hamburgischen Gerichtsfällen von 1879 -1900. 1996.

Band 146 Jean-Nicolas Morisset: Der Frachtvertrag in der *Ordonnance de la marine* von 1681. 1996.

Band 147 Dirk Lentfer: Die Glogauer Landesprivilegien des Andreas Gryphius von 1653. 1996.

Band 148 Wencke Mull: Die Haftung für Einsturzschäden nach den §§ 836-838 BGB in der Rechtsprechung des Reichsgerichts. 1996.

Band 149 Renate Zelger: Teufelsverträge. Märchen, Sage, Schwank, Legende im Spiegel der Rechtsgeschichte. 1996.

Band 150 Guido Kraß: Das Arrestverfahren in Frankfurt am Main im Spätmittelalter. 1996.

Band 151 F. Benedict Heyn: Die Entwicklung des Eisenbahnfrachtrechts von den Anfängen bis zur Einführung des Allgemeinen Deutschen Handelsgesetzbuches (ADHGB). 1996.

Band 152 Thomas Lang: Die Staats- und Verfassungslehre Carl Salomo Zachariaes. 1996.

Band 153 Michael Hebeis: Karl Anton von Martini (1726-1800). Leben und Werk. 1996.

Band 154 Gerald Hubert: Die Diskussion um die rechtliche Natur der Bizone in den Jahren 1947-1949. 1996.

Band 155 Christof Horn: Die Rechtsprechung des Reichsgerichts in Ehescheidungssachen der Jahre 1900 bis 1905. 1996.

Band 156 Hermann Nehlsen / Georg Brun (Hrsg.): Münchener rechtshistorische Studien zum Nationalsozialismus. 1996.

Band 157 Jan Otto Clemens Kehrberg: Die Entwicklung des Elektrizitätsrechts in Deutschland. Der Weg zum Energiewirtschaftsgesetz von 1935. 1997.

Band 158 Johannes Tradt: Der Religionsprozeß gegen den Zopfschulzen (1791-1799). Ein Beitrag zur protestantischen Lehrpflicht und Lehrzucht in Brandenburg-Preußen gegen Ende des 18. Jahrhunderts. 1997.

Band 159 Dietmar Olsen: Das kaufrechtliche Sachmängelgewährleistungsrecht des Code civil in der Rechtsprechung deutscher Gerichte im 19. Jahrhundert. Ein Beitrag zur Ablösung der Partikularrechte durch das BGB. 1997.

Band 160 Ulrich Bernhardt: Die Deutsche Akademie für Staats- und Rechtswissenschaft „Walter Ulbricht" 1948-1971. 1997.

Band 161 Claudia Susan Hoppe: Die Bürgschaft im Rechtsleben Hamburgs von 1600 bis 1900. 1997.

Band 162 Franz-Rudolf Ecker: Die Entwicklung des Bergrechts im Saarbrücker Steinkohlenrevier bis zum Ende des 18. Jahrhunderts. Ein Vergleich mit dem älteren deutschen Bergrecht. 1997.

Band 163 Anne Katrin Rückert: Politik und Privatrecht in der „konservativen Revolution". 1997.

Band 164 Gisbert Laube: Der Reichskunstwart. Geschichte einer Kulturbehörde 1919-1933. 1997.

Band 165 Nicolas Lührig: Die Diskussion über die Reform der Juristenausbildung von 1945 bis 1995. 1997.

Band 166 Regula Gerber Jenni: Die Emanzipation der mehrjährigen Frauenzimmer. Frauen im bernischen Privatrecht des 19. Jahrhunderts. 1997.

Band 167 Mischa A. Färber: Das gemeinschaftliche Testament in der höchstrichterlichen Rechtsprechung zum Allgemeinen Preußischen Landrecht und zum BGB. Ein Beitrag zur Ablösung der Partikularrechte durch das BGB. 1997.

Band 168 Catherine Antoinette Gasser: Philipp Lotmar 1850-1922. Professor der Universität Bern. Sein Engagement für das Schweizerische Arbeitsrecht. 1997.

Band 169 Lars Immisch: Der sozialistische Richter in der DDR und seine Unabhängigkeit. Der Versuch eines Rechtsvergleiches zum Unabhängigkeitsbegriff in der bundesdeutschen Rechtsordnung. 1997.

Band 170 Jessica Jacobi: Besitzschutz vor dem Reichskammergericht. Die friedenssichernde Funktion der Besitzschutzklagen am Reichskammergericht im 16. Jahrhundert, dargestellt anhand von Kameralisten. 1998.

Band 171 Ewald Hügemann: Die Geschichte des öffentlichen und privaten Mietpreisrechts vom Ersten Weltkrieg bis zum Gesetz zur Regelung der Miethöhe von 1974. 1998.

Band 172 Lutz Rentzow: Die Entstehungs- und Wirkungsgeschichte der Vernewerten Landesordnung für das Königreich Böhmen von 1627. 1998.

Band 173 Sabine Stürmer: Mühlenrecht im Herzogtum Pfalz-Zweibrücken während des 18. Jahrhunderts. Ein Beitrag zum Wirtschaftsrecht eines deutschen Kleinstaates im Alten Reich. 1998.

Band 174 Mario Bogisch: *Nemo testis in re sua*. Das Problem der Zeugnisfähigkeit bei der Anwendung der deutschen Zivilprozeßordnung von 1877. 1998.

Band 175 Rainer Oßwald: Pactane sunt servanda? Freiwilligkeit, Zwang und Unverbindlichkeitserklärungen im islamischen Vertragsrecht malikitischer Schule. 1998.

Band 176 Bettina Kern: Der preußische BGB-Entwurf von 1842. 1998.

Band 177 Inken Fuhrmann: Die Diskussion über die Einführung der fakultativen Zivilehe in Deutschland und Österreich seit Mitte des 19. Jahrhunderts. 1998.

Band 178 Annette Rieck: Der Heilige Ivo von Hélory (1247-1303). Advocatus pauperum und Patron der Juristen. 1998.

Band 179 Frank Bottenberg: Die Hamburgische Strafprozeßordnung von 1869. 1998.

Band 180 Matthias Krauß: Das kursächsische Postrecht von seinen Anfängen bis zum Ende des Alten Reichs. 1998.

Band 181 Torsten Schmidt: Die Entmündigung von den Anfängen des BGB bis zu ihrer Ablösung durch das Institut der Betreuung. 1998.

Band 182 Christian Nunn: Rudolf Müller-Erzbach. 1874-1959. Von der realen Methode über die Interessenjurisprudenz zum kausalen Rechtsdenken (Leben und Werk). 1998.

Band 183 Christian Ortloff: Das staatskirchenrechtliche System Wilhelm Traugott Krugs. Glaubens- und Gewissensfreiheit – eine Forderung der Vernunft. 1998.

Band 184 Christian Hattenhauer: Schuldenregulierung nach dem Westfälischen Frieden. Der sog. § *de indaganda* und seine Umsetzung im Jüngsten Reichsabschied (AD 1648 und 1654). 1998.

Band 185 Werner Schubert: Preußen im Vormärz. Die Verhandlungen der Provinziallandtage von Brandenburg, Pommern, Posen, Sachsen und Schlesien sowie – im Anhang – von Ostpreußen, Westfalen und der Rheinprovinz (1841-1845). 1998.

Band 186 Silvia Schumacher: Das Rechtsverhältnis zwischen Eltern und Kindern in der Privatrechtsgeschichte. 1999.

Band 187 Kai Sommer: Die Strafbarkeit der Homosexualität von der Kaiserzeit bis zum Nationalsozialismus. Eine Analyse der Straftatbestände im Strafgesetzbuch und in den Reformentwürfen (1871-1945). 1998.

Band 188 Jan Erik Backhaus: Volksrichterkarrieren in der DDR. 1999.

Band 189 Ralf Ruhnau: Die Fürstlich Thurn und Taxissche Privatgerichtsbarkeit in Regensburg. Ein Kuriosum der deutschen Rechtsgeschichte. 1999.

Band 190 Antonio Grilli: Die französische Justizorganisation am linken Rheinufer 1797-1803. 1999.

Band 191 Stephanie Kammerloher-Lis: Die Entstehung des Gesetzes über die religiöse Kindererziehung vom 15. Juli 1921. 1999.

Band 192 Jan Telp: Ausmerzung und Verrat. Zur Diskussion um Strafzwecke und Verbrechensbegriffe im Dritten Reich. 1999.

Band 193 Kurt von Pannwitz: Die Entstehung der Allgemeinen Deutschen Wechselordnung. Ein Beitrag zur Geschichte der Vereinheitlichung des deutschen Zivilrechts im 19. Jahrhundert. 1999.

Band 194 Sylvia Busch: Die Entstehung der Allgemeinen Gerichtsordnung für die Preussischen Staaten von 1793/95. Ein Beitrag zur Geschichte der Kodifikationsbewegung und der Reform des Zivilprozesses in Preußen im 18. Jahrhundert. 1999.

Band 195 Dirk Bieresborn: Klage und Klageerwiderung im deutschen und englischen Zivilprozeß. Eine rechtshistorische und rechtsvergleichende Untersuchung unter besonderer Berücksichtigung der Beeinflussung durch das römisch-kanonische Verfahren. 1999.

Band 196 Andreas Thier / Guido Pfeifer / Philipp Grzimek (Hrsg.): Kontinuitäten und Zäsuren in der Europäischen Rechtsgeschichte. Europäisches Forum Junger Rechtshistorikerinnen und Rechtshistoriker München 22.-24. Juli 1998. 1999.

Band 197 Franz Smola: Die Fürstlich Liechtenstein'sche Kunstsammlung. Rechtsfragen zur Verbringung der Sammlung von Wien nach Vaduz in den Jahren 1944/45. 1999.

Band 198 Frank Martin Krauss: Das geteilte Eigentum im 19. und 20. Jahrhundert. Eine Untersuchung zum Fortbestand des Teilungsgedankens. 1999.

Band 199 Matthias Frey: Die spanische Aktiengesellschaft im 18. Jahrhundert und unter dem Código de Comercio von 1829. 1999.

Band 200 Alexandra Gilde: Die Stellung der Frau im Reichsstrafgesetzbuch von 1870/71 und in den Reformentwürfen bis 1919 im Urteil der bürgerlichen Frauenbewegung. Eine Analyse ausgewählter Straftatbestände. 1999.

Band 201 Malte Dießelhorst / Arne Duncker: Hans Kohlhase. Die Geschichte einer Fehde in Sachsen und Brandenburg zur Zeit der Reformation. 1999.

Band 202 Jörg Hillmann: Territorialrechtliche Auseinandersetzungen der Herzöge von Sachsen-Lauenburg vor dem Reichskammergericht im 16. Jahrhundert. 1999.

Band 203 Carsten Engler: Die Kommanditgesellschaft (KG) und die stille Gesellschaft im Allgemeinen Deutschen Handelsgesetzbuch (ADHGB) von 1861. 1999.

Band 204 Vesta Hoffmann-Steudner: Die Rechtsprechung des Reichsgerichts zu dem Scheidungsgrund des § 49 EheG (EheG 1938) in den Jahren 1938-1945. 1999.

Band 205 Michaela Thiele: Die Auflösung von Arbeitsverhältnissen aufgrund Anfechtung und außerordentlicher Kündigung nach der Rechtsprechung des Reichsarbeitsgerichts (1927-1945). 2000.

Band 206 Peter Landau / Hermann Nehlsen / Mathias Schmoeckel (Hrsg.): Karl von Amira zum Gedächtnis. 1999.

Band 207 Marcus Flinder: Die Entstehungsgeschichte des Zivilgesetzbuches der DDR. 1999.

Band 208 Boris Franz Leo Bromm: Die Entstehungsgeschichte des Berufs des Handelsvertreters. Unter besonderer Berücksichtigung der Sozialgesetzgebung in den Jahren von 1871-1933. 2000.

Band 209 Winfried C. J. Eberstein: Das Tierschutzrecht in Deutschland bis zum Erlaß des Reichs-Tierschutzgesetzes vom 24. November 1933. Unter Berücksichtigung der Entwicklung in England. 1999.

Band 210 Patrick Deller: Der „nach dem Vertrage" vorausgesetzte Gebrauch (§ 459 Absatz 1 Satz 1 BGB). Eine kaufrechtliche Untersuchung unter Berücksichtigung rechtshistorischer wie rechtsvergleichender Grundlagen. 2000.

Band 211 Eckard Freiherr von Bodenhausen: Haftung des Geschäftsherrn für Verrichtungsgehilfen im Straßen- und Schienenverkehr. Eine Analyse der Entscheidungen des Reichsgerichts zu § 831 BGB (1900-1945). 2000.

Band 212 Birte Gast: Der Allgemeine Teil und das Schuldrecht des Bürgerlichen Gesetzbuchs im Urteil von Raymond Saleilles (1855-1912). 2000.

Band 213 Hansjörg Michael Huber: Koloniale Selbstverwaltung in Deutsch-Südwestafrika. Entstehung, Kodifizierung und Umsetzung. 2000.

Band 214 Ulf Björner: Die Verfassungsgerichtsbarkeit im Norddeutschen Bund und Deutschen Reich (1867-1918). Eine rechtshistorische Untersuchung über Gerichtsbarkeit im Spannungsfeld von Politik und Recht innerhalb der von Bismarck geschaffenen deutschen Bundesstaaten. 2000.

Band 215 Mathias Freiherr von Rosenberg: Friedrich Carl von Savigny (1779-1861) im Urteil seiner Zeit. 2000.

Band 216 Reinhard Binder-KriegIstein: Österreichisches Adelsrecht 1868-1918/19. Von der Ausgestaltung des Adelsrechts der cisleithanischen Reichshälfte bis zum Adelsaufhebungsgesetz der Republik unter besonderer Berücksichtigung des adeligen Namensrechts. 2000.

FSC
www.fsc.org
MIX
Papier | Fördert gute Waldnutzung
FSC® C083411

Kolibri 360 GmbH
Ferdinand-Jühlke-Straße 7
99095 Erfurt, Deutschland
produktsicherheit@kolibri360.de

Druck:
CPI Druckdienstleistungen GmbH
im Auftrag der
Kolibri 360 GmbH
Ferdinand-Jühlke-Str. 7
99095 Erfurt